CHEZ LES

PEAUX-ROUGES

PÈRE MARIE H. TAPIE
S. O. P.

CHEZ LES PEAUX-ROUGES

FEUILLES DE ROUTE D'UN MISSIONNAIRE DANS LE BRÉSIL INCONNU

Avec dix-huit photographies hors texte et une carte

PARIS

LIBRAIRIE PLON

LES PETITS-FILS DE PLON ET NOURRIT

IMPRIMEURS-ÉDITEURS — 8, RUE GARANCIÈRE, 6ᵉ

Tous droits réservés

AU LECTEUR

Le récit accidenté d'un long et périlleux voyage à travers le Brésil inconnu, nous fournira l'occasion de parler des Peaux-Rouges.

Ce que nous aurons à dire ira peut-être à l'encontre de certaines idées préconçues et de ce qu'on voit dans les romans ou au cinéma.

Loin de nous, cependant, la pensée de nous ériger en censeurs de ce qu'ont écrit d'autres voyageurs ou explorateurs. Nous nous bornerons à raconter ce que nous avons vu de nos yeux, ce dont nous avons été témoin et parfois acteur.

Grâce aux Pères Dominicains français de la province de Toulouse, missionnaires au Brésil, nous avons pu voir de très près les Peaux-Rouges qu'ils évangélisent. Nous les avons visités dans leur aldeia, nous avons campé avec eux à la belle étoile, couchant côte à côte, par terre, sur le bord des grands fleuves ou à l'orée des forêts vierges, si mystérieuses dans leur infinité.

Nous avons vu ces Peaux-Rouges tels qu'ils sont encore à l'heure présente, n'ayant pour tout vêtement qu'un rayon de soleil, n'ayant aucune idée de notre civilisation et de notre science, ne sachant pas même compter jusqu'à vingt. Intelligents cependant et facilement susceptibles de culture intellectuelle et morale.

Se croyant, d'ailleurs, très supérieurs à nous, Européens et civilisés, par la raison bien simple que, chez eux, dans l'immensité de ces régions si éloignées et si désertes, jamais ils n'ont besoin de nous pour se tirer d'affaire ; tandis que nous, à chaque instant, nous sommes obligés de recourir à leur force ou à leur adresse.

S'agit-il, par exemple, de traverser un grand fleuve à la nage ou sur un tronc d'arbre légèrement creusé, évitant d'un côté les écueils et les rapides, de l'autre, d'énormes crocodiles toujours en quête d'une proie : les Peaux-Rouges se joueront au milieu du danger ; leur force, leur habileté leur rendront bien plus de services que ne saurait nous en rendre notre science des mathématiques.

S'agit-il encore, quand les provisions sont épuisées, de se ravitailler sur place, dans le désert ou la forêt ; là où toute notre littérature nous laisserait mourir de faim, le Peau-Rouge trouvera facilement des fruits, des racines, des tortues, du gibier, et, au besoin, des singes qui suffiront amplement à sa nourriture.

Un jour, sur les bords de l'incomparable Araguaya, un Peau-Rouge, nous voyant prendre ou essayer de prendre à la ligne de petits poissons, entre dans l'eau jusqu'à la ceinture, tire un coup de flèche, plonge et ramène triomphalement sur le rivage un magnifique poisson jaune et bleu qui pesait une vingtaine de livres. « Vous autres, dit-il, vous prenez les poissons qui sont assez bêtes (littéralement « assez crapauds ») pour se laisser prendre ; moi, je choisis toujours le plus beau, le plus grand, et je ne le manque jamais. »

A ces hommes qui n'ont pas de demeure fixe, qui n'ont pas de vêtements, qui vivent de la chasse et de la pêche, allez donc faire comprendre qu'ils ne nous sont pas supérieurs !

Certaines péripéties de ces *Feuilles de route* paraîtront bien extraordinaires, peut-être même invraisemblables ; nous affirmons cependant n'avoir dit que l'exacte vérité. Notre but a été, non de faire de la littérature, mais de la photographie.

Puissent ces pages instruire et intéresser les lecteurs ; puissent-elles, aussi, faire aimer cette mission française au Brésil et susciter quelques vaillantes vocations de missionnaires.

CHEZ LES PEAUX-ROUGES

FEUILLES DE ROUTE D'UN MISSIONNAIRE
DANS LE BRÉSIL INCONNU

CHAPITRE PREMIER

ACHAT DES MULETS. — FORMATION DE LA TROUPE

Nous ne dirons rien du voyage par mer, de Bordeaux au port de Santos, et en chemin de fer de Santos à Uberaba.

Aujourd'hui, tous ces voyages se ressemblent par leur rapidité, et, disons-le, par leur monotonie et leur banalité. Plus le génie de l'homme multiplie la facilité et la rapidité des moyens de locomotion, et plus l'impatience le gagne. A qui n'est-il pas arrivé de se plaindre parce qu'un rapide avait quelques minutes de retard? Et qui n'a pas traité, peu respectueusement de train *charrette* un omnibus faisant soixante kilomètres à l'heure? Au *Sertão* et en forêt, il en va tout autrement : on ne fait pas en un jour ce qu'un vulgaire train omnibus fait en une heure et l'on ne se plaint pas, on est toujours content. La joie est l'inséparable compagne des missionnaires.

Quant à raconter ce que nous avons vu et admiré dans les grandes villes du Brésil, nous ne le ferons pas davantage. Dans ces dernières années, d'illustres conférenciers, des littérateurs de talent, des hommes politiques célèbres ont passé l'Océan pour aller dans l'Amérique du Sud donner, à grand renfort de réclame, des conférences politico-sociales. À leur retour en France, ils ont raconté ce qu'ils avaient vu ou cru voir et même ce qu'ils ne savaient point. C'est ainsi que l'un des plus célèbres a affirmé, sans sourciller, que les nègres que l'on rencontre en si grand nombre au Brésil y sont une race indigène, alors qu'il est surabondamment prouvé que tous furent transportés d'Afrique comme esclaves après la conquête. De même il fait se jeter le Rio São Francisco dans l'Amazone, alors qu'il se jette dans l'Océan à l'est du Brésil, entre le 10e et 11e degré de latitude, à plus de deux mille kilomètres de l'embouchure de l'Amazone, qui se jette dans l'Océan, au nord du Brésil, près de la ligne équatoriale. Autant vaudrait, au risque de faire crier les Gascons, affirmer que la Garonne est un affluent du Rhin ou de l'Escaut.

Mais nous ne prenons point la plume pour relever ces erreurs. Nous voulons dire à nos lecteurs ce qu'ils ne trouveront point ailleurs. Les touristes et les conférenciers s'arrêtent, en effet, à l'entrée du Sertão, c'est-à-dire où finissent le confort et la sûreté et où commencent les privations, les dangers, les souffrances. Notre voyage commence donc là où finit le leur.

Uberaba est le premier poste de la Mission. C'est une ville relativement jeune. Il y a vingt ans à peine, elle s'intitulait, non sans un légitime orgueil, la *Reine du Sertão*. Aujourd'hui, on lui ferait injure en ajoutant ce qualificatif.

Comme le brillant Machaon ne conserve plus rien de la chrysalide, ainsi Uberaba a dépouillé tout ce que ce mot de *Sertão* pouvait avoir de champêtre. Reine, elle l'est encore par son site enchanteur, par sa position exceptionnellement favorable au commerce, par l'amabilité de ses habitants, comme aussi par ses collèges où fleurissent toutes les sciences et tous les arts. Tous les progrès modernes y sont connus et, faut-il le dire hélas ! les modes les plus excentriques y arrivent en droite ligne de Paris avec une exagération dont la traversée et le soleil sont cause. L'électricité éclaire les rues de la ville, le télégraphe et le téléphone la relient aux principaux centres. A la porte de la gare, deux sentinelles, l'arme au bras, sont là pour donner une juste idée de l'ordre qui règne dans la ville. Plus loin, des agents, en costume kaki, se montrent non pas seulement polis, mais avenants, prévenants pour les étrangers qui viennent à Uberaba acheter, à prix d'or, tout ce qu'il faut pour affronter les longs voyages dans le *Sertão*. Ici, en effet, on trouve tout, à une condition indispensable, à Uberaba comme ailleurs, c'est que la bourse de l'acheteur soit bien garnie. Dans notre vie déjà longue, nous avons fait bien des voyages, et nulle part nous n'avons vu l'argent fondre aussi vite qu'au Brésil.

Pour aller d'Uberaba à Goyaz, les missionnaires doivent former ce qu'on appelle ici une *condução*, une troupe de mulets. Le chemin de fer s'arrête, en effet, à une journée de marche d'Uberaba, et ce seront ensuite *vingt jours* de marche dans le *Sertão* où seuls les mulets peuvent avancer.

Ce n'est pas une petite affaire que d'acheter et de harnacher ces mulets, dont le nombre et la qualité doivent être en proportion du nombre de voyageurs et des caisses à emporter. Tout doit être soigneusement prévu à l'avance. Dans le cas présent, les Pères jugent qu'il faut vingt-quatre mulets, pas un de moins et tous jeunes et forts, car certains auront à couvrir environ 4 500 kilomètres.

Le P. Réginald Tournié, qui doit être le chef de la caravane d'Uberaba à Goyaz, est officiellement chargé des achats. C'est un excellent cavalier, fort entendu *ès arts* de distinguer les bons *burros* des mauvais ; mais, dès les premiers jours, il est évident que ce Père, né sur les bords de la Garonne, songe plutôt à constituer une belle troupe qu'à faire des économies. J'en fais bien doucement l'observation, mais le Toulousain prouve par A + B, démontre apodictiquement que nous avons tout intérêt à acheter des mulets *novos*, comme on dit au Brésil. D'abord, ils fourniront un bon travail, et ensuite nous les revendrons au prix coûtant, peut-être même avec bénéfice. C'est fort possible ; mais ce qui est certain, c'est qu'il faut commencer par payer, et puis on revendra si on peut. Mais que faire ? Le plus simple est encore de se résigner de bonne grâce, et c'est ce que nous faisons.

Le P. Réginald s'adjoint comme auxiliaires experts pour acheter et essayer les mulets, les PP. André et Sébastien. Le premier, Ariégeois d'origine, est l'homme pratique par excellence ; les *burros* n'ont pas de secrets pour lui, et, à six mois près, il vous dira sans se tromper l'âge de tous les mulets du monde. Le second, né dans l'Aveyron, est Supérieur d'Uberaba (1). Entre autres qualités, il possède celle précieuse en la circonstance d'être un beau et brillant cavalier. Quand il essayera la mule *Africana*, il me rappellera le général Boulanger sur son fameux cheval noir.

Dès qu'on sait à Uberaba et dans les *fazendas* de Minas Geraes que les Dominicains achètent des *burros* et les payent en beaux deniers comptants, une légende se fait. On dit qu'un Père est venu de France pour acheter des mulets, et, de toutes parts, on accourt avec mules et mulets dont les propriétaires vantent : la généalogie, les états de service, et toutes les qualités qui peuvent convenir à un *burro*

(1) Aujourd'hui évêque de Conceição do Araguaya.

vraiment digne de ce nom. Comment s'y reconnaître ? Pour quelqu'un d'inexpérimenté, rien ne ressemble plus à un bon mulet qu'un mauvais mulet, surtout quand son maître, excellent écuyer comme tout Brésilien, le monte, l'éperonne et lui fait prendre l'allure qu'il veut. Mais quand les trois PP. Réginald, André, Sébastien ont passé par là, qu'ils ont examiné les dents d'abord, ensuite les oreilles, les yeux, les jambes, le poil même de la bête, quand ils l'ont montée tour à tour, lui faisant prendre le pas de marche et de charge, l'amble, le trot et même le galop, on peut être sûr, s'ils l'achètent, que le mulet est bon.

Les Brésiliens du *Sertão*, qui aiment leurs *burros* comme les chevaliers du moyen âge aimaient leurs destriers, ont des dictons populaires pour reconnaître les meilleurs entre les excellents. Voici entre autres choses, ce qu'ils disent : Quand un *burro* a : *pello de rato, cabeça de pato, orelha de fouce, olho de jacaré, pernà de gato, pé de cabra*, c'est-à-dire : « poil de rat, tête de canard, oreille de faux, œil de crocodile, jambe et cuisse de chat, pied de chèvre », on peut être sûr qu'il sera, parmi les mulets de *Sertão*, ce que le fameux cheval de l'archevêque Turpin était parmi les chevaux de l'armée de Charlemagne. Voici ce qu'en dit la *Chanson de Roland*, nous y retrouvons presque tous les traits du dicton brésilien :

> Le destrier est léger et rapide,
> A les pieds fins avec les jambes plates,
> La cuisse courte et la croupe bien large,
> Les côtés longs et l'échine bien haute,
> Blanche la queue et la crinière jaune,
> Petite oreille et la tête de fauve,
> Aucun cheval qui lui soit comparable.

Un jour, un jeune gars de vingt-cinq ans nous arrive, *pieds nus*, mais avec de grands éperons, comme tous les cavaliers du *Sertão*, qui ne s'embarrassent ni de bottes ni de sandales, mais prennent l'étrier avec les orteils, comme nous pourrions le prendre avec les doigts de la main. Il montait une mule superbe et nous proposait de l'acheter. Nous étions émerveillés. « Quelle belle mule, disaient les Pères; mais il en voudra trop cher, elle vaut au moins 600 francs ; c'est trop cher pour nous. Allons, mon gars, quel est le prix de votre mule? — J'en veux 300 francs. » C'est donc juste la moitié de ce que nous pensions. La mule doit avoir quelques défauts cachés ; mais on a beau l'examiner, l'essayer, on ne lui trouve que des qualités. Le P. Réginald paye les 300 francs, et nous bénissons la Providence qui nous a envoyé cette bonne fortune.

Trois jours après, un *fazendeiro* arrive avec deux agents de police et prouve péremptoirement que la mule est à lui. Le jeune homme l'avait volée dans sa *fazenda* et était venu nous la vendre. *Res clamat domino.* Il fallut rendre la mule à son légitime propriétaire. La justice retrouva le voleur, mais l'argent avait été dépensé. Il nous restait bien une ressource : faire mettre le voleur en prison, mais cela ne nous aurait pas rendu les 300 francs. Nous préférâmes user d'indulgence, et je portai sur mes comptes : « Achat d'une mule volée qu'il a fallu rendre : 300 francs, plus une série d'ennuis. »

Les mulets achetés et payés, il faut pourvoir à leur harnachement et chaque jour il sort quelque nouvel article oublié et cependant indispensable, selle ou bât, étrivières, étriers, licol, musette, sangles, courroies pour attacher les charges, cuirs de bœufs pour les couvrir, entraves pour la nuit, etc., etc. Nous n'en finirions pas si nous voulions énumérer et classer tous ces objets.

Quand nous croyons que tout est bien fini, il nous

faut encore acheter une *madrinha*, une marraine !
oui, une marraine, c'est ainsi qu'on la nomme, et
elle est, paraît-il, indispensable à toute troupe de
mulets dans le *Sertão*. Maintenant, sachez qu'une
marraine n'est autre chose qu'un cheval blanc,
appelé cependant *cavallo ruço*. Si vous demandez
pourquoi il faut indispensablement ce cheval, on
vous dira que les mulets, reconnaissant la supériorité
du cheval, le suivent pendant le jour et se groupent
autour de lui pour paître pendant la nuit, ce qui fait
qu'on les retrouve plus facilement au moment du
départ. Qu'en est-il de cette théorie ? Il faudrait
savoir ce qui se passe dans la cervelle d'un mulet
pour le dire. Ce qu'il y a de certain, c'est qu'à cette
règle il y a beaucoup d'exceptions. Il peut se faire
aussi que, tout progressant en ce monde, le progrès
se soit étendu jusque chez les mulets Ils se seront
aperçus — ce qui est indiscutable — que dans le
Sertão ils sont très supérieurs au cheval et alors ils
ne se soucient plus de suivre leur *madrinha*.

La troupe achetée, harnachée, organisée avec sa
marraine, il faut ferrer les mulets et les marquer au
fer rouge, au signe du nouveau propriétaire. Ici, on
ferre les mulets à froid et ce sont généralement les
nègres qui se chargent de ce travail. Or, les mulets
ont la haine du nègre, et de là des luttes homériques
entre ferré et ferrant, et ce dernier sort souvent fort
avarié de la lutte.

Enfin, la dernière opération et non la moins importante, est celle de l'imposition des noms, car tout
mulet qui se respecte doit avoir un nom. En bons
philosophes, les Pères tiennent à donner aux mulets
des noms en rapport avec leur essence et leurs qualités. Les noms des mulets de notre troupe furent
mis au concours ; et ils furent tous aussi jolis qu'expressifs.

En voici quelques-uns : le plus petit de la troupe, mais non le moins agile et le moins espiègle, fut appelé *Beijaflor*, colibri ; mais le nom brésilien est beaucoup plus poétique et expressif : il forme image et signifie mot à mot : baise-fleur. Un second s'appela *Canario*, à cause de sa robe jaune blanc rappelant le canari. Nous ne devions pas tarder à l'appeler non plus *Canario*, mais *Canalho*. Prononcez, comme en brésilien, *Canaillo*, et vous n'aurez pas besoin de traduction. D'autres reçurent les noms de *Chibante*, fanfaron ; *Estrella*, étoile ; *Barboleta*, papillon ; *Andorinha*, hirondelle ; *Maribondo*, guêpe ; *Gavião*, épervier, c'était un superbe mulet pommelé, qui aura son histoire. La reine de la troupe, les dépassant tous de dix centimètres, une belle mule de huit ans, à la robe noire, s'appellera *Africana*. C'est celle qu'on me destine, et je suis certainement très flatté et honoré de ce choix, mais cette mule jeune et fringante, à l'œil vif, aux fines oreilles, à la tête de fauve, qui s'emballe dès qu'elle sent l'éperon, ne laisse pas de m'inspirer quelques craintes. Mais les Pères, qui l'ont essayée, me rassurent et redisent en chœur ce dicton : *Pisa no molle no duro, e seu Dono leva seguro.* Ce qui veut dire : « Cette mule foule d'un pied égal et sûr, le terrain mou comme le rocailleux, et son cavalier n'a rien à craindre. »

Nous verrons au prochain chapitre ce dont est capable cette superbe bête et ce dont n'est point capable son pauvre cavalier.

CHAPITRE II

LE DÉPART

LA DÉBANDADE. — LES PREMIÈRES MÉSAVENTURES

Le mot « camarada » reviendra souvent au cours de ce récit ; il n'est donc pas inutile de donner sa vraie signification. Traduire cette expression brésilienne par le mot français, guide, compagnon ou camarade ne serait pas exact, en ce sens que l'expression française ne donnerait qu'une idée très amoindrie et tout à fait incomplète de la fonction.

Le « camarada » est tout à la fois : guide, compagnon, fourrier, chasseur, muletier, écuyer, canotier, cuisinier, médecin, chirurgien, sacristain et enfant de chœur. Réunissez en une seule conception et un seul être la signification de toutes ces expressions, et vous saurez ce que c'est qu'un « camarada ».

En réalité, il est tout cela et il s'acquitte à merveille de ces multiples fonctions.

En voyage, tout dépend de lui, et contre sa volonté, le maître le plus autoritaire et le plus pressé ne peut guère avancer. La seule inertie du « camarada » suffit à tout arrêter et à tout compromettre. Bien qu'il soit rémunéré, c'est plus qu'un domestique, et dans le *Sertão* et la forêt ou sur les grands fleuves, pour peu que le Padre s'y prête, le « camarada » devient vite un ami loyal et dévoué sur lequel on peut compter sans mesure, et qui, à l'occasion, n'hésitera pas à se sacrifier pour vous.

D'Uberaba à Goyaz, trois « camaradas » nous sont nécessaires à cause du nombre de nos mulets et de l'importance de la *Conduçao*. Deux ont été déjà envoyés de Goyaz par le bon Père Gabriel Devoisins. Ce sont : Simeao, le « camarada » en chef, mulâtre d'une cinquantaine d'années, et Honorio, jeune Brésilien encore assez novice dans cet art difficile. Le troisième sera le brave Antonio, nègre, à la carrure herculéenne et dans toute la force de l'âge, recommandé par les Pères d'Uberaba.

« Camaradas » et mulets nous attendront à Araguary dans la *fazenda* du major Justino Monteiro, grand ami des Pères.

Le jeudi 9 mars 1911, nous partons vers midi de la gare d'Uberaba et nous arrivons à la tombée de la nuit, à la gare d'Araguary. Les « camaradas » sont là avec un certain nombre de mulets pour prendre nos bagages et nous conduire à la *fazenda* du major, qui se trouve à une petite heure de la gare.

La nuit vient vite à cette latitude et surprend toujours les Européens habitués à un long crépuscule. Certaines hésitations se produisent dans le choix des animaux de selle, dans le chargement des bagages, et il fait nuit noire quand nous quittons la gare.

Les « camaradas », si habiles à s'orienter dans le désert et à reconnaître avec une sagacité d'Indien les pistes les plus imperceptibles, se perdent dans les rues mal éclairées d'Araguary ; et à la sortie de la ville, nous sommes séparés en trois bandes allant chacune de son côté. Nous appelons, nous crions, nous sonnons du cor, peine perdue ; impossible de nous reconnaître. Je me trouve avec le bon Père Réginald et le Frère Dominique. Où sommes-nous ? Où sont les « camaradas » et les autres mulets ? Quelle direction prendre pour aller à la *fazenda* ? Nul de nous ne le sait.

« Ne vous tourmentez pas, dit le Père Réginald, nos mulets viennent de la *fazenda* du major Justino ; ils y ont été bien traités, ont mangé du maïs, ils retrouveront le chemin. Vite lâchons les rênes et abandonnons-nous à leur instinct. » Aussitôt dit, aussitôt fait ; et nous voilà chevauchant dans la nuit à travers bois, sans autre guide que l'instinct de nos mulets. Les deux autres groupes durent en faire autant et, une heure après, nous arrivions tous, presque en même temps, bien que par des chemins divers, à la grande cour de la *fazenda*.

Le major est là, à l'entrée de sa demeure, sur un semblant de perron en bois, nullement ému de notre retard et du désordre de notre arrivée. Dans cette immense cour, qu'il faut traverser pour arriver à la maison, il y a en ce moment de sept à huit cents vaches, beuglant, mugissant, appelant les jeunes veaux séparés de leurs mères par une forte palissade. Ce vacarme assourdissant durera une bonne partie de la nuit et on ne rendra la liberté aux uns et aux autres qu'après avoir trait le lait nécessaire à la confection de fromages immangeables pour un palais européen.

Du milieu de ce troupeau de vaches, émergent çà et là des bosses qu'on dirait appartenir à des chameaux. Ce sont des zébus, grands et forts taureaux, que les riches *fazendeiros* importent des Indes pour améliorer la race.

La question des zébus est encore assez discutée parmi les éleveurs brésiliens. Certains sont pour leur importation sans restriction et ne reconnaissent que des qualités à ces puissants taureaux. D'autres sont franchement contre, et ne veulent en entendre parler à aucun prix.

D'après ce que nous avons pu voir au cours de ce voyage, nous pensons que la vérité n'est pas si absolue. L'introduction de quelques zébus dans une *fazenda* relève immédiatement la taille et le poids des produits qui peuvent être vendus et plus tôt et plus cher. C'est donc un grand avantage à ce double point de vue. La qualité de la viande est peut-être moins fine. La différence ne constitue pas cependant une infériorité notable pour la vente. Mais la médaille a son revers. Dans les *fazendas* situées tout à fait à l'intérieur des terres, les zébus paissant en liberté dans ces immenses pâturages deviennent vite sauvages, féroces et agressifs pour les *vaqueiros* eux-mêmes. Leur haute taille, leur force, leur agilité, les rendent très redoutables. Avec eux, une *fazenda* devient parfois inhabitable à l'homme et on est obligé de les abattre avec des armes à longue portée tout comme on ferait pour un jaguar.

Pour le moment, quelques-uns de ces zébus sont là, mêlés aux vaches dans cette immense cour, et ce n'est guère rassurant. Pour arriver à la maison, il nous faut nécessairement passer au milieu de cette légion cornue, et nul n'a l'air de se douter que le nouveau venu peut avoir peur de recevoir un coup de corne. Nos mulets, plus habitués que nous à cet exercice, nous tirent vite d'embarras. *Africana* distribue généreusement un coup de dent à droite, allonge un coup de pied à gauche, le vide se fait autour d'elle, et nous voilà dans la maison,

L'hospitalité la plus cordiale nous y attend. D'abord une tasse de café brésilien ; c'est la première chose qu'on offre au voyageur qui arrive et la dernière qu'on lui offrira au départ pour le boute en selle ; ensuite, du lait encore tout fumant qu'on nous présente dans d'immenses calebasses. Nous resterons ici deux nuits et un jour, et ce sera une transition ménagée par la Providence entre la vie du couvent et celle du *Sertão*.

La fille du major Justino, Mlle Cotta , élève de nos sœurs d'Uberaba, nous reçoit et nous sert à la française, avec une simplicité, une aisance et une grâce parfaites. Le pain et le vin manqueront désormais partout. Ils sont remplacés sur cette table hospitalière par de petits gâteaux en fine fleur de farine de manioc et par de la liqueur de « Génipapo », qui, additionnée d'eau, a fort bon goût.

La journée du vendredi se passe en préparatifs divers, et le samedi matin avant six heures, les messes sont célébrées, et tous les mulets sont dans la cour, prêts à recevoir selles et charges. Pour gagner du temps, nous déclarons une fois pour toutes que nous nous chargeons de nos mulets de selle. Les étriller et les harnacher sera pour nous une distraction, et les « camaradas » n'auront ainsi qu'à s'occuper des animaux de charge. On nous déclare cependant que nous ne partirons guère avant neuf heures, car le premier chargement est toujours difficile.

Voici comment on procède pour les animaux de charge. Ce détail n'est pas inutile pour la suite du récit. Sur le dos du mulet : une espèce de bât appelé *cangalha;* de chaque côté du bât : une caisse de poids égal, — on surcharge la moins lourde jusqu'à ce que l'équilibre soit parfait ; par-dessus ces charges un cuir de bœuf non tanné, raide comme des baguettes de tambour ; et par-dessus le cuir de bœuf et sous le ventre de l'animal, une large et forte courroie qu'on serre à fond avec un garrot.

L'opération va bien et relativement assez vite jusqu'à la charge du mulet *Gavião* (épervier). C'était, après *Africana*, le plus haut et le plus fort de la troupe. Les « camaradas » l'avaient jugé seul capable de porter les deux grandes et lourdes caisses d'étoffes de laine pour les couvents de la mission. Mais *Gavião* se sent humilié de porter le bât et non la selle. Il regimbe et pour le charger, on est obligé de recourir aux grands moyens : l'entraver, lui bander les yeux, lui pincer et tordre les naseaux avec de fortes pinces, etc. L'opération terminée, les « camaradas » se croient victorieux ; hélas ! leur joie est de courte durée. Dès que *Gavião* sent tomber le bandeau qui lui couvre les yeux, les pinces qui lui serrent et tordent les naseaux, il aspire l'air à pleins poumons, souffle comme un soufflet de forge, entraîne le nègre (l'hercule) et Honorio qui essaient de le retenir, s'élance dans la cour, rue, se cabre, fait le saut du mouton, rompt toutes les courroies et envoie les caisses rouler au loin.

Alors, libre de tous ses liens, il saute par-dessus la palissade et prend une course folle à travers les champs. Il faut lancer à sa poursuite des cavaliers avec des lassos. Vous voyez comme cela nous avance et nous promet de l'inédit. C'est beau d'avoir des mulets jeunes et fringants, mais on le paye parfois bien cher, nous le constaterons encore avec *Africana*.

Gavião pris au lasso est ramené et, après bien des essais, tout est prêt pour le départ. Il est midi. Nous nous mettons à genoux, comme nous le ferons tous les matins, pour réciter le *Monstra te esse Matrem*, la prière et l'oraison aux saints anges, en y ajoutant, pour la circonstance, une invocation aux saints cavaliers saint Georges et saint Martin, et, prenant la bénédiction de la Très Sainte Vierge par le traditionnel *Nos cum Prole pia benedicat Virgo Maria*, nous sautons en selle. Un dernier salut du cœur plus encore que de la main, et nous voilà partis.

En tête marche Honorio, monté sur *Andorinha* (hirondelle), et tenant en laisse le cheval blanc, la *madrinha*, qu'en bonne règle tous les mulets doivent suivre. Mais voilà, à toute règle il y a des exceptions, et on me dira tout à l'heure que nos mulets achetés à divers propriétaires, venant l'un du Nord, l'autre du Midi, le cheval venant d'ailleurs, n'ont pas eu encore le temps de lier connaissance. La troupe n'est pas encore *amadrinhada*, attachée à sa marraine.

Tout va bien pendant les premiers kilomètres, car le sentier, se trouvant dans la propriété du major, est bordé à droite et à gauche par de forts piquets et des ronces artificielles hérissées de pointes. Au sortir de la *fazenda*, cette clôture cesse, et nous entrons brusquement dans le *Matto*, la forêt. Aussitôt, comme sur un mot d'ordre, notre troupe se débande, et c'est la mise en pratique de l'exemple de Lhomond : *Alii alio dilapsi sunt*. Les uns s'en allèrent d'un côté, les autres d'un autre.

Nos mulets prennent toutes les directions de la Rose des vents. J'entends alors, pour la première fois, les « camaradas » jeter ce cri que je devais entendre si souvent dans la suite : *Volta burro*. Ils se lancent à la poursuite des indisciplinés pour les ramener dans la bonne voie, mais pendant ce temps, d'autres s'enfoncent dans le bois, certains plus rusés profitent de ce moment pour se débarrasser de leur charge. Ils s'élancent entre deux arbres trop rapprochés pour leur charge ; au choc, l'équilibre est rompu, les courroies cèdent, les caisses tombent, et les mulets, libres enfin, se sauvent en chantant victoire. C'est une débandade indescriptible, et tout cela en plein désert, sous un soleil de feu. Après des efforts inouïs, la troupe est de nouveau réunie ou à peu près, car il est bien difficile de tenir tous ces mulets en place pour les compter, le soleil les brûle, les mouches les piquent et le moindre retard les impatiente.

Bientôt, cependant, à une montée assez raide, tous les mulets se profilent à l'indienne, et alors le Père

Réginald s'écrie : Mes *canastras!* — ce sont de petites cantines d'officier, où le Père place sa petite chapelle et ses pauvres effets personnels. — Mes *canastras*, où sont-elles? Canario qui les porte est absent, où est-il? Nul ne saurait le dire. Il sera probablement resté dans la forêt au moment de la débandade générale. Le « camarada » Antonio et le frère convers Alexandre, excellent cavalier, partent à la recherche du fugitif qui, pour ce bon tour et bien d'autres, devait bientôt changer de nom et s'appeler *Canalho.*

Nous continuons à marcher avec les deux « camaradas » qui nous restent. Le bon Père Réginald, fort expert en la matière, aide à équilibrer les charges, à les *concertar* (style du *Sertão*). Il se multiplie et pourvoit à tout. Le Frère Domingos et moi fermons la marche, ramenant dans le sentier les mulets vagabonds, excitant les retardataires.

Tout à coup, j'aperçois sur le sentier le diurnal que le Père aura laissé tomber en aidant les « camaradas ». Je mets pied à terre pour le ramasser, et attachant *Africana* à un arbre, je profite de la circonstance pour mieux ajuster les sangles et me reposer un instant. Ce fut mon tort. *Africana*, sentant la troupe en avant, dévorée par les mouches, s'impatiente, piaffe, et, quand je veux remonter, elle dresse ses fines oreilles, se dérobe et ne tient plus en place. Par un effort suprême, je réussis cependant à monter.

Que se passe-t-il alors, je ne sais, mais, avant que je sois bien en selle, je la sens frémir entre mes jambes et s'élancer à fond de train. Je la retiens, mais alors elle se cabre à perdre l'équilibre et ne retombe sur ses pieds de devant que pour lancer de terribles ruades. Je sens très bien que je suis perdu, que la mule va m'emporter dans une course folle à travers la forêt, au risque de me briser la tête contre quelque arbre, et que la chute sera d'autant plus terrible que la

L'AUTEUR SUR SA MULE « AFRICANA »

CAMPEMENT A L'ENTRÉE DE GOYAZ

vitesse sera plus grande. Alors, lâchant rênes et étriers, je me laisse tomber à terre avant que la mule ait pris le galop, essayant d'amortir la chute avec les mains. C'est cependant ma tête qui touche d'abord la terre et rebondit avec un bruit sourd ; je me relève, je me tâte, grâce à Dieu je n'ai rien de cassé ou d'endommagé. Je pars à pied à la recherche d'*Africana*, qui, au triple galop, avait rejoint la troupe.

Le Père Réginald, en la voyant revenir, avait d'abord cru à un malheur, et il fut tout heureux de me retrouver sain et sauf.

Nous eûmes alors l'explication de l'emballement d'*Africana*. Dans mon affolement et mon inexpérience, j'avais tellement serré les jambes, que je lui avais enfoncé les éperons dans les flancs, qui étaient en sang. Brave bête, qui n'avait pas imité ses congénères, qui, après avoir désarçonné le cavalier, lui lancent avec mépris une ruade souvent plus dangereuse que la chute ! Elle s'était contentée de filer et de rejoindre la troupe. Elle méritait bien, pour cela, un peu de sel, dont elle était friande, et une caresse. A partir de cet instant, nous fûmes les meilleurs amis du monde. La fatigue de chaque jour devait, du reste, diminuer sa fougue, et l'exercice, rendre son cavalier plus habile.

Vers cinq heures, nous arrivons à un passage difficile, c'est une descente rocailleuse et très roide, ayant à gauche un talus taillé à pic, à droite, un ravin assez profond. Un des premiers mulets, *Maribondo* (guêpe), s'abat, se relève aussitôt, mais les caisses dont il est porteur touchent le talus, et l'animal s'abat de nouveau. Sous le choc, les cordes cèdent, et les caisses roulent de roc en roc au fond du ravin, pendant que *Maribondo*, au risque de se casser les jambes, se sauve au galop. Un des « camarádas » s'élance à sa poursuite, et bientôt nous les avons tous deux perdus de vue. L'autre « camarada » descend tranquillement au fond du ravin, où il attendra que son compagnon revienne, car, pour recharger les caisses et remettre tout en état, il leur faudra nécessairement être deux.

Nous voilà donc sans « camaradas »; heureusement que le Père Réginald n'en est pas à son coup d'essai, et, sous sa conduite, nous arrivons sans difficulté au *pouso*, à la tombée de la nuit, brisés de fatigue et d'émotions. Combien un bon repas nous serait nécessaire! mais inutile d'y songer. Il faut désormais nous contenter, que nous le voulions ou non, d'un mélange de *feijao* (haricot noir) et de riz qu'on saupoudre de farine de manioc. Les Brésiliens trouvent ce mélange excellent. Pour moi, cela forme un mastic qui s'arrête dans la gorge et que je ne puis avaler. Ce sera désormais notre seule et unique nourriture. Parfois, cependant, nous pourrons y ajouter, grâce à Dieu, des œufs et du porc salé, car d'Uberaba à Goyaz, nous trouverons toujours des fermes sur notre chemin.

Ce soir, pour un bon début, nous n'avons que le mastic dont je viens de parler. Après ce repas de Spartiate, il faut songer à dormir. Inutile de chercher des chambres ou des lits, il n'y en a point; mais le *palhol* est là tout près, ce sera notre dortoir habituel.

Le *palhol* est un hangar où l'on conserve les épis de maïs non encore décortiqués. Il est généralement couvert en chaume ou avec des branches de palmier, et fermé sur trois côtés avec une simple palissade ouverte à tous les vents.

Pendant que nous suspendons nos hamacs aux pieux de la palissade, les deux « camaradas » arrivent avec *Maribondo* et les caisses qui, pour avoir roulé au fond du ravin, ne paraissent cependant pas trop endommagées. Quelques instants après, nous entendons le son du cor. Ce sont les frères Alexandre et Antonio qui, ayant retrouvé Canario, reviennent triomphants et annoncent de loin leur arrivée.

Bientôt nous sommes tous réunis. Pendant que les « camaradas » prennent joyeusement leur repas, nous nous mettons à genoux pour le *Salve Regina* qui va clore la journée, et, nous étendant tout habillés, ou plus exactement nous plaçant en demi-cercle dans nos hamacs, nous nous disposons à prendre un repos qui nous paraît aussi mérité que nécessaire.

CHAPITRE III

UNE « CASA » DANS LE « SERTÃO »

PASSAGE DU PARANAHYBA

LES COQS DE JOSÉ SOLDADO

Après les fatigues et les émotions de cette première journée de marche, nous aurions été tentés de nous reposer la grasse matinée ; mais en voyage, si l'on veut aller vite, il faut se lever de bon matin.

Le premier article de notre règlement est formel : quelles que soient les fatigues de la veille, nous nous lèverons pour célébrer la messe avant l'aurore. Nous éveillerons ainsi les « camaradas » pour les envoyer, dès la première heure, à la recherche des mulets.

Chaque soir, en effet, dès que selles et charges sont enlevées aux animaux, on leur donne un léger coup d'étrille et de brosse, et après leur avoir mis les entraves, on les lâche dans le désert, où ils auront à se procurer à la pointe de leurs dents la nourriture nécessaire. Heureux seront-ils quand nous pourrons de temps en temps leur donner une ration de maïs.

D'Uberaba à Goyaz, nous trouvons à chaque ferme un *pasto fechado*, un vaste champ entouré de ronces artificielles où, moyennant une légère rétribution, nous pouvons laisser paître les mulets pendant la nuit et les retrouver plus facilement le lendemain. De ce côté du moins, nous n'aurons ni les mésaventures ni les retards auxquels on est exposé dans le Nord.

Le premier acte de la journée sera toujours la célébration de la sainte messe. Les gens de la ferme y assisteront, ainsi que les voisins à plusieurs lieues à la ronde.

En effet, dès qu'un *Padre* est arrivé à la ferme pour y passer la nuit, immédiatement, sans qu'il soit besoin de rien dire, les jeunes gens et les enfants partent à cheval pour annoncer aux voisins que le lendemain la messe sera célébrée au *romper do dia*. Ces braves gens n'hésitent pas à chevaucher ainsi une partie de la nuit pour avertir les voisins les plus éloignés, qui, à l'occasion, leur rendent le même service.

Dans le *Sertão*, en effet, on ne peut entendre la sainte messe et recevoir les sacrements que fort rarement ; et seulement quand il y a un missionnaire qui passe.

L'autel sera dressé par le missionnaire dans la seule pièce de la *casa* où sont admis les étrangers.

Il ne sera pas sans intérêt de dire ce qu'est une de ces *casas* dans le *Sertão*, et ce que sera chaque matin notre chapelle. Nos maisons même les plus pauvres ne peuvent nous servir de terme de comparaison.

Quatre murs assez bas et une mauvaise toiture, voilà, en raccourci, ce qu'on est convenu d'appeler une maison. Quand le propriétaire est riche, les murs sont en pisé ou en torchis et la couverture en tuiles, mais le plus souvent les murs sont remplacés par un grossier clayonnage ou même simplement par des piquets assez rapprochés, sans autre fermeture. La toiture est presque toujours en feuilles de palmier. Quant au sol, c'est toujours la terre nue, qu'on ne se donne même pas la peine de niveler.

La *casa* est divisée en deux pièces à peu près d'égale grandeur : la *varanda* accessible à tous et la pièce de l'*intérieur*, où n'entrent que les membres de la famille.

Dès qu'on entre dans une de ces *casas du Sertão*,

on se trouve dans ce qu'on appelle, improprement d'ailleurs, la *varanda*, mais il faut bien lui donner un nom. C'est une pièce ayant la forme d'un carré long. Les dimensions varient légèrement, mais la forme, les dispositions et l'usage sont toujours les mêmes.

A l'une des extrémités se trouve, adossée au mur ou à la palissade, une table qui ressemble plutôt à un banc très haut qu'à une table, c'est le seul meuble de la pièce.

Suspendus aux parois ou accrochés aux piquets de la palissade on voit la selle et les harnais, le fusil et quelques peaux de fauves ; parfois aussi de la viande qu'on dessèche pour les longs voyages. Les *canastras* des voyageurs serviront de siège en attendant qu'on suspende les hamacs.

A la paroi ou palissade qui sépare les deux pièces se trouve une porte, « le plus souvent sans porte, comme disait la sentinelle en parlant de la guérite. » C'est une simple ouverture permettant d'aller de la *varanda* dans la pièce intérieure ; mais cette ouverture est mieux gardée par le respect de l'usage et de la tradition qu'elle ne le serait par une porte en chêne et de solides serrures.

Elle donne accès dans la pièce de l'intérieur réservée aux femmes. C'est un lieu sacro-saint et en dehors des membres de la famille nul homme n'a le droit d'y entrer, si ce n'est le *compadre*, dont nous aurons à parler un jour.

Nous avons vu des « camaradas » exténués, mourant de soif, ne point se permettre d'entrer pour prendre un verre d'eau, et attendre patiemment que les gens de la maison voulussent bien arriver et leur donner à boire.

La défense et le mystère piquent toujours la curiosité qui, une fois mise en éveil, va grandissant.

Nous l'avouons bien simplement, nous étions nous-mêmes intrigués par ce mystère et nous nous demandions ce qu'il pouvait bien y avoir derrière cette palissade que nul n'osait franchir ! Un jour, nous nous enhardîmes, — oh ! non point jusqu'à faire un pas dans l'intérieur, c'eût été un crime et, de notre part, un scandale, — mais nous demandâmes simplement au maître de la maison, au chef de famille, de vouloir bien nous introduire lui-même.

Il le fit de bonne grâce, et entrant avec lui, nous nous trouvâmes dans une pièce absolument semblable à la première, c'est-à-dire vide de tout meuble. Il y avait simplement un foyer avec une marmite où cuisait le *feijão*, et surveillant la marmite, attisant le feu, la maîtresse de la maison ayant près d'elle deux ou trois petits enfants qui s'enfuirent en nous voyant entrer.

Il n'y avait donc aucun mystère, et nous en fûmes pour une petite déception. Mais alors, pourquoi cette défense ? C'est une protection morale pour les faibles et une sauvegarde pour tous.

L'usage et la tradition veulent encore que le cavalier arrivant devant la *casa* ne se presse point de descendre. Il doit d'abord crier : « *Oh de casa!* Holà ceux de la maison ! » Quelque fatigué et pressé qu'il soit, il restera en selle jusqu'à ce que quelqu'un paraisse, et alors il demandera poliment : « Puis-je mettre pied à terre ? » et ce n'est qu'après qu'on lui aura répondu : « Vous le pouvez, » qu'il descendra de cheval.

Mettre pied à terre avant d'en avoir demandé et obtenu l'autorisation serait s'exposer au plus grand danger, même à celui de recevoir une balle à la tête. Ce qui peut nous paraître un formalisme outré, un rigorisme oriental a sa raison d'être au *Sertão*.

Mais, dans cette *casa*, demandera quelque curieux ou simplement un lecteur qui aime à se rendre compte, où donc sont les lits? car enfin le Brésilien et le missionnaire ont beau être mortifiés et endurants, ils ne peuvent cependant rester toujours debout, et il leur faut bien prendre quelques heures de repos et de sommeil. Des lits! il n'y en a point. Mais au *Sertão*, il y a une admirable invention, celle du hamac. Le hamac tient lieu de tout, et il faut avoir passé par ces *casas* et ces *palhols* pour l'apprécier à sa juste valeur.

Un lit ordinaire serait d'abord trop chaud; ce serait surtout un nid à vermine et le repaire de toutes sortes d'animaux plus malfaisants les uns que les autres, allant des serpents les plus dangereux jusqu'aux *carrapatos*, en passant par les *scorpions* et les araignées venimeuses, sans compter les fourmis aux espèces si variées et si redoutables, et le *formigão*, dont la piqûre donne la fièvre pendant plusieurs jours.

Avec le hamac convenablement installé, on est à l'abri de tous ces terribles ennemis.

Il y a un art de suspendre le hamac, « de l'armer », selon l'expression si pittoresque et si vraie des Brésiliens : *armar a rede*. Les plus soigneux prennent deux fortes cordes, non point des cordes quelconques, mais tressées avec du crin de cheval et toutes hérissées de fines pointes qu'on se garde bien de couper. Le point le plus bas de la courbe décrite par le hamac se trouvera à cinquante centimètres du sol, ses deux extrémités seront reliées aux poteaux qui servent de point d'attache, par ces cordes en crin, dont aucun insecte ne se hasarde à affronter les fines pointes. Le dormeur sera ainsi suspendu dans l'espace, isolé du monde matériel et à l'abri de tous les êtres rampants et grimpants, ce qui est appréciable.

Il n'aura plus à se défendre que contre les moustiques et les vampires.

Servant de lit, le hamac sert encore de siège ; on s'y assied comme sur un pliant. Il sert en même temps de prie-Dieu, de table, d'armoire, de tout ; c'est le berceau du nouveau-né et le cercueil de celui qu'on porte à sa dernière demeure.

C'est dans la *varanda* que doit être célébrée la sainte messe. Le missionnaire l'arrange et l'orne de son mieux, mais souvent les bras lui tombent de découragement, le cœur lui manque en voyant où il devra offrir le Saint-Sacrifice.

Vite une cotonnade aux couleurs voyantes qu'il a eu soin d'emporter, est suspendue à la palissade ; on y accroche le crucifix, l'image de la très sainte Vierge, de saint Joseph, de saint Dominique, et cela forme un fond d'autel très convenable.

La table, souvent boiteuse, est raffermie sur ses pieds et rendue à peu près immobile pour recevoir la pierre sacrée et tout ce qui est nécessaire au Saint-Sacrifice.

Un cuir de bœuf étendu par terre, au pied de l'autel, forme un marchepied et un tapis très convenable, rendant le sol moins inégal et couvrant toutes les immondices, qui s'attacheraient sans cela à l'aube du prêtre et à ses chaussures.

La *varanda* est, en effet, habituellement ouverte à tous les êtres de la création. Depuis ceux qui aboient jusqu'à ceux qui grognent, tous y ont droit de cité, et ils en profitent. On les expulse, cependant, pour la cérémonie. Un jeune gars, le *chicote* à la main, se tient près de la porte et fait bonne garde, distribuant force coups aux plus entreprenants, qui s'éloignent en poussant des hurlements auxquels nul ne fait attention. Certains, plus habiles, réussissent à tromper cette vigilance et viennent parfois se jeter entre les jambes de l'officiant. Il ne faut pas qu'il s'en trouble ; il malédifierait et serait le seul étonné.

Après la sainte messe, le maître de la *casa* offre une tasse de bon café au *Padre* et à tous les assistants, qui remontent bientôt à cheval pour regagner leur *fazenda*, pendant que les « camaradas » disposent tout pour le départ.

Voilà, à peu de chose près et sauf accident, ce qui nous arrivera chaque jour pendant ce long voyage.

Ce premier matin, tout s'est un peu ressenti de la fatigue et du désordre de la veille. Les « camaradas » paraissent peu en train. Est-ce une nécessité imposée par les circonstances? Est-ce une entente entre eux et veulent-ils déjà se reposer? Nous ne savons. Mais, après la messe, ils nous déclarent qu'on ne peut repartir de la journée. Toutes les courroies, toutes les cordes sont hors de service et, pour s'en procurer, il faut aller loin; peut-être même sera-t-il nécessaire d'aller jusqu'à Araguary.

Nous les surprenons fort, en disant qu'il faut partir coûte que coûte et que, même dans le *Sertão*, nous trouverons le moyen de nous procurer des cordes. Le Frère Alexandre, originaire du nord du Brésil, est un *sertanejo* accompli, et il nous tirera d'affaire. Il a aperçu des cuirs de bœuf séchant au soleil. Les acheter, les découper en bandes solides est pour lui un jeu d'enfant, et nous serons même mieux montés qu'au départ. C'est un peu cher, mais le temps vaut bien de l'argent, au Brésil comme ailleurs.

A dix heures, tout est prêt pour le départ, et nous voilà en route. Les accidents et les retards ne nous manqueront point. Il y en a un qui, peu dangereux en lui-même, ne laisse point cependant que de nous impatienter et de nous faire perdre pas mal de temps par sa fréquence.

Le cuir de bœuf qui se trouve sur les charges, bien que serré à fond, au départ, finit peu à peu par glisser, presque toujours en avant. Dès qu'il touche les oreilles, le mulet s'emballe, envoie la charge rouler au loin et revient au galop semer le désordre dans le reste de la troupe. Une simple petite corde passant par-dessus ce cuir et le reliant à la croupière empêcherait, ce nous semble, l'accident de se produire.

Les « camaradas » du nord usent, paraît-il, de ce moyen, mais ceux du centre et du midi ont leurs habitudes, leur système et leur fierté. Il ne serait pas de bon goût de prétendre leur enseigner quelque chose. On pourrait y perdre plus qu'y gagner. Le plus simple sera donc de prendre patience. Dans le nouveau comme dans l'ancien monde, elle est un remède souverain dont il est sage de faire bonne provision au départ.

A deux heures du soir, nous sommes sur les rives du Paranahyba, qui roule avec fracas au fond d'une gorge profonde. Malgré la ressemblance du nom, il faut bien se garder de confondre ce fleuve avec le *Parahyba do Norte*, dans l'État de même nom, et avec le *Parnahyba*, dans l'État de Piuahy, confusion que n'ont pas évitée certains géographes français, pas même les dictionnaires en vogue.

Un pont suspendu nous permet de passer, sans autre inconvénient que celui d'alléger un peu notre bourse, car il faut payer : tant par mulet de selle, tant par mulet de charge.

Vers le soir, un peu avant le coucher du soleil, nous arrivons à la *casa de José soldado*, « Joseph le soldat ». Pourquoi l'appelle-t-on soldat? Impossible de le savoir. Ce qu'il y a de certain, c'est qu'il ne l'a jamais été et ne le sera jamais, car son âge est déjà respectable et ses goûts sont plutôt pacifiques. C'est un charmant homme, très hospitalier, dont le cœur est aussi grand que la *casa* est petite.

Le *palhol* est petit, lui aussi, mais plein d'épis de maïs dont les piles s'écroulent dès que nous voulons faire un pas. Nous parvenons cependant à suspendre nos hamacs au-dessus de ces piles croulantes, et nous voilà installés côte à côte dans nos hamacs, nous balançant joyeusement comme des enfants au berceau, en attendant l'heure du repas. Il promet de sortir de l'ordinaire, car, dès notre arrivée, nous avons entendu deux ou trois coups de fusil : c'était *José soldado* qui tirait sur ses poules, ne voulant pas se contenter d'offrir aux *Padres* du riz et du porc salé.

A l'heure du repas, José nous sert lui-même, sur un grand plat de riz, deux poules et un coq. Pour lui faire plaisir, il faut ne rien laisser pour le lendemain.

Après le café, que toute la famille prend avec nous, José nous raconte ses chasses, ses pêches, sa bonne et sa mauvaise fortune. Nous ne nous lasserions pas de l'entendre, mais il faut aller nous reposer, et nous regagnons le *palhol* pour y passer la nuit.

Nous constatons alors qu'en notre absence, il a été envahi par une vraie légion de poules et de coqs, ses hôtes habituels pour la nuit.

Il y en a de perchés sur tous les piquets, sur toutes les traverses, au-dessus de nos pauvres hamacs, dont quelques-uns ont déjà reçu de copieux présents de leur part.

Impossible de nous étendre pour la nuit dans ces hamacs, sans nous exposer au sort de Tobie, et même pire, car les grandes poules de *José soldado* sont autrement redoutables que les petites hirondelles de l'histoire sainte.

Le brave José vient à notre secours. Armé d'un long bâton, il frappe sans ménagement sur ses poules, qui délogent en caquetant, mais reviennent bientôt se percher au même endroit. Notre persévérance finit par triompher de leur obstination, et, après une heure de combat dans les ténèbres de la nuit, nous restons maîtres du champ de bataille, c'est-à-dire que le dessus des hamacs est à peu près dégagé, et il nous paraît que nous pouvons nous endormir en paix.

Vers le milieu de la nuit, autre alerte. Ce ne sont pas seulement les poules qui sont les hôtes nocturnes habituels du *palhol*. De gros rats trottinent un peu partout, grimpent le long des pieux, courent sur la toiture en chaume, et l'un d'eux se laisse choir étourdiment sur la tête d'un dormeur, qui, réveillé en sursaut, jette l'alarme, croyant à un ennemi plus sérieux

Dans la nuit, il nous est d'abord difficile de nous rendre compte de ce qui est arrivé. Un peu de lumière et un instant de réflexion suffisent à nous rassurer.

Il est une heure du matin et nous avons encore besoin de repos, car avec les histoires de *José soldado* et le combat qu'il a fallu livrer aux poules, nous nous sommes endormis fort tard.

À peine le silence est-il rétabli qu'un vieux coq, dérangé dans ses habitudes et que nous avons obligé à aller se percher sur un arbre, entonne de sa plus belle voix l'hymne matinal. On dirait que ce Chanteclair brésilien a juré de faire se lever le soleil avant l'heure et de se venger de nous.

Trompés par cet appel, tous les autres coqs perchés à côté de nous lui répondent à qui mieux mieux et, jusqu'au jour, ce sera un vacarme assourdissant.

Inutile de songer à dormir. S'impatienter, faire comme les servantes de la fable, redire entre ses dents : « Maudit coq, tu mourras, » ne porterait point remède au mal. Mieux vaut prendre la chose du bon côté, rire de l'aventure et en profiter pour célébrer la sainte messe un peu plus matin.

Après la messe, le bon José sert le café à tout le

monde et y ajoute, pour nous, deux beaux poulets rôtis, enfarinés avec du manioc, que nous mangerons à sa santé à la prochaine halte, sur les bords du Rio Verissimo. Si nous n'avons pas dormi, au moins nous mangerons ; et en *renversant* les termes du proverbe : « Qui dort dîne », l'un compensera l'autre.

CHAPITRE IV

DÉTAILS INÉDITS. — LE PONT DU CORUMBA.
ASSAUT NOCTURNE DU PALHOL PAR DES SANGLIERS.
ARRIVÉE A BELLA-VISTA

Les jours qui suivent se ressemblent par leur fatigue et leur monotonie : nous n'avons guère d'accidents fâcheux. Il paraît, du reste, qu'il en est toujours ainsi. Les premiers jours, les mulets sont fringants, ardents à la marche et impatients du bât, la troupe n'est pas *amadrinhada*, et chaque mulet tire de son côté — les « camaradas » ne connaissent pas encore les animaux — les nouveaux cavaliers manquent d'expérience et de sang-froid dans le danger. C'est plus qu'il n'en faut pour provoquer de fréquents accidents.

Plus nous avançons dans l'intérieur et moins le *Sertão* est habité. Dans les fermes où nous nous arrêtons pour la nuit, tout devient moins habitué au contact humain. Les vaches et les zébus, au milieu desquels nous devons nous frayer un passage, sont plus sauvages, et ce n'est point sans une certaine appréhension que nous nous faufilons au milieu de ces quadrupèdes qui savent si bien jouer des pieds et des cornes. Quand nous sommes juchés sur nos mulets, tout va assez bien encore, et Africana se charge, pour sa part, de la défense de son cavalier ; mais, une fois mis pied à terre, il en va tout autrement ; la prudence et la circonspection sont alors de rigueur.

Les chiens eux-mêmes sont devenus plus féroces ; quant aux porcs, ils ressemblent plutôt à des pécaris ou à des sangliers qu'à des porcs domestiques.

La journée du mardi est une des plus fatigantes.

Partis vers les huit heures du matin, nous commençons bientôt à manquer d'eau, et le soleil est encore plus brûlant que les jours précédents. Nous rencontrons de temps en temps quelque flaque d'eau où grouillent d'énormes têtards et des insectes de toutes sortes. Les « camaradas » n'hésitent point à boire, mais, pour nous, notre répugnance est invincible, et moins peut-être par délicatesse que par crainte des microbes qui donnent la fièvre, nous préférons pâtir de la soif que goûter de cette fange liquide.

L'étape est beaucoup plus longue que celle des jours précédents, et ce n'est qu'à la tombée de la nuit que nous arrivons au pont du *Rio Corumba*, un des affluents du Paranahyba. C'est bien le site le plus sauvage qu'on puisse rêver.

Le Corumba roule avec un bruit de tonnerre lointain, au fond d'une gorge dont les pentes, taillées à pic, sont couvertes de grands arbres et de rocs chaotiques dont quelques-uns paraissent mal affermis sur leur base et menacent de rouler au fond de l'abîme.

Il fait déjà presque nuit et nous sommes à nous demander comment nos mulets pourront descendre ces pentes si raides sans heurter un de ces rocs branlants et déchaîner une avalanche. Mettre pied à terre nous semble le plus sage ; bien vite, cependant, nous nous rendons compte que les mulets ont le pied plus sûr que le nôtre, et qu'ils savent le mettre au bon endroit. En conséquence, n'est-ce pas agir prudemment que se remettre en selle et s'abandonner à l'instinct et à l'habileté de nos animaux ?

La descente est si raide qu'à chaque instant il

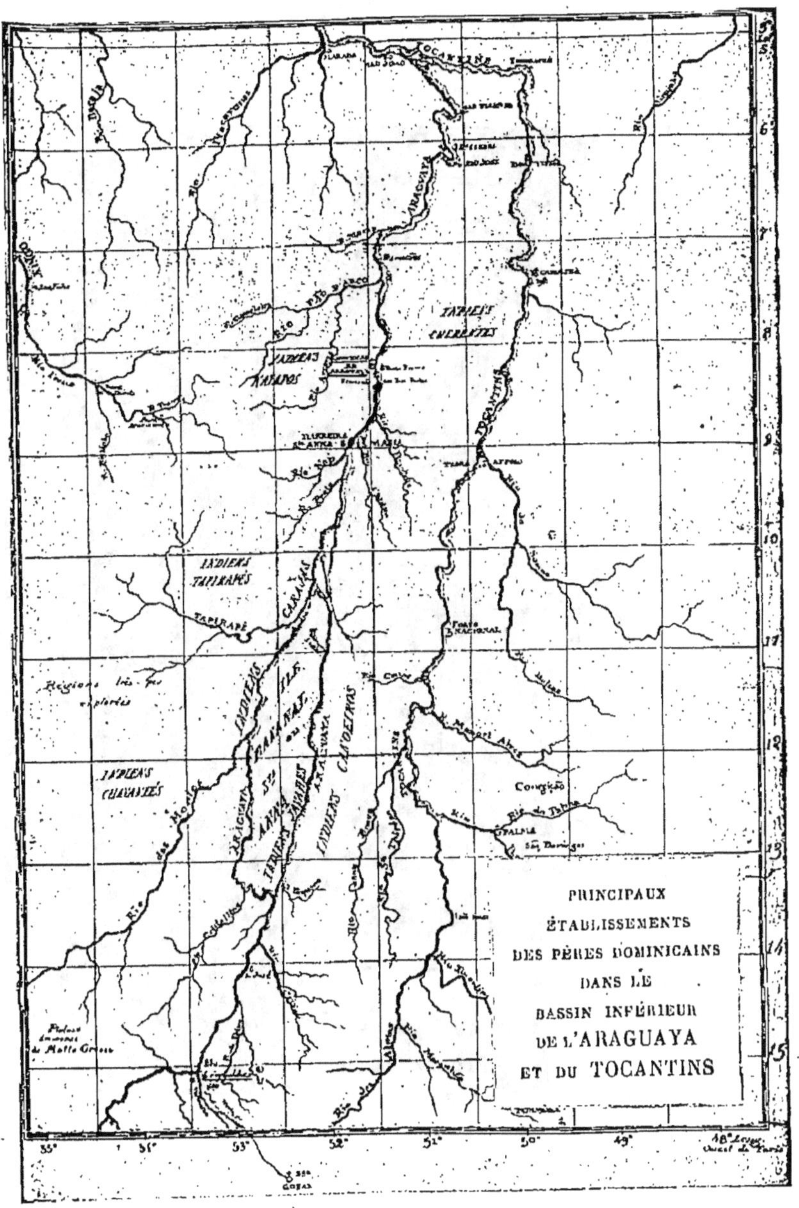

PRINCIPAUX
ÉTABLISSEMENTS
DES PÈRES DOMINICAINS
DANS LE
BASSIN INFÉRIEUR
DE L'ARAGUAYA
ET DU TOCANTINS
TOCANTINS
ARAGUAYA
INDIENS CHERENTES
INDIENS KARADOS
INDIENS TAPIRAPÉS
INDIENS CHAVANTES
ILE DU BANANAL
Régions très peu explorées
Plateaux immenses de Matto-Grosso

DÉPART DE GOYAZ : DEVANT L'ÉGLISE DES DOMINICAINS

nous semble que nous allons passer par-dessus la tête d'Africana. Plus tard, après six mois de longues chevauchées, nous serons plus habitué ; pour le moment, en mauvais cavalier, de toute la force de nos poignets, nous nous cramponnons à la selle.

Après cette descente périlleuse, nous arrivons à la *casa* du brave José, qui a jeté, pour son propre compte, un pont sur le Corumba.

Il nous semble d'abord que ce pontonnier volontaire a bien mal choisi l'emplacement, car c'est très certainement l'endroit le plus sauvage et d'accès le plus difficile de tous les environs. En amont et en aval, la gorge s'élargit, les pentes s'adoucissent et les abords du fleuve sont plus faciles. Mais José nous explique qu'il a agi en homme sage et n'a même pas eu l'embarras du choix. Partout ailleurs, le Corumba étant plus large, il faudrait un pont suspendu comme sur le Paranahyba, et seul, l'État peut entreprendre cette œuvre. Ici, la gorge se rétrécit ; le fleuve est obligé de couler entre deux rochers qui lui livrent un passage profond, mais étroit et unique. Il a donc suffi à José d'abattre trois ou quatre grands arbres, de les jeter d'un rocher à l'autre, de les relier par des traverses solides et le pont a été fait. L'argument nous paraît sans réplique, et c'est avec reconnaissance que nous paierons le péage à ce brave pontonnier.

Le bon José n'a point de *palhol*, mais il nous offre de suspendre nos hamacs à côté du sien, dans une espèce de hangar adossé à la montagne et tourné vers le fleuve. Nous acceptons de grand cœur. Le hangar est ouvert à tous les vents, mais sa toiture en branches de palmier nous préservera en partie de la rosée de la nuit.

De souper il ne faut pas en parler, il est trop tard pour faire cuire le riz. Une bonne tasse du *cha du matto* — thé de la forêt — le remplacera, et la fatigue aidant, nous dormirons bientôt.

En attendant le sommeil, des pensées plutôt tristes nous hantent. L'endroit est si sauvage, si éloigné de toute communication avec le monde civilisé, le fleuve coule au fond du gouffre avec un tel fracas, qu'une vague inquiétude nous envahit. Une simple poussée, un rien, et nous voilà au fond du précipice, brisés contre les rochers, emportés par le courant. Qui saura jamais ce qui s'est passé? Qui viendra vérifier? Tout sera mis sur le compte d'un simple accident de montagne, et l'on n'en parlera plus.

Évidemment, c'est le soleil qui a dardé un peu trop fort sur notre pauvre crâne, et la fatigue nous donne un brin de fièvre, car, autrement, d'où nous viendraient ces pensées? Nul n'est hospitalier comme le Brésilien du *Sertão*, et nulle part l'on n'est en sûreté comme chez lui. C'est sur cette réflexion que le sommeil nous gagne, tandis que nous berce le bruit des grandes eaux du fleuve, se brisant contre les rochers de granit.

Vers une heure du matin, je me réveille. Le Corumba coule toujours avec le même fracas de tonnerre, mais la lune est levée, et sa lumière filtrant à travers les branches des grands arbres éclaire notre pauvre hangar. Je regarde, et au premier instant, je me demande si je suis bien éveillé. Tout à l'heure, sous ce hangar, il n'y avait que nous et le brave José ; et maintenant, là, tout près du hamac, je distingue parfaitement, étendus par terre, quatre hommes, quatre colosses. Tous paraissent dormir paisiblement, le torse nu, la hache à leur côté et, couchés à leurs pieds, deux énormes molosses. Qui sont-ils? D'où viennent-ils? Que veulent-ils? Autant de questions qui se posent à mon esprit et qui restent sans réponse. Que faire? Éveiller mes compagnons au milieu de la nuit ! C'est les troubler inutilement, car ils n'en savent pas plus que moi. Remettre la tête dans le hamac, ne plus regarder, avoir confiance en Dieu et essayer de me rendormir est la seule chose raisonnable.

Le matin, nous eûmes l'explication de ce qui nous paraissait un mystère. Ces quatre hommes armés de haches étaient les amis de José qui l'aidaient à construire le pont non encore complètement achevé. Rentrés tard, ils s'étaient couchés en silence pour ne pas nous réveiller. Tous assistèrent fort dévotement à la sainte messe. L'un d'eux même abattit d'un coup de fusil un gros oiseau qui servit à notre déjeuner.

Après le passage du pont, il nous faut remonter les pentes si raides de cette gorge. Les « camaradas » nous recommandent fort de nous pencher bien en avant sur l'encolure des mulets et de tenir leur crinière à pleines mains pour ne pas être exposés à tomber. Malgré ces précautions, deux selles, dont les sangles n'avaient probablement pas été assez serrées, glissent, tombent, et entraînent leur cavalier. Heureusement, les mulets conscients du danger ne se mettent point à ruer, et tout est bientôt remis en état par les « camaradas ». Ce fut le seul accident de la journée.

Le soir, nous arrivons à un petit groupe de maisons appelé *Serra das Caldas*. Il y a là, tout près, une magnifique source d'eau chaude, qu'on voit sourdre à gros bouillons entre deux rochers. Le cours d'eau formé par cette source coule sur un lit de pierres et sous une voûte de verdure qui le préserve des rayons de soleil et le dérobe aux regards indiscrets. Voyant là une indication de la divine Providence, nous profitons de l'occasion propice pour prendre à peu de frais un bon bain sulfureux.

De *Serra das Caldas* on peut aller à *Goyaz* par deux

chemins différents. L'un, le plus direct et le plus court, est celui que suivent habituellement les « camaradas ». L'autre allonge considérablement, mais a l'avantage de passer par *Bella Vista*, petite ville où se trouvent trois religieuses dominicaines de Monteils. Nous ne pouvons nous résigner à être venus de si loin et à passer si près sans aller les visiter. En principe et kilométriquement, c'est allonger, mais, en fait, nous allons raccourcir ou du moins arriver plus vite à *Goyaz*, grâce à la combinaison suivante : les *cargueiros* — mulets de charge — qui nous retardent considérablement à chaque étape, prendront le chemin le plus direct sous la conduite du Frère Alexandre et de deux « camaradas »; pendant ce temps, nous, les cavaliers, n'étant plus embarrassés par les bagages, nous passerons avec le troisième « camarada » par *Bella-Vista*.

Le jeudi matin 17 mars, nous partons de bon matin, et fiers d'être débarrassés du train des équipages, nous allons d'abord à une belle allure. A midi et demi, nous arrivons à une *casa;* c'est l'occasion de donner un peu de repos à nos mulets et de prendre nous-mêmes un plat de riz et des œufs. A deux heures, nous repartons, car le Sr Francisco nous avertit que nous ne trouverons qu'une seule *casa* pour y passer la nuit; et il a soin d'ajouter : « Elle est fort loin et vous n'avez pas de temps à perdre pour y arriver avant la nuit. »

Nous nous égarons sans doute, car la nuit nous surprend en pleine forêt. La lune se lèvera dans une heure ; en attendant, ce sont les ténèbres, et nous sommes obligés de parler, de nous appeler les uns les autres, pour ne pas perdre contact et ne laisser personne en arrière. Nous arrêter, attacher les mulets en attendant que la lune se lève, il ne faut pas y songer, car des éclairs lointains nous avertissent qu'un orage se prépare, et il ne serait pas prudent de nous laisser surprendre en forêt par l'ouragan.

Cette heure passée dans les ténèbres, abandonnés à l'instinct de nos animaux, tantôt éraflant nos bottes en passant trop près d'un arbre, tantôt écrasant notre chapeau contre une branche trop basse, nous parut bien longue. Jamais de notre vie nous n'avions tant pensé à la lune et désiré son apparition. Il faut être dans le *Sertão* pour apprécier tous les bienfaits de cet astre, et remercier le Seigneur de l'avoir créé pour présider à la nuit. Enfin la lune apparaît, un soupir de soulagement s'échappe de notre poitrine. Vers les dix heures du soir, nous arrivons à la *casa* du Sr Dionisio, où tout repose déjà depuis longtemps.

A notre appel, Dionisio se lève avec empressement, et pendant que son épouse nous prépare une tasse de café, il nous aide à armer nos hamacs dans le *palhol*. Nous étions à peine installés que l'orage éclate soudain, et l'eau qui tombe à torrents passe à travers les feuilles de palmier de la toiture comme à travers une passoire et inonde nos hamacs. Vite nous étendons les cuirs de bœuf au-dessus de nos hamacs, et cette seconde toiture nous préserve mieux que la première.

Presque au même instant, des grognements se font entendre, et le côté droit du *palhol* est assailli par une bande de cinq à six laies avec leurs marcassins. Avons-nous affaire à de vrais sangliers? ou bien aux *porcos da casa* qui vivent habituellement dans la forêt? Impossible de bien distinguer à la lumière rapide et intermittente des éclairs. La distinction importe peu, du reste, car entre eux la différence n'est pas grande, et les uns sont aussi dangereux que les autres. Fuyant l'orage, ils ont quitté la forêt, ils sont là, à côté de nous, séparés simplement par cette palissade dont nous ignorons la solidité. Il y en a de grands, il y en a de petits, mais tous apportent la même ardeur à la lutte. Les uns défoncent la terre de leur groin redoutable, les autres se dressent contre la palissade et essaient de faire pénétrer entre les pieux leur tête aux mâchoires puissantes. Qu'un piquet vienne à céder, et nous sommes envahis, nos hamacs tomberont, et ce sera un pêle-mêle dans lequel nous n'aurons pas le beau rôle. Aussi nous jugeons prudent de distribuer force coups de bâton à tout museau qui essaie de se montrer entre deux piquets. Ceux qui sont atteints s'éloignent en faisant entendre des sons graves ou aigus, selon leur âge, mais reviennent bientôt à la charge, et jusqu'au jour, ce sera un siège en règle.

A trois heures, l'orage cesse, le calme se fait dans la nature, mais la bande grognante continue le siège. Le roulement du tonnerre ne se faisant plus entendre, le vent ne soufflant plus en tempête à travers les grands arbres, le bon Dionisio, dont la *casa* n'est qu'à une cinquantaine de mètres du *palhol*, perçoit le bruit de la bataille. Il vient, et il est aussi étonné que confus en voyant ce qui est arrivé et dont l'explication est très simple.

A côté du *palhol* se trouve une autre enceinte, où l'on enferme habituellement les jeunes veaux qu'on veut séparer de leurs mères. La barrière qui la ferme est disposée de telle sorte qu'il suffit pour l'ouvrir d'une simple poussée de l'*extérieur*, mais, dès qu'elle retombe, impossible de l'ouvrir. Fuyant l'orage, arrivant comme une avalanche, les *porcos da casa* avaient bien pu ouvrir la porte, mais celle-ci, une fois refermée, ils avaient été prisonniers. Ce que nous avions pris pour un assaut dans toutes les règles de l'art, n'était qu'une tentative pour recouvrer la liberté. Le résultat pour nous avait été le même. Il en est souvent ainsi dans la vie. Maintenant, il est trop tard pour essayer de dormir, mieux vaut devancer un peu l'heure de la messe et nous remettre en route en espérant une meilleure nuit.

Le bon Dieu nous l'accorde, en effet. Partis de grand matin, nous arrivons de bonne heure à la *casa* du Sr Simeao, où la plus aimable hospitalité nous attend. Les *Padres* passent rarement dans ces parages, prenant généralement le chemin le plus direct pour aller à *Goyaz*; aussi le bon Simeao est-il tout heureux à la pensée d'avoir le lendemain la messe dans sa pauvre demeure. Ici, comme du reste un peu partout, en signe de réjouissance, on fait partir des fusées — *foguetes* —, on tire des coups de fusil en l'air; mais au lieu d'en tirer en l'air, le brave Simeao vise un magnifique coq, qui figure le soir sur un bon plat de riz.

Sur les indications de cet excellent Simeao, il fut décidé que nous partirions le lendemain de grand matin, afin d'arriver de bonne heure à *Bella-Vista.*

Avant l'aube, nous sommes en route. Un peu avant trois heures du soir, nous apercevons *Bella-Vista.* C'est le premier village que nous trouvons après huit jours de marche dans le *Sertão.*

Sur un plateau assez élevé — une grande place, dont les côtés sont formés par de jolies maisons bien blanches, bien alignées — sur le milieu de la place une belle église semblant protéger toutes ces maisons, voilà *Bella-Vista.* Trois sœurs dominicaines françaises y font la classe, et un Père rédemptoriste allemand dessert la paroisse. Le couvent des Pères rédemptoristes se trouve à une journée de marche, à *Campininhas;* mais à tour de rôle, les Pères vont passer un mois à *Bella-Vista*, qui, de cette manière, ne reste jamais sans prêtre. Il n'est que juste de dire que ces Pères ont toujours fait preuve, à l'égard de nos sœurs, d'une bonté inlassable et d'un dévouement à toute épreuve.

C'est le Père Clément qui dessert en ce moment la

paroisse. Il nous reçoit à cœur et bras ouverts. Après les premières embrassades, nous lui expliquons qu'acceptant volontiers de loger chez lui, nous voudrions cependant faire à nos chères sœurs dominicaines le plaisir de prendre chez elles notre premier repas. A vrai dire, il y avait bien de notre part un peu d'égoïsme et qui sait, même de gourmandise, dans cette manière d'agir ; car nous nous disions : d'une manière ou de l'autre, les sœurs s'arrangeront pour nous traiter à la française. Sur un bout de papier, nous écrivons au crayon : « Chères sœurs, depuis huit jours nous sommes en marche dans le désert, et depuis ce matin, nous n'avons pris qu'une tasse de café, nous irons chez vous dès que vous nous ferez signe. » Une heure après, nous recevions cette réponse : « Venez quand vous voudrez et le plus vite sera le mieux ; tout est prêt. »

Les bonnes sœurs s'étaient surpassées, la table était servie à la française, rien n'y manquait, pas même le pain, que nous n'avions pas revu depuis *Uberaba*. Quant au vin, le Père rédemptoriste en avait envoyé deux bonnes bouteilles avec un mot charmant, disant : « Buvez sans crainte, nous en avons la fabrique. »

CHAPITRE V

CORDIALE HOSPITALITÉ DES PÈRES RÉDEMPTORISTES.
— MERVEILLEUSE RECETTE DE VIN DE MALAGA. —
SERPENTS A SONNETTES. — ARRIVÉE A GOYAZ. —
HISTOIRE DE LA VIGNE ET DE L'HORLOGE DES PÈRES.
— L'ANANGHERO ET LA PETITE FLEUR DES CHAMPS.

Le lundi matin, 20 mars, nous partons de *Bella-Vista* et, vers deux heures du soir, nous arrivons à la *fazenda* du Sr Olympio, grand ami de nos Pères. Inutile de songer à aller plus loin, nous lui ferions trop de peine si nous passions sans nous arrêter dans sa maison et sans y célébrer la sainte messe. D'ailleurs, la pluie commence à tomber, les chemins sont mauvais, et la prudence autant que la charité nous conseillent une halte dans cette maison hospitalière.

Nous en repartons le lendemain d'assez bonne heure, et un peu après midi, nous arrivons à *Campininhas*, où les Pères rédemptoristes allemands ont une belle église et un couvent fort régulier. Ces deux édifices ont été construits par les Frères convers, sous la direction d'un Père. Par leur forme, leur disposition, leur adaptation aux exigences d'un climat de feu, ils font honneur à l'architecte et aux ouvriers.

Les Pères, qui étaient loin de nous attendre, nous reçoivent avec une joie, une cordialité et une grâce qui nous touchent profondément. Nulle part, même parmi nos Frères, nous ne saurions être mieux reçus.

En racontant au livre de la *Genèse* l'accueil que Rébecca et Laban son frère firent au serviteur Abraham, l'historien sacré insiste à plusieurs reprises sur les soins donnés aux chameaux du messager. Il ne craint pas de descendre dans les détails. Rébecca dit d'abord : « Je puiserai aussi de l'eau pour les chameaux jusqu'à ce qu'ils aient assez bu. » Plus loin, elle ajoute : « Il y a chez nous de la paille et du fourrage en abondance, et aussi de la paille pour passer la nuit. »

Laban arrive et sa première parole est celle-ci : « Viens, béni du Seigneur, j'ai préparé la maison et une place pour les chameaux. » Et un peu plus loin : « Laban enleva le bât aux chameaux et leur donna de la paille et du fourrage. »

Il faut avoir voyagé dans le désert pour apprécier ce qu'il y a de prévenance et de délicatesse dans ces détails qui, parfois, nous paraissent bien terre à terre et insignifiants.

Quand le missionnaire arrive le soir, exténué de fatigue à l'endroit où il doit passer la nuit, il faut qu'il s'occupe d'abord des animaux de la troupe. Quelle que soit sa fatigue, il doit aussitôt enlever les charges aux mulets, leur donner un coup de brosse, les panser, les faire boire, et ce n'est qu'après, qu'il peut songer à lui-même. Procéder autrement serait se ménager bien des déboires, s'exposer à ne pouvoir continuer la route et à rester perdu dans le *Sertão*.

Comme le charitable Laban, les Pères rédemptoristes nous disent d'abord : « Soyez les bienvenus, vous qui êtes les envoyés du Seigneur. » Et ils ajoutent aussitôt : « Ne vous mettez pas en peine de vos mulets, nos Frères convers connaissent le métier, ils leur enlèveront les charges, les soigneront : rien ne leur manquera, et tout sera prêt à l'heure que vous fixerez pour le départ. »

Après une visite à l'église et quelques tours sous le cloître, le Père supérieur nous conduit au réfectoire où est servi un repas improvisé avec autant de goût que de cœur. Rien n'y manque. Une chose nous frappe d'abord. Nos Pères nous ont dit, et nous savons par expérience qu'il est absolument impossible de se procurer du vin dans le *Sertão*. Le missionnaire n'emporte avec lui que la quantité nécessaire pour le Saint Sacrifice et le ménage avec le plus grand soin. Or, ici le vin est servi sur la table dans de grandes bouteilles et, loin de le ménager, les bons Pères poussent à la consommation. Au premier goût, ce vin nous paraît être du malaga, — sauf la couleur ; — aussi quelle n'est pas notre surprise en apprenant que c'est un vin de leur composition, qui vient d'obtenir la *médaille d'or* à l'exposition de Rio de Janeiro !

Ils le fabriquent avec le fruit d'une espèce de palmier sauvage — le *tucum* — très commun dans les forêts du Brésil. Il ne leur coûte presque rien, car pour vingt litres de ce fruit sauvage qu'on cueille à volonté dans la forêt, ils ajoutent quarante litres d'eau, quelques kilos de sucre et un peu d'eau-de-vie de canne.

C'est un frère convers alsacien qui, après plusieurs essais infructueux, a trouvé la bonne recette et pris un brevet d'invention. Gracieusement, il nous donne par écrit la formule, les doses, la manière de procéder, avec toute autorisation de la communiquer à tous nos établissements de frères et de sœurs, ce que nous nous empresserons de faire. Peut-être n'arriveront-ils pas à la perfection du premier coup, car pour tout il faut un tour de main qui ne s'acquiert que par l'habitude, mais nous sommes assurés qu'ils ne se décourageront point et qu'en bons Français, ils tiendront même à perfectionner l'invention.

Les Pères rédemptoristes voudraient bien nous

garder au moins deux jours, mais nous avons hâte d'arriver à Goyaz ; ils le comprennent et n'insistent point.

Nous partons le mercredi matin, et le soir, avant le coucher du soleil, nous arrivons à un petit groupement de maisons appelé : *Goyabeira*. Les Pères rédemptoristes s'y rendent à tour de rôle chaque samedi soir pour y célébrer la messe le dimanche. Ils y ont construit un petit pied-à-terre de circonstance : quatre murs avec des anneaux pour suspendre les hamacs, une toiture, et c'est tout. Mais les murs sont en briques, la toiture en tuiles, c'est donc du luxe pour le *Sertão*, et nous serons là on ne peut mieux pour y passer la nuit. Le *zélador* de la chapelle, Josinho, nous aide à suspendre les hamacs, et quand tout est installé, il nous raconte le malheur qui vient de lui arriver. Sa petite fille, charmante enfant de dix ans, a été enterrée la veille, et il nous raconte sa mort avec un accent de tristesse qui nous navre.

« Il y a trois jours à peine, nous dit-il, l'enfant, joyeuse et forte, pleine de santé, s'amusait ici même à l'ombre, avec son jeune frère ; tout à coup, de ce trou que vous voyez à droite, sort un *cascavel* — serpent à sonnettes — qui s'élance sur eux et mord cruellement la petite qui s'était précipitée pour défendre et préserver son jeune frère. Aux cris poussés par la chère enfant, j'accours, je tue le *cascavel*, mais cela n'empêche pas ma petite fille de mourir quelques heures après dans d'atroces souffrances. » Tout cela est dit simplement, naïvement. Le bon Josinho ne se doute pas qu'il peut troubler notre repos en nous disant que ce hangar où nous devons passer la nuit est le repaire d'aussi dangereux serpents. Il ne soupçonne même pas que nous pouvons avoir peur, et il va chercher pour nous l'offrir le *chucalho*, c'est-à-dire la queue du serpent à sonnettes qui a donné la mort à son enfant. L'extrémité de ce crotale est terminée par des anneaux s'emboîtant les uns dans les autres ; c'est en les agitant que le *cascavel* fait entendre un son qui ressemble assez à celui d'une clochette : d'où lui est venu le nom vulgaire de serpent à sonnettes. A l'état habituel, ces anneaux ne font aucun bruit, ce n'est que lorsque le crotale est irrité et qu'il va s'élancer sur sa victime, qu'il agite ces anneaux avec un bruit qui est un avertissement redoutable et souvent trop tardif.

Cette découverte n'est point pour nous rassurer. A la faible lueur d'une chandelle, nous inspectons tous les recoins de ce gîte, nous bouchons avec deux pierres le trou signalé et nous nous abandonnons à la bonne Providence, qui veillera sur nous avec son habituelle tendresse.

Le lendemain jeudi, nous partons de grand matin, car l'étape sera longue, et Josinho nous avertit que les chemins sont mauvais. Cette journée reçut de nous le nom de *journée des Saints-Anges*, car, à plusieurs reprises, ces bienheureux esprits nous protégèrent d'une manière visible.

Un peu avant midi, au moment où le soleil darde perpendiculairement sur nos têtes des rayons de feu, nous descendons une montagne, suivant un sentier assez étroit bordé d'un côté par des broussailles impénétrables, de l'autre par un précipice. Tout à coup, *Africana*, si calme, si sûre depuis quelques jours, fait un bond par côté, pose le pied sur le bord du précipice et s'élance au galop. Ramasser les rênes, serrer les jambes et recommander mon âme à Dieu fut une seule et même chose. Heureusement, *Africana* s'arrête très vite. Je lui parle avec douceur, de la main je lui caresse l'encolure, et je la sens encore toute frémissante. Que s'est-il donc passé ? Nous ne le savons point, mais le « camarada » pense que, dans les broussailles,

Africana aura vu un serpent à sonnettes ou un *jara-racussu*, dont la blessure est toujours mortelle aussi bien pour les mulets que pour les gens. Ce qu'il y a de certain, c'est que, sans un secours particulier des saints anges et des saints cavaliers invoqués chaque matin, nous devions être précipité au fond du ravin, n'étant pas encore assez bon cavalier pour ne pas être désarçonné par un écart aussi violent et un galop aussi effréné sur le bord de l'abîme.

Un peu plus loin, l'orage et la pluie nous surprennent en pleine forêt ; les mulets, sentant le danger, filent à vive allure, et nous n'avons qu'à nous laisser guider par eux. Cet incident passé, nous rencontrons un marais, où nos mulets s'enfoncent jusqu'au genou. Plus loin, c'est une descente à pic que l'ondée vient de rendre glissante et périlleuse ; deux mulets s'abattent sur le flanc, entraînant le cavalier qui n'a que le temps de dégager le pied de l'étrier.

Nous arrivons enfin à la *fazenda* d'Antonia Faria, un des plus grands *fazendeiros* des environs de Goyaz et ami très dévoué des Pères. C'est chez lui que fut soigné comme un enfant de la maison un de nos religieux de Goyaz, qui s'était démis l'épaule en tombant de mulet au passage si périlleux que nous venons de franchir.

Nous partons de grand matin, le vendredi, espérant bien arriver de bonne heure à *Coralinha*, d'où il n'y a plus qu'une longue étape jusqu'à Goyaz. Grâce à la double ration donnée généreusement à nos mulets dans cette hospitalière *fazenda*, nous arrivons à *Coralinha* bien avant l'heure prévue. Nous en profitons pour continuer notre route après une courte halte. Ce sera autant de gagné sur l'étape du lendemain, et cela nous permettra d'arriver plus tôt à Goyaz.

A cinq heures, nous arrivons à la *casa* de la señhora Maria Aldès, qui connaît tous les Pères de Goyaz et a une spéciale dévotion à notre bienheureux Père saint Dominique. Elle s'ingénie jusqu'à prévenir nos moindres désirs, et malgré le bonheur qu'elle éprouverait à nous garder plus longtemps, elle prépare aussitôt l'autel, afin que tout soit prêt pour notre départ.

Le samedi, avant six heures, les messes sont célébrées ; nous partons. A dix heures, nous arrivons sur les hauteurs qui dominent Goyaz ou, comme on dit ici, la *capital de Goyaz*, et une demi-heure après, nous sommes au couvent des Pères dominicains. C'était le samedi 25 mars, fête de l'Annonciation de la Très Sainte Vierge.

Le couvent des Pères est loin d'être un modèle de construction régulière et de commodité pour ceux qui l'habitent. Ce n'est point, hâtons-nous de le dire, la faute des Pères, qui ont su tirer le meilleur parti d'une vieille maison qui leur fut d'abord prêtée et qui est devenue ensuite leur propriété. Le jardin est petit, il produit cependant assez de légumes pour la communauté, car grâce au soleil du Brésil tout y vient vite et bien.

A peine en possession de ce jardin, les frères convers y plantèrent des vignes qui sont aujourd'hui fort bien venues et donnent deux récoltes par an. Quand les habitants de Goyaz virent pour la première fois ces belles grappes de raisin, ils ne purent s'empêcher de les admirer et de crier au miracle. Chez quelques jeunes gens, l'amour du fruit défendu suivit bien vite l'admiration ; il y eut alors une histoire tragi-comique qu'on n'oubliera pas de sitôt.

L'église du couvent est dédiée à Notre-Dame du Très Saint Rosaire. Sans être un modèle d'architecture, elle est fort convenable et ressemble à la plupart des églises du centre du Brésil. Elle fut bâtie par les nègres. Ces pauvres esclaves capturés en Afrique, après avoir, toute la journée, travaillé, peiné au service d'un maître parfois dur et exigeant, s'imposaient, le soir venu, des heures supplémentaires de travail pour bâtir une église qui fût bien à eux, et où ils pourraient aller prier en toute liberté. Sur la façade de l'église on voit le cadran d'une horloge monumentale qui a aussi son histoire. Elle fut achetée en Europe par Monseigneur et destinée à sa cathédrale. Quand les caisses renfermant toutes les pièces eurent été apportées à Goyaz à prix d'or, aucun ouvrier de la ville ne put se reconnaître au milieu de ces rouages dont on ignorait le mécanisme. Nul ne put ajuster ces pièces et monter l'horloge. Les caisses restèrent longtemps près de la cathédrale exposées au soleil, à la pluie, et un beau jour, après bien des déboires, Monseigneur dit aux Pères : « Débarrassez-moi de cette horloge ; je vous la donne, je ne veux plus en entendre parler. »

Il y avait alors au couvent un frère convers qui, pendant le premier exil à Salamanca, avait été, au couvent du noviciat, cuisinier, jardinier, menuisier, plâtrier, cordonnier, un peu tout, sauf horloger. Il eut l'idée d'essayer de monter l'horloge ; il échoua d'abord, mais ne se découragea point. Certaines pièces avaient été faussées, il les redressa ; d'autres manquaient, il les remplaça, et un beau matin, les habitants de Goyaz s'éveillèrent en disant comme les Hébreux au désert : « Manhu? » Qu'est-ce que cela? Du haut de la petite colline, où se trouvent l'église et le couvent des Dominicains, tombait un joyeux carillon, égrenant harmonieusement dans les airs les heures, les demies et les quarts.

Si la vigne et l'horloge des Pères dominicains ont leur histoire, la ville de Goyaz a la sienne, et elle est des plus touchantes et des plus poétiques. La voici telle que nous la conta un des anciens de la cité :

En ce temps-là, — vers le milieu du dix-septième siècle, — Goyaz n'existait pas encore, et une tribu d'Indiens aux mœurs douces et patriarcales campait sur les bords du *Rio Vermelho*. Les Indiens s'appelaient *Goyaces*, ce qui veut dire : « Petite fleur des champs. » Or, un jour, un aventurier de l'État de *São Paulo*, Bartholomeo Bueno, vint avec quelques compagnons explorer cette région. Depuis plusieurs jours, il avait remarqué que les sabots des chevaux portaient des traces d'or. Arrivé sur les bords du *Rio Vermelho*, il aperçut les Goyaces qui portaient à leur cou des colliers faits avec des pépites d'or. C'était plus qu'il n'en fallait pour exciter sa convoitise et celle de ses compagnons, tous avides de s'enrichir et peu scrupuleux sur le choix des moyens. Ils veulent se faire indiquer l'endroit où les Peaux-Rouges recueillent cette matière précieuse. Soupçonneux comme tous ceux de leur race, les Indiens ne répondent point ou donnent de fausses indications.

Alors Bartholomeo Bueno a recours à un stratagème qui doit lui réussir. Il se fait apporter un grand plat par ses compagnons ; en présence des Indiens, il le remplit d'eau-de-vie de canne — liqueur inconnue des Peaux-Rouges — et y met le feu. Quand il n'en reste plus une goutte, il se tourne vers les Indiens et, d'un geste terrible, leur montrant le *Rio Vermelho*, il menace d'y mettre le feu et de le dessécher jusqu'à sa source si on ne lui montre le lieu où se trouvent les grains d'or. Les Indiens, effrayés, cédèrent et ce fut leur perte. Dans leur langage, ils nommèrent Bartholomeo — *l'Ananghero* — « le vieux sorcier ». Celui-ci, après avoir fait une riche provision d'or, retourna à *São Paulo*, où il ne tarda pas à mourir.

Son fils « Bartholomeo Bueno » le jeune, revint avec toute sa famille se fixer près des Indiens qu'il réduisit en esclavage. Il trouva de l'or en abondance, bâtit une ville qu'il appela de son nom, mais il ne fut béni ni de Dieu, ni des hommes. L'événement prouva qu'on ne peut fonder une œuvre durable, famille, cité ou empire, sans le secours du Seigneur. La famille tout entière périt dans une catastrophe préparée, assure-t-on, par la vengeance des Indiens. Son nom lui-même ne lui survécut point, et la ville fondée par lui conserva non point son nom, mais celui des pauvres *Goyaces*, réduits par lui en esclavage, et elle s'appela Goyaz. La *Petite fleur des champs*, foulée aux pieds par le conquérant, avait refleuri et elle refleurira longtemps, car l'avenir le plus prospère est réservé à la *Capital de Goyaz*.

CHAPITRE VI

VOIES DE COMMUNICATION ENTRE GOYAZ ET CONCEI-
ÇÃO. — VOIES DE TERRE ET VOIE FLUVIALE. —
LEURS AVANTAGES ET LEURS INCONVÉNIENTS. —
ESPÉRANCES ET DÉCEPTIONS. — INTERVENTION DE
NOTRE-DAME DU TRÈS SAINT ROSAIRE. — PROVI-
SIONS A FAIRE. — « CARNE SECCA » ET PRINCIPE DE
SCOLASTIQUE.

Conceição do Araguaya est le poste le plus avancé
et le plus périlleux de la mission dominicaine du
Brésil.

Terre privilégiée de l'Immaculée-Conception, c'est
aussi la plus aimée des fils de saint Dominique, qui
en sont les premiers apôtres.

Tous ceux qui l'ont évangélisée, ne fût-ce qu'en
passant, ne la quittent qu'à regret. Ils en emportent
des *saudades*, comme on dit si bien au Brésil, et
n'aspirent qu'à y revenir, pour s'y dévouer sans
mesure et y mourir au service de l'Immaculée.

Pour aller de Goyaz à Conceição, deux voies
s'offrent au voyageur.

La voie de terre, où l'on va à dos de mulet à travers
le *Sertão* et la forêt. C'est la plus longue, la plus mo-
notone, la plus fatigante, mais c'est aussi la plus
sûre. Après un mois de longues chevauchées, le missionnaire arrivera à Porto-Nacional, où un repos de
quelques jours s'imposera plus encore aux mulets
qu'aux cavaliers. Mais Conceição do Araguaya n'est
qu'à environ quinze jours de marche de Porto-Na-

cional. Aussi, tous comptes faits, pourvu que les fleuves débordés ou les *atoleiros* n'obligent pas à de trop longs détours, ou n'occasionnent point de fâcheux accidents, le missionnaire peut espérer arriver à Conceiçao do Araguaya en deux mois de marche à travers le *Sertão*.

La voie fluviale est considérablement plus courte et plus agréable. Le missionnaire ne mettra guère plus de cinq à six jours pour franchir à dos de mulet la distance qui sépare Goyaz de Léopoldina, petit port situé sur la rive droite de l'Araguaya. De Léopoldina, il n'aura qu'à laisser la barque aller au fil de l'eau et, vingt ou vingt-cinq jours après, il abordera à Conceição do Araguaya. En suivant cette voie, il aura l'immense avantage de visiter les tribus d'Indiens qui campent sur les bords du grand fleuve et d'arriver un mois plus tôt. Deux avantages qui ne sont pas à dédaigner.

Mais la médaille a son revers. Il peut se faire et il arrive souvent que pour avoir voulu aller vite et gagner un mois en empruntant cette voie, on en perde deux et même davantage, sans compter les ennuis, les déboires, les déceptions capables de décourager à jamais le caractère le plus énergique et le plus résolu.

A l'heure actuelle, il n'y a pas de service fluvial organisé entre Léopoldina et Conceição do Araguaya. Chacun y va à ses frais, et quand il veut, ou mieux, quand il peut.

Franchir à dos de mulet la distance qui sépare Goyaz de Léopoldina est pour le missionnaire un jeu d'enfant. Mais, arrivé à Léopoldina, des difficultés souvent insolubles se présentent. Y aura-t-il une barque apte à descendre l'Araguaya? Sera-t-elle à vendre à un prix abordable pour la bourse du missionnaire? Questions capitales et angoissantes qui ne peuvent recevoir une solution sur place.

En France, le télégraphe, le téléphone ou, à leur défaut, une lettre, renseignerait vite, sûrement, et pour quelques centimes.

Ici, rien de semblable. Il faudra envoyer à grands frais un *positivo* (express), qui ne mettra pas moins de cinq ou six jours pour aller, autant pour revenir, et qui arrangera les choses à sa façon. Quand, sur la foi de ce *positivo*, le missionnaire sera arrivé, armes et bagages, sur les bords de l'Araguaya, il trouvera parfois que rien n'a été prévu ou réglé d'une manière précise. La barque aura besoin de longues et coûteuses réparations, les *barqueiros* ne seront plus d'accord sur la solde à toucher, les provisions ne seront point faites..., tout manquera à la fois, alors que, pour une pareille expédition, il importe que tout soit prévu et emporté au départ, si l'on ne veut s'exposer à de nombreux déboires, au péril même de mourir de faim en route.

Quant à prendre place à titre gracieux ou onéreux sur une barque frétée par un commerçant ou voyageur quelconque, il n'y faut pas songer. Ce serait s'exposer à des retards considérables et à d'amères déceptions. Après avoir attendu de longues semaines en s'impatientant et dépensant son maigre viatique, on pourrait bien ne pas partir du tout et être obligé de revenir au point de départ.

Malgré ces risques, malgré tout ce qu'on pouvait nous dire et nous prédire, nous fûmes séduits, dès la première heure, par la perspective de descendre ce beau fleuve et de pouvoir ainsi étudier de près les Peaux-Rouges campés sur ses rives. La pensée de gagner un temps précieux ne fut pas non plus étrangère à notre décision.

Devant cette perspective, toutes les objections disparaissent pour nous. *Audaces fortuna juvat*, dit le proverbe, la fortune vient au secours des au-

dacieux, ou, suivant une variante de Virgile : au secours de ceux qui osent. La vérité de ce proverbe,
basé sur la nature des hommes et des choses, nous
enhardit.

Notre plan est donc arrêté, et nous commençons à
en préparer l'exécution. L'ébruiter serait aller au-
devant d'objections dont nous reconnaissons toute la
valeur, et qui risqueraient de faire brèche à notre
confiance et de diminuer les chances de réussite.

Prenant à part un *Brazileiro* de race, homme du
Nord, habitué aux voyages et ne craignant ni le
danger ni la fatigue, nous lui faisons part de notre
projet. « Voilà de l'argent, un bon fusil et de la
poudre. Allez seul et à marches forcées à Léopoldina,
faites l'impossible pour découvrir et acheter une embarcation quelconque, capable de nous porter à
Conceição do Araguaya. Est-ce compris et accepté? »

L'homme à qui nous témoignons cette confiance se
recueille un instant, puis avec décision : « C'est compris et accepté. Un bon cavalier met de cinq à six
jours pour aller à Léopoldina, mais prêtez-moi votre
Africana que j'ai vue à l'œuvre ; dans deux jours et
demi, j'arriverai au port et, *foi de Brazileiro du Nord,*
vous aurez une barque, dussé-je la faire moi-même,
ou bien il n'y aura plus d'arbres dans la forêt. »

C'était le soir à la tombée de la nuit. A deux heures
du matin, le cavalier partait sur *Africana,* une bonne
carabine en bandoulière, cinquante cartouches dans
la ceinture et deux mille francs dans la poche.

Les Pères de Goyaz n'apprirent que dans la matinée
le projet et le départ du *positivo.* C'était le fait accompli. Les plus avisés disaient tout bas qu'il était
bien imprudent d'envoyer ainsi un homme seul avec
tant d'argent, et une mule qui, partout où elle passait,
faisait sensation, excitant l'admiration et aussi l'envie
de tous ceux qui la voyaient. Au fond de mon âme,

j'étais un peu et même beaucoup de leur avis et n'étais guère rassuré sur le résultat de cette équipée.

Deux jours après, à notre grande surprise, nous voyons revenir le cavalier. Que s'est-il donc passé? A-t-il été victime d'un accident? A-t-il été attaqué, dévalisé? Lui a-t-on volé *Africana?* Toutes ces questions se présentent à la fois à notre esprit.

« Hélas! nous dit-il, impossible d'avancer, et me voici de retour. En vingt-quatre heures, j'avais couvert presque la moitié du chemin, mais là, j'ai été arrêté par les eaux débordées de l'Araguaya et de ses affluents, qui couvrent toute la plaine et la font ressembler à une mer d'où émerge la tête des grands arbres, mais dont on n'aperçoit point les rives. Il m'a fallu rebrousser chemin. Dans huit ou quinze jours, les eaux du fleuve auront baissé et je repartirai. »

C'était bien ce qu'on nous avait prédit qui commençait à se réaliser. Nous allions donc attendre une semaine ou deux. Le *positivo* repartirait alors pour Léopoldina. Là-bas, il trouverait ou ne trouverait point une embarcation à acheter, on lui promettrait d'en préparer une. Promettre coûte si peu, dans toutes les parties du monde. Nous fiant à cette promesse, nous attendrions et, allant de retard en retard, de déception en déception, nous perdrions un temps précieux et, finalement, serions obligés de renoncer à ce projet.

Nous en étions là de ces réflexions plutôt tristes, quand arrive au couvent un habitant de Léopoldina venant offrir trois messes d'actions de grâces à Notre-Dame du Très Saint Rosaire. Tout naturellement, il conte son histoire.

Parti de Léopoldina pour Goyaz, où l'appelait une affaire grave et urgente, José Sant'Anna s'est bientôt vu arrêter par cette mer qu'est l'Araguaya débordé. Il veut cependant essayer d'avancer, mais la mule perd pied, le cavalier est désarçonné, et tous deux n'ont plus d'autre ressource que de nager vigoureusement vers ce qui, dans le lointain, apparaît être la terre ferme. Homme et mule y arrivent presque en même temps, à bout de forces et de souffle.

Au moment critique, le brave José Sant'Anna a recommandé son âme à Dieu et promis trois messes à Notre-Dame du Très Saint Rosaire. Sauvé miraculeusement, il vient, tout heureux, accomplir son vœu et rendre grâce à sa divine Libératrice.

José Sant'Anna est, de son métier, constructeur d'embarcations, et il vient d'achever un *batelão*, ni trop grand, ni trop petit, juste ce qui nous convient. Sur commande, on n'aurait pu mieux faire. Le marché est conclu aussitôt, et José Sant'Anna se charge même de nous procurer, sous sa responsabilité, quatre bons rameurs et un pilote expérimenté. *Batelão* et rameurs seront prêts à descendre le fleuve au jour et à l'heure indiqués.

Les plus optimistes eux-mêmes ne reviennent point d'une chance pareille. Quant à nous, nous redisons, au fond de notre cœur : *Digitus Dei est hic.* « Merci à Notre-Dame du Saint-Rosaire. »

Nous irons donc à coup sûr, et désormais nous n'aurons plus à redouter que les accidents ou les retards inséparables de toute expédition dans le *Sertão* ou sur le fleuve.

Voici le plan de notre voyage :

Après un repos de trois semaines, le cher Père Réginald, dont nous ne nous séparons qu'à regret, ira avec deux bons « camaradas » et les vingt-quatre mulets jusqu'à Porto-Nacional, son couvent d'assignation. De là, il enverra, libres de toute charge, les mulets jusqu'à Conceição do Araguaya. Ils nous seront, en effet, nécessaires pour la suite de notre voyage.

Quant à nous, grâce à la générosité des Pères de

Goyaz, nous irons avec la *condução* du couvent jusqu'à Léopoldina, où nous attend l'embarcation de José Sant'Anna.

Il ne nous reste plus, tout en prenant un repos bien nécessaire, qu'à faire les préparatifs et les provisions du voyage, et ce n'est là ni une petite affaire, ni surtout une petite dépense. C'est qu'en effet nous n'aurons pas moins de vingt-cinq jours de voyage sur l'Araguaya.

C'est un vrai petit ménage à monter.

D'abord une batterie de cuisine, oh! bien simple : deux marmites, un fort couteau de chasse et de cuisine, quelques assiettes en fer, des fourchettes (les cuillères ne serviraient à rien), des verres en corne de bœuf; n'oublions pas une cafetière et quelques tasses à café, en fer comme les assiettes. Tout doit être incassable, ne pouvant être remplacé. Quant aux serviettes de table ou essuie-mains, le missionnaire ne s'en embarrasse point; à quoi bon une charge inutile? Des feuilles de palmier et surtout de bananier sauvage les remplacent avantageusement.

La literie sera plutôt sommaire. Une forte toile avec deux piquets et une traverse fera une tente superbe, préservant de la rosée de la nuit, qui, sur les bords du grand fleuve, est si abondante qu'elle ressemble à de la pluie. Le lit sera remplacé par le hamac, ou plus simplement par un cuir de bœuf étendu sur le sable de la plage.

Les provisions de bouche doivent être abondantes et surabondantes, car on nous prévient que l'air de l'Araguaya donne aux *barqueiros* un appétit sans cesse renouvelé. Nous achetons donc deux sacs de riz, deux sacs de *feijão*, plusieurs *arrobas de rapadura*, vingt-cinq kilos de café, cinquante kilos de sucre, dix kilos de sel, et c'est à peu près tout.

Nous allions oublier l'essentiel : quelques kilos de

lard et la fameuse *carne secca;* nous dirons tout à l'heure ce que c'est.

Il faut songer aussi aux présents pour les Indiens, car point de présents, point d'Indiens. Ce sont de grands enfants, dont la main se tend toujours pour recevoir, et qui s'en vont quand on n'a plus rien à leur donner. Ils jugent de la valeur du missionnaire et de sa doctrine par la quantité et la valeur des présents qu'on peut leur offrir. Voulant dignement représenter l'Église, l'Ordre et la France, il faut nous approvisionner en conséquence.

Le Père Francisco Bigorre, si dévoué à l'œuvre de Conceição, a fait plusieurs fois le voyage et est passé maître ès art de converser avec les Indiens ; aussi nous fournit-il de précieux renseignements. Sur ses indications, nous achetons des *facoes,* espèce de sabre d'un usage quotidien au Brésil et arme inséparable de tout voyageur, même du missionnaire ; des couteaux, plusieurs pièces de cotonnade blanche ou bigarrée, de petits miroirs, des chapelets à grains de verre dont les Indiens se servent comme de colliers de perles, et enfin quelques centaines de mètres de tabac à fumer.

Dans ces régions, les feuilles de tabac, d'abord convenablement préparées, sont tressées ensuite comme une corde de trois à quatre centimètres. C'est facile à conserver et à emporter. Au moment de faire la cigarette, le fumeur rogne un bout de ce câble et, après en avoir frotté les débris entre ses mains, les roule dans une mince feuille de dépouille de maïs. Nous dirons plus loin comment fument les Indiens qui n'ont point de feuilles de maïs, ce qui est le cas du plus grand nombre.

La Mère Saint-Thomas, supérieure des Dominicaines de Goyaz, ajoutera à nos provisions de petites douceurs, dont les sœurs ont le secret sous toutes les latitudes. Un poète spirituel a écrit, non sans un brin de malice :

Les petits soins, les attentions fines
Sont nés, dit-on, chez les Visitandines.

Ce serait une erreur de croire que les Visitandines en ont le monopole. Très mortifiées pour elles-mêmes, les sœurs dominicaines du Brésil ne le cèdent à personne quand il s'agit de préparer le viatique de leurs frères en saint Dominique. Il ne faudrait pourtant pas s'imaginer que le pauvre missionnaire sera abondamment pourvu de tout, comme s'il partait d'un couvent de France. Le cœur est sans doute le même partout, plus chaud, plus généreux même au Brésil qu'en France, mais à nos bonnes Sœurs de la mission, la matière première fait souvent défaut, et il n'y a que Dieu qui puisse tirer quelque chose du néant.

Il me semble bien que saint Thomas d'Aquin se pose quelque part cette question : *Utrum solius Dei sit creare?* Appartient-il à Dieu seul de créer? Et il répond affirmativement, prouvant qu'une créature, quelle qu'elle soit, ne peut rien créer ni par sa vertu propre, ni même comme cause instrumentale, son action ne pouvant s'exercer que sur une matière préexistante. Or, cette matière fait ici souvent défaut, et, par ailleurs, le soleil de feu de ces régions fait fondre ou corrompt bien vite la plupart des substances alimentaires; dès lors, la gamme des douceurs possibles est nécessairement fort restreinte.

Les bonnes sœurs dominicaines excellent cependant à confectionner de petits gâteaux secs avec de la farine de manioc et aussi une confiture *inversable* et *incorruptible*, devinez avec quoi... avec des pieds de bœuf... oui, avec des pieds de bœuf! On les fait bouillir de longues heures; à la gelée qui reste, on

ajoute un peu de lait et du sucre ; on remue consciencieusement ; on verse dans des moules plus ou
moins artistiques et on laisse refroidir. Que nos
bonnes sœurs de France et nos aimables lectrices
essaient de la recette.

A la vue, cela ressemble assez à une tablette de
chocolat au lait ; au goût, c'est tout aussi agréable
et plus substantiel ; mais... — il y a toujours un *mais*,
— pour mâcher convenablement, il faudrait avoir
des dents fortes et aiguës, comme celles des jeunes
jaguars. Aussi, le plus souvent, en est-on réduit à
l'avaler comme une pilule sans mastication préalable.
Et, dès lors, disparaît tout danger de faire des péchés
de gourmandise.

Si nos bonnes sœurs de Goyaz se chargent de l'accessoire et des douceurs, le Père Réginald, en homme
entendu et pratique, se charge du principal et du
substantiel, de la *carne secca*.

Il achète d'abord une demi-douzaine de bœufs,
et sept plutôt que six, les fait abattre et écorcher avec
précaution, de manière à ce que la peau soit bien intacte.

Ces peaux de bœuf séchées au soleil nous seront
d'un précieux secours. Il faut avoir voyagé en forêt
ou sur les grands fleuves, pour apprécier à sa juste
valeur un bon cuir de bœuf.

En route, et pendant le jour, il sert à couvrir les
charges et à les préserver du soleil et de la pluie ;
la nuit, étendu par terre, il sert à la fois de matelas,
de drap de lit, de couverture. Pendant l'orage, il sert de
tente et d'abri, et, au besoin, remplace une barque
pour traverser un fleuve.

Pendant que les peaux sèchent au soleil, les bœufs
sont désossés avec une maëstria rare. Un Peau-Rouge
ne scalperait ni mieux ni plus vite sa victime.

Quand j'avais entendu le bon P. Réginald parler

de six bœufs pour quatre rameurs, un pilote, le frère Antonin et notre modeste personne peu habituée encore à la *carne secca*, je m'étais demandé s'il n'y avait pas quelque exagération, et si ce fin Gascon ne voulait pas nous servir une réédition des noces de Gamache.

Après avoir constaté ce qu'il restait d'un bœuf désossé, — comme viande propre à devenir *carne secca*, — je vis que, tout en étant fort raisonnable, la provision n'avait rien d'exagéré.

Au moyen de fines lames tranchantes comme un rasoir, on découpe le bœuf en tranches, d'une épaisseur moyenne de deux à trois centimètres, on les saupoudre de gros sel, et on les fait sécher au soleil. Trois ou quatre jours de ce soleil des tropiques suffisent à dessécher cette viande qui ressemble bientôt, pardon de la comparaison, à une momie d'Égypte, ou, si vous préférez, à du cuir tanné.

En principe, et scientifiquement, les mouches ne doivent pas se poser sur cette viande saturée de sel. Mais les mouches des tropiques doivent avoir d'autres principes que les nôtres, et, sans crainte de donner un démenti à la science, elles s'installent tranquillement sur cette viande, et, consciencieusement, y déposent une grande quantité de petits œufs.

Le soleil fait l'office de couveuse, et on s'aperçoit bientôt que ces œufs s'allongent et deviennent de petits vers blanchâtres qui grouillent dans tous les replis de la viande qui prend des reflets verdâtres ou bleuâtres de sinistre apparence. C'est la décomposition qui commence. Ces petits vers ne la trouvent que mieux à leur convenance, et si on ne prenait la sage précaution d'enlever au couteau les parties trop contaminées, de secouer le reste et de faire tomber une bonne partie de ses hôtes voraces, il ne resterait bientôt plus de viande. Ces parasites auraient vite tout dévoré.

Les anciens, qui n'avaient peut-être pas assez remarqué le travail préalable des mouches pondeuses, mais qui voyaient des vers, venus on ne sait d'où, grouiller sur toute chair en décomposition, avaient cru à la génération spontanée : *Corruptio unius est generatio alterius*, disaient-ils. La corruption de l'un est la génération de l'autre. Il serait bien plus vrai de dire, en renversant les termes : *Generatio unius est corruptio alterius*. La génération des uns est la corruption des autres, car cette génération de vermine aurait tôt fait de tout dévorer et détruire. Pour l'en empêcher, on secoue la viande ; on la bat fortement avec de petits bâtons ; les vers tombent en masse, et la terre en est bientôt toute blanche.

Il y en a bien un certain nombre qui, plus habiles, plus voraces ou mieux armés pour la lutte, restent cachés dans les replis, continuant leur œuvre de destruction. Leur heure n'est que retardée et leur sort ne sera pas meilleur pour cela. Un jour viendra où ils seront à leur tour bouillis ou rôtis avec la viande et mangés avec elle ; *ce sera leur châtiment.*

CHAPITRE VII

LA FÊTE DU « DIVINO ». — L'IMPERADOR ET LA FOLIA. — PROMESSES ET VŒUX QUI PEUVENT PARAÎTRE SINGULIERS. — LA PAROLE D'HONNEUR DE L... — LE BOTAFORA OU LE DÉPART. — DES CARRAPATINHOS AU LIEU DE POISSONS. — L'INONDATION, LEÇON BIEN MÉRITÉE.

Le départ fut fixé au mardi de Pâques, 18 avril, à huit heures du matin. Nous aurions bien voulu nous mettre en route dès le lundi, mais c'était le jour où la *Folia* faisait sa première sortie en ville, et aucun « camarada » n'eût consenti à nous suivre.

Qu'est-ce donc que la *Folia* dont on parle tant au Brésil, surtout dans les campagnes et au Sertão? Si vous prenez un dictionnaire et que vous cherchiez à ce mot, vous trouverez : Folia : danse ou sorte de danse gaie. En pratique, c'est bien autre chose, et le narrer ici ne sera point, croyons-nous, sans intérêt pour nos lecteurs.

On raconte que sainte Élisabeth de Portugal avait une tendre dévotion au Saint-Esprit, qui, souvent, opérait des miracles à la prière et par l'intercession de sa servante. La pieuse reine ayant entrepris de bâtir une église dédiée au divin Paraclet, l'œuvre allait être abandonnée faute de ressources pour payer les ouvriers. Élisabeth ne voulant ni laisser l'œuvre inachevée, ni grever le budget du roi son époux, se met en prière ; elle invoque son divin protecteur et, quand elle se relève, sa résolution est prise. Chaque matin, elle se fait apporter par ses servantes une quantité considérable de petites fleurs rouges ; et à sa prière, par la puissance du Ciel qui renouvelle toutes choses, ces petites fleurs se changent en belles pièces d'or.

La cathédrale s'achève heureusement, et bientôt ses flèches élancées chantent dans les airs la gloire et la puissance de l'Esprit de Lumière et d'Amour, du meilleur des Consolateurs qui n'abandonne jamais ceux qui l'invoquent.

Cette dévotion au Saint-Esprit se répandit bientôt dans tout le royaume, et les hardis navigateurs portugais la propagèrent au Brésil, après la conquête.

Quoi qu'il en soit des origines, il est certain que cette dévotion a été et est encore très répandue et en grand honneur dans toute la République du Brésil. On y appelle le Saint-Esprit : « O Divino », « le Divin », par antonomase, et sa fête, dont l'éclat fait pâlir la Noël et Pâques, s'y célèbre avec une piété simple et naïve, avec une foi et un enthousiasme qu'on ne retrouve plus dans notre vieille Europe.

Chaque année, au soir de la fête, quand les dernières fusées ont joyeusement crépité dans les airs, et parsemé le ciel d'étoiles filantes aux mille couleurs, le peuple se réunit religieusement pour élire un « imperador », un empereur pour l'année suivante. On continue à l'appeler empereur, même sous la République qui ne s'en offense nullement.

Cet « imperador » élu par le libre suffrage de ses concitoyens aura toute une année pour préparer la fête, et il tiendra à honneur de la faire célébrer avec plus de pompe et d'éclat que ses prédécesseurs. Il a toute puissance, toute liberté, mais aussi toute responsabilité, et le peuple saura le lui rappeler au besoin.

C'est lui l' « imperador » qui est chargé d'inviter

le clergé pour les offices et pour le sermon, de pourvoir à tous les frais du culte et de la solennité, à l'ornementation et illumination de l'église, au banquet populaire, à la musique, aux « foguetes », feu d'artifice, etc., etc.

Au jour fixé pour la fête, le peuple va le chercher en grande pompe à sa maison, si elle n'est pas trop éloignée, ou bien, dans ce cas, de nombreux cavaliers vont l'attendre au loin pour former son escorte. Processionnellement, on le conduit à l'église au joyeux son des instruments de musique, aux applaudissements et acclamations de la foule, qui voit dans son « imperador », quel qu'il soit, le représentant, le délégué, non du peuple, mais du « Divino ».

A la porte de l'église, il est reçu par le clergé et encensé religieusement, tout comme on ferait pour un évêque, on le conduit ensuite en procession au trône qui lui a été préparé dans le sanctuaire, du côté de l'Évangile, et tous les hommes se rangent militairement autour de lui.

Le costume de l' « imperador » est des plus riches, des plus brillants surtout et des plus variés, car une certaine latitude est laissée à l'imagination et au bon goût de chacun. Trois choses sont absolument requises, et on ne conçoit pas un « imperador » à qui il en manquerait une seule.

Sur la tête, une couronne d'argent surmontée d'une colombe en or, — à la main, un sceptre d'argent à fleurs de lis d'or, et enfin, une bannière, où étincellent des broderies soie argent et or, représentant les divers attributs du « Divino » : une colombe, des flammes, des langues de feu, etc., etc. Ces trois insignes sont gardés religieusement à l'église pendant toute l'année, conservés comme les vases sacrés et confiés en temps opportun au nouvel « imperador », qui jure sur sa foi au « Divino » de les conserver et de leur faire honneur.

Le peuple a pour ces insignes la même vénération que pour l'Esprit-Saint qu'ils représentent, et malheur à qui songerait à leur manquer de respect, ou même simplement à ne point partager sa foi et son enthousiasme. Qu'il puisse se mêler à ces démonstrations bruyantes des abus ou mieux un peu de superstition, c'est possible, et cela arrive sûrement, mais, en soi, il n'y a rien de condamnable dans ce sentiment, rien qui ne soit conforme à la sainte théologie. Saint Thomas nous enseigne bien dans la *Somme théologique* qu'on rend à l'image du Christ Jésus la même vénération et le même culte qu'à Jésus-Christ lui-même. *Et sic sequitur, quod eadem reverentia exhibeatur imagini Christi et ipsi Christo* (III⁵ q. XXX, a. 3.)

Après la sainte messe, l'« imperador » est reconduit en grande cérémonie à sa demeure. Là, des tables sont dressées, copieusement servies et tout le monde a le droit de s'asseoir et de célébrer à la fois le « Divino » et son « imperador ». Pendant les deux ou trois jours que durera la fête, cette maison sera la maison du « Divino » et celle du peuple. Tous auront le droit d'y entrer, d'y boire, d'y manger à volonté, et Dieu sait si on en profite. Si grande qu'elle soit, elle ne désemplit ni le jour, ni la nuit. Pendant les repas, qui durent indéfiniment, la musique joue des airs religieux et nationaux, et, le soir venu, pendant ces belles et longues nuits du Brésil, les danses et les réjouissances populaires succèdent à ces agapes homériques, nous pourrions dire aussi qu'elles les précèdent et les préparent en aiguisant l'appétit pour le lendemain.

L'imperador doit donc à son honneur et à la confiance qu'on a mise en lui, de préparer à l'avance des provisions convenables. Dans un petit village ne comptant guère plus de trois cents habitants, nous avons vu abattre dix grands bœufs, sans compter les volatiles de toutes sortes et de grands poissons pris dans le fleuve.

Mais, diront peut-être quelques lecteurs, où donc, en tout cela, est la « folia » qu'on devait nous expliquer ? Un peu de patience, — nous y arrivons, et tous ces préliminaires étaient indispensables.

L'imperador, nous venons de le voir, a de grands honneurs, mais aussi de grandes charges et des dépenses considérables, tant pour les frais du culte, ornementation, illuminations, musique, que pour les frais de table. Cet honneur que nul ne songe à décliner, est parfois la ruine pour toute une famille. Pour couvrir en partie ces dépenses, on fait appel au peuple.

En conséquence, dès le lundi de Pâques, un ou deux groupes d'amis portant religieusement les insignes du « Divino », précédés d'une musique instrumentale, parcourent les rues de la ville, entrent dans toutes les maisons, et il faut que chaque membre de la famille vienne baiser ces insignes et donne une offrande qui sera soigneusement recueillie et apportée à l'imperador.

Ces groupes joyeux parcourant la ville et la campagne, pénétrant partout, ayant tous les droits, même les plus sacrés, s'appellent la « folia ». Hélas ! de graves désordres s'introduisent parfois, surtout dans le Sertão, à cette occasion, et il vaut mieux jeter un voile sur ce qui, en bon français, est une « vraie folie ».

Et cela dure de Pâques à la Pentecôte et même plus, car la fête du « Divino » n'a pas de daté fixe et se célèbre un peu en tout temps, à la Trinité aussi bien qu'à la Pentecôte, voire même en août, ou en septembre, ou en octobre. Il faut, en effet, donner à la « folia » le temps de parcourir toute la région ; il faut aussi se procurer le prêtre nécessaire pour la cérémonie de circonstance, car la fête est surtout religieuse. Or, dans beaucoup de villages, il n'y a pas de curé, et nos Pères ne peuvent y passer qu'une fois l'an. On calcule donc à l'avance l'époque de la visite du missionnaire et, après entente préalable, on fixe à cette date la fête du « Divino ».

A Goyaz, la « folia », musique en tête, se présenta au couvent le lundi de Pâques, vers quatre heures du soir, et chaque religieux baisa dévotement la bannière du « Divino » et remit une offrande, heureux, dans sa pauvreté, de contribuer à la splendeur de la fête future. On nous fait comprendre qu'en notre qualité de Français et de visiteur, nous devons une double et généreuse offrande, que nous donnons bien volontiers.

Il y a parfois des personnes qui, pour plaire au « Divino » et en obtenir une grâce insigne, font vœu d'accompagner la « folia » partout où elle ira. Dans ce cas, si les personnes sont pauvres, l'imperador est tenu à les habiller convenablement et à neuf, des pieds à la tête, pour faire honneur au « Divino ». C'est encore un moyen de se faire habiller à bon marché. Je dois à la vérité d'ajouter que ces motifs bas et mercantiles ne se rencontrent que très rarement, dans les faiseurs de vœux et de promesses, et c'est toujours un motif religieux qui est la première cause de ce vœu, que nous sommes portés à trouver un tantinet original.

Sur ce chapitre des vœux et des promesses, nous pourrions ajouter que dans les pèlerinages célèbres au Brésil, on en fait souvent que nous trouverions plus singuliers encore.

Certains font vœu de faire à reculons neuf fois le tour du sanctuaire. Pour peu qu'il y ait foule dans les nefs, on voit d'ici le spectacle, les bousculades et même les chutes. D'autres feront trois fois cette même procession, mais avec de petits cierges allumés, attachés comme une couronne autour de la tête.

même scandalisé, par exemple, par cette chemise placée par-dessus les pantalons en pleine église. Lisez et concluez.

A notre retour du Brésil, nous nous sommes arrêtés à Florence, en Italie ; Florence, la ville policée par excellence, et non pas seulement la ville des fleurs ou la fleur des villes, mais la patrie des arts et le sanctuaire du bon goût. Or, dans une de ses plus belles églises, Santa-Maria Novella, que Raphaël appelait son épouse et où il aimait à venir prier, méditer, s'inspirer, nous avons vu, pendant une cérémonie, des messieurs, appartenant à la haute aristocratie de la ville, prendre place dans le sanctuaire ayant, par-dessus leurs vêtements, une sorte de cagoule blanche et un morceau d'étoffe ou serviette pendant fort disgracieusement derrière les épaules, probablement pour simuler le capuchon. Et ces messieurs allaient et venaient dans le sanctuaire, devant le Saint-Sacrement exposé, servaient à l'autel ; et je vous assure que nul ne le trouvait étonnant. Tout le monde était fort recueilli et ne songeait qu'à adorer Notre-Seigneur.

Or, je le demande, quelle différence y a-t-il entre la chemise du Brésilien et la cagoule blanche du Florentin ? Elles se ressemblent comme deux sœurs jumelles, toutes deux se passent par-dessus le pantalon ; le nom change, l'ampleur varie, mais cela ne suffit point à constituer une différence essentielle et à permettre raisonnablement de trouver l'une édifiante et l'autre scandaleuse. Les deux se valent. Que serait-ce donc si de Florence nous allions dans le midi de la France, dans le vrai Midi ? Nous y verrions, aux grands jours de fêtes, des pénitents blancs, bleus ou noirs, dont le costume et les usages ne laissent rien à envier aux costumes et aux usages les plus pittoresques du Brésil.

Soyons donc indulgents et ne nous pressons pas de juger ce que nous ne connaissons point.

Mais assez philosophé, revenons à notre voyage.

Le départ est donc fixé au mardi de Pâques, huit heures du matin sonnant à la fameuse horloge des Pères, réglant l'heure de la « Capital de Goyaz ».

Le bon Père Bertrand Olléris doit nous accompagner jusqu'à Léopoldina et revenir avec la *condução*. C'est un tout jeune Père, aimable, prévenant s'il en fut, et qui s'acquitte à merveille de ses fonctions. Le Père Henri Abadie, jeune lui aussi et grand professeur de grec et d'histoire au lycée de Goyaz, tient à nous accompagner jusqu'à la première halte. Un groupe important d'adolescents et d'enfants veut aussi nous suivre et faire escorte d'honneur au cher frère Antonin qui va les quitter pour aller à Conceição do Araguaya.

Nous serons donc au départ une trentaine de cavaliers et ce sera un *Botafora* sensationnel. Rien n'a été négligé pour cela, nous le croyons du moins. Rendez-vous général est donné pour huit heures moins le quart sur la grande place en face du couvent ; nous partirons par rangs de quatre de front ; et au trot, les plus jeunes faisant caracoler leurs poneys.

Les bons Pères de Goyaz qui nous prêtent leur *condução*, ont voulu, pour la circonstance, nous donner le meilleur, le plus habile, le plus intelligent, le plus fidèle des « camaradas » de toute la région. Nul ne harnache un mulet comme lui ; le Sertão n'a pas de secret pour lui. Cuisinier hors pair, beau parleur, c'est, en même temps, le plus aimable des compagnons ; bref, c'est une perle qu'on ne saurait apprécier, et sur les bords du Rio Vermelho, on l'appelle le docteur des « camaradas ». Son nom, L..., contentons-nous d'une initiale : il ne faut ni donner de l'orgueil, ni manquer à la charité.

Donc, L... et son fils devaient être nos « camaradas », et nous devions nous estimer heureux qu'ils eussent accepté de diriger notre *condução*.

L... était venu nous voir sssez souvent, les derniers préparatifs avaient été faits pour le samedi saint, pour respecter le saint jour de Pâques.

Le jour de Pâques, nous prenions la récréation sous le cloître à une heure et demie, quand L... arrive tout endimanché, et après les compliments d'usage : « Voilà, nous dit-il, je viens vous demander un petit service, oh ! tout petit, et encore, c'est plus pour vous que pour moi ; c'est votre propre intérêt. C'est afin que je n'aie plus de souci et que je sois bien tout à vous pendant ces quelques jours. » Intrigué par cet exorde insinuant, nous nous demandons ce qui va suivre. Évidemment, pensons-nous, ce doit être une question d'argent, une avance à faire sur le prix convenu, et nous sommes tout disposé à l'écouter. Plutôt que de laisser de l'argent improductif dans notre bourse et nous exposer à le perdre, mieux vaut rendre service à un honnête homme qui le mérite si bien. Nous nous trompions, ce n'était pas cela.

L... continue : « A quelques lieues d'ici, nous dit-il, et sur les bords du Rio Vermelho, j'ai une petite *roça*, et dans la *roça* un champ de riz qui est presque mûr. L'idée qu'il va passer, peut-être même pourrir, en mon absence, me poursuit ; je veux aller le vendre au *rocciro* voisin, et alors, je serai sans souci, tout entier à vous et à la *condução*. Pour être de retour demain à midi, il me faut deux bons mulets, l'un pour moi, l'autre pour une toute petite charge que je dois apporter à la *roça*. Voulez-vous me les prêter jusqu'à demain, j'irai moi-même les prendre et les ramener au *pasto* ? » C'est aux bons Pères de Goyaz que ce discours s'adresse ; c'est donc à eux de répondre.

« Voyons, L..., disent-ils, pas de plaisanterie. Êtes-vous bien décidé à accompagner le Père, ou bien est-ce un prétexte pour vous dédire? » L... proteste de sa bonne volonté, de la pureté de ses intentions. C'est dans notre propre intérêt qu'il agit ainsi, il s'anime, il devient éloquent, les Pères sont convaincus.

J'interviens à mon tour : « L..., nous devons partir mardi matin, à huit heures : tout Goyaz le sait, le moindre retard serait pour nous une honte ; or, pour partir mardi matin, il faut que vous et les mulets soyez ici, demain, à midi. Voyons, dois-je chercher ailleurs un « camarada » ou puis-je compter sur votre parole d'honneur? » A ce mot d'honneur, le vieux nègre, car c'en était un, redresse sa haute taille, il s'indigne. « Ah! Padre, dit-il, on voit bien que vous venez de France et que vous ne savez pas ce qu'est la parole d'un « camarada ». Quand j'ai donné ma parole, je la tiens, et vous verriez les eaux du Rio Vermelho remonter vers la source, plutôt que de me voir forfaire à l'honneur. Demain, à midi, je serai de retour. » Et, avec un geste olympien : « Si, demain, au dernier coup de midi, vous ne me voyez pas apparaître, vous direz : « L... est mort, il a été dévoré « par le jaguar ou étouffé par le Succuriu, et vous « prierez pour moi. » Puis, fier comme Artaban, il part pour le *pasto*, faisant résonner les dalles du cloître sous ses massifs éperons, et cinglant l'air avec son *chicote* en peau de tapir.

Le lundi de grand matin on sut que L..., en homme entendu, avait pris pour son excursion Relampago et Trovão, *Eclair* et *Tonnerre*, les deux meilleurs mulets de la *condução* de Goyaz, qui devaient nous servir le lendemain. Au moins, avec eux, il ne risque pas d'avoir du retard, car ce sont des mulets vraiment dignes de leur nom suggestif.

Lundi, l'horloge a tinté le dernier coup de midi, pas

de L... à l'horizon. La récréation, plus longue que d'habitude, finit ; il est près de deux heures, et L... n'a pas encore paru. Nul cependant ne s'étonne, encore moins ne s'inquiète, malgré la promesse solennelle et la phrase épique du camarada : « Si au dernier coup de midi vous ne me voyez pas apparaître, vous direz : L... est mort, dévoré par le jaguar ou étouffé par le succuriu et vous prierez Dieu pour moi. »

Les pays chauds ressemblent à notre Midi et ont l'exagération facile. Le soleil en est la cause. Il agrandit toutes choses, comme il dilate et fait monter le mercure dans le thermomètre.

Sept heures du soir. Il est déjà nuit à cette latitude, et nous n'avons pas encore des nouvelles de L... Il faut cependant partir, coûte que coûte, et une prompte décision s'impose.

Un fidèle ami du couvent, le docteur P..., qui nous a déjà rendu bien des services, se charge de nous trouver un « camarada » pour le lendemain.

A quatre heures du matin, nous étions déjà debout. On sonne à la porte du couvent, on agite violemment la clochette. Nous poussons un soupir de satisfaction. Nul doute à avoir, c'est L... qui annonce triomphalement son arrivée. Hélas ! c'est simplement un pauvre nègre envoyé par L... pour dire de ne pas compter sur lui et ramenant les mulets Relampago et Trovão, *Éclair* et *Tonnerre*, mais, mon Dieu, dans quel piteux état ! fatigués, fourbus et dans l'impossibilité de reprendre la marche. Il fallut, en effet, les remplacer par d'autres, qui étaient loin de les valoir.

Quant à savoir à quoi on les avait employés, quelle course folle ils avaient fournie, où avait été L..., inutile de chercher à le savoir. Nous n'en avions ni le temps, ni la volonté, et cela n'eût abouti qu'à nous retarder. Mieux valait laisser ce soin aux bons Pères de Goyaz et activer les préparatifs du départ.

Le docteur P... avait tenu parole, et, à huit heures, il arrivait avec un nouveau « camarada », Simeão, celui-là même qui nous avait accompagnés d'Araguary à Goyaz. C'était pour nous une vieille connaissance, et nous fûmes heureux de le retrouver.

Le départ s'effectua avec seulement une heure de retard et fut des plus brillants, grâce à tous ces adolescents, anciens enfants de chœur du couvent, qui avaient tenu à escorter le bon frère Antonin. Aux fenêtres de toutes les maisons de la place s'encadraient des têtes curieuses et rieuses. Il n'en fallait pas tant pour exciter ces jeunes gens, avides de se montrer et de faire parade de parfaits écuyers. C'était plaisir de les voir faire un temps de galop ou bien piquer adroitement leurs poneys, pour les faire caracoler et se cabrer, en attendant le signal du départ. Cette bande joyeuse nous accompagne à une dizaine de kilomètres de Goyaz, et ce n'est qu'à regret et sur nos instances réitérées qu'elle consent à rebrousser chemin après nous avoir donné force accolades et fait promettre au cher frère Antonin d'écrire souvent et de revenir bientôt (1).

Sur le soir, nous arrivons à La Barra, petite localité desservie par les Pères de Goyaz. Comme le soleil est encore assez haut, nous en profitons pour jouir d'un spectacle propre à La Barra et dont on nous a beaucoup parlé. C'est ici que se réunissent le Rio Vermelho et le Rio Bougre (pardon du mot qui a ici une tout autre signification qu'en France). Il paraît qu'à certaines époques, il y a au lieu précis de la jonction des deux fleuves, une telle quantité de

(1) Le bon Frère Antonin ne devait plus revenir. A la déclaration de guerre, se trouvant chez les Peaux-Rouges, il n'hésita pas à entreprendre un voyage des plus longs et des plus dangereux, pour venir défendre la chère France. Quelques mois seulement après son retour il tombait glorieusement à Bois-le-Prêtre.

beaux poissons, que pour les capturer on n'a besoin ni d'une ligne, ni d'un engin de pêche quelconque. Il suffit d'une pelle un peu large, longuement emmanchée, et du haut de la passerelle jetée sur le fleuve, on les envoie expirer sur la rive. On peut encore se pencher sur les bords du fleuve, les prendre à pleines mains, ou à pleines casseroles. Le spectacle vaut la peine d'être vu.

Notre curiosité fut déçue et même punie. Nous ne vîmes rien, ce n'était probablement ni le jour ni l'heure où les poissons du Vermelho et du Bougre sont disposés à se donner en spectacle et aller faire connaissance avec la poêle. Mais si nous n'aperçûmes point de poisson, nous vîmes, hélas ! autre chose !

Nous fûmes assaillis par des légions d'insectes et en particulier par des *carrapatinhos*. Ce sont de petits insectes gris-vert, assez semblables à des pucerons. Leur petite tête effilée est très dure et armée de deux terribles mandibules en forme de tenailles. Dès que le *carrapatinho* a réussi à enfoncer sa petite tête sous la peau, il se met tranquillement à sucer le sang de sa victime, causant une insupportable démangeaison qui produit l'effet d'une brûlure. Or, impossible de se débarrasser de cet hôte incommode. Plus on tire pour l'arracher et plus les terribles pinces se resserrent : on pourra séparer le corps de la tête, mais celle-ci restera enfoncée sous la peau. Il en sera question au chapitre des Bichos. Ceci n'est que pour mémoire, pour dire que si nous n'avons pas réussi à prendre et à manger les poissons du Vermelho, nous avons été pris et dévorés par les *carrapatinhos*.

De retour à la maison du sacristain, il fallut faire toilette, et jetant du tabac sur des charbons ardents, nous enfumer comme des harengs et aussi nous frotter tout le corps avec de la *cachaça* saturée de *fumo*. C'est le seul moyen de se débarrasser des *carra-*

patinhos. Tous ne cédèrent point, et il en resta quelques-uns pour exercer notre patience pendant la nuit.

De la Barra à Léopoldina, le voyage ressemble assez à celui d'Araguary à Goyaz, aussi nous n'en dirons rien, sinon que le dernier jour, pour avoir voulu aller trop vite et nous séparer des « camaradas », nous faillîmes bien rester en chemin et boire un peu plus que nous ne l'aurions désiré.

De grand matin nous partons, le Père Bertrand Olléris, le frère Antonin et moi, laissant aux « camaradas » le soin des *cargueiros*. Nous les devancerons ainsi de plusieurs heures à Léopoldina. Le Père Bertrand connaît le chemin ou à peu près, les fontes de nos selles sont garnies de provisions de bouche. Le frère Antonin et moi avons une bonne carabine en travers de la selle, nous n'avons rien à craindre : nous pouvons chevaucher à vive allure, ce qui n'est point pour nous déplaire.

Tout va bien jusqu'à une heure de l'après-midi. A ce moment, nous apercevons très distinctement, sur le terrain détrempé par l'inondation, les traces toutes fraîches de l'*onça*, jaguar du Brésil, dont la taille, la force et la férocité sont celles du tigre. Ce n'est fait ni pour nous épouvanter, ni non plus, disons-le franchement, pour nous rassurer. Sans doute le frère Antonin est un solide gaillard et un adroit tireur, mais pour un premier essai, nous aimerions autant autre chose qu'un jaguar, car qui ne le tue point du premier coup est certain de n'être point manqué par lui. Un seul coup de patte du jaguar, même blessé à mort, suffit pour faire passer le chasseur de vie à trépas.

Le vrai danger devait venir pour nous d'autre part. Le sol devient de plus en plus humide. Là où le jaguar a laissé des traces très visibles, nos mulets, plus pesants, enfoncent le pied jusqu'au paturon. Pour comble de malheur, le sentier que nous suivons nous conduit dans un bois assez épais, où nos mulets ont bientôt de l'eau jusqu'à mi-jambe, et où nous ne pouvons plus nous reconnaître. Cela commence à devenir inquiétant. Nous marchons à la file indienne, conservant le contact; de cette manière, si le premier fait un faux pas ou s'enfonce trop, les autres seront avertis. Les mulets ont maintenant de l'eau jusqu'au poitrail et n'avancent que difficilement et à regret; impossible de reconnaître où nous sommes. Reculer ne servirait qu'à compliquer la situation, avancer peut être dangereux. Après deux mortelles heures, passées dans les transes, à nous dire que nous pourrions à chaque pas tomber dans un précipice, nous sortons de ce bois et débouchons dans la plaine. Hélas! est-ce bien la plaine qu'il faut dire? Elle ressemble, pour le moment, à un lac dont on ne voit pas les contours. L'inondation a tout envahi et submergé.

Il est de toute évidence que nous nous sommes égarés. Où est l'Araguaya que nous devons éviter pour ne pas être entraînés par le courant? Où est Léopoldina, où nous devons arriver pour être sauvés? Impossible de le savoir. Comment nous reconnaître dans cet océan? Un « camarada », connaissant bien son métier, aurait regardé la position du soleil dans le ciel, puis scruté l'horizon et, à des signes imperceptibles à notre œil peu exercé, aurait déterminé sa position, moins scientifiquement, mais aussi sûrement que l'officier de quart fait son point en plein océan et détermine la position du navire. Mais nous n'avons point de « camarada ».

Là où la science fait défaut à l'homme, l'instinct sert l'animal. Après un échange de vues plutôt tristes, nous décidons de nous en rapporter à l'instinct de

nos mulets, et nous laissons flotter librement les
rênes sur le cou. Après un instant d'hésitation, j'allais
dire de réflexion, ces animaux intelligents obliquent
à droite et marchent d'un pas qui devient de plus en
plus assuré. Au bout d'une demi-heure, la profondeur de l'eau a considérablement diminué ; il est
évident que ces braves bêtes se sont orientées et
marchent vers la terre ferme. Celui qui marchait
en tête hennit joyeusement, et là-bas, au loin, des
hennissements semblables lui répondent. Ce sont les
mulets de nos « camaradas ». Bientôt nous sommes
tous réunis.

Nous apprenons alors que nous avons perdu le bon
chemin en entrant dans le bois, où nous avons erré
à l'aventure. C'est ce qui nous a considérablement
retardés et a failli causer notre perte. Cela nous ap-
prendra à ne point nous séparer des « camaradas ».

Tous ensemble nous entrons à Léopoldina, où
notre arrivée est saluée par de joyeuses salves de
foguetes.

CHAPITRE VIII

NAISSANCE, MORT ET RÉSURRECTION DE SANTA LÉO-
POLDINA. — EMPÊCHEMENTS DE MARIAGE DANS LE
SERTÃO ET ANNEAU DE MARIAGE D'UNE FEMME DU
PEUPLE DANS LE MIDI DE LA FRANCE. — MESSE
MOUVEMENTÉE. — MARIAGES ET BAPTÊMES.

Léopoldina, ou, comme disent ceux qui savent,
Santa Léopoldina, est gracieusement située sur la
rive droite de l'Araguaya, un peu au-dessous de
l'embouchure du Rio Vermelho et bien au-dessus du
Furo do Bananal.

Dans son existence assez récente, Santa Léopoldina a connu des fortunes diverses, mais aujourd'hui
tout porte à croire que sa prospérité ira croissant,
et qu'un brillant avenir lui est réservé.

Ce ne fut d'abord qu'un tout petit poste militaire,
Presidio, destiné à empêcher les incursions et dépré-
dations des Indiens, parfois trop agressifs et toujours
enclins à récolter ce qu'ils n'ont pas semé. Mais, un
beau jour, le *Presidio* sembla se réveiller, et un instant, on put croire que Santa Léopoldina deviendrait
une grande et belle ville, qui sait? détrônerait même
Goyaz et serait la capitale de l'État.

Le gouverneur Couto de Magalhaës avait fait un
beau rêve : sous sa géniale impulsion, l'État de
Goyaz, dont la superficie est bien supérieure à celle
de la France, devenait un des États les plus riches
et les plus florissants du Brésil et même de toute
l'Amérique. Son sol, et plus encore son sous-sol, ren-

ferment des richesses inépuisables, même des mines
d'or pouvant donner un kilogramme d'or par tonne
de minerai. Malheureusement, les moyens de communication et de transport manquent, et tous ces
trésors demeurent inexploités à la surface, ou en-
fouis dans le sol. Couto de Magalhaës, qui n'a ni les
hommes ni les millions nécessaires pour créer des
routes et des chemins de fer, aura recours à un moyen
plus simple et tout aussi efficace.

Tout cours d'eau, a-t-on dit, est un chemin qui
marche. Couto de Magalhaës ne l'a jamais lu, ni
entendu, mais son génie intuitif devine les services
immenses que peuvent rendre à l'agriculture et à
l'élevage, au commerce et à l'industrie des fleuves
comme l'Araguaya et le Tocantins, qui ont près de
quatre mille kilomètres de cours et couvrent plusieurs
kilomètres de large.

« Une flotte de petits vapeurs sillonnera ces fleuves
et portera jusqu'à l'Océan, et de l'Océan dans notre
vieille Europe, les richesses de ce jeune pays. Les
bords du fleuve, l'intérieur des terres se peuplent bien
vite. On accourra de partout pour cultiver les champs,
saigner régulièrement ces forêts de caoutchouc qui
n'ont pour limites que l'infini, et exploiter ces mines
inconnues jusqu'ici, et dont les richesses sont inépuisables. Ses concitoyens le béniront, le proclame-
ront père de l'État, et son nom passera aux siècles
futurs auréolé de gloire.

« Dans ce nouvel ordre de choses, Santa Léopoldina
devient la capitale de ce nouvel État, et l'Araguaya
est proclamé le plus beau et le plus riche des fleuves. »

C'était un beau rêve, et le génie de Couto de Magalhaës essaye de le réaliser. Malheureusement, il
est plus facile de concevoir des plans gigantesques que
de les réaliser. En Dieu seul, la puissance d'action
égale celle de la pensée.

Les difficultés ne découragèrent pas le grand patriote, et tout sembla d'abord répondre aux vœux de Couto de Magalhaës. Une petite flottille de légers vapeurs sillonna le fleuve, franchit même avec succès les fameuses *cachoeiras* du Tocantins et répandit sur toute la contrée une prospérité plus factice que réelle.

Un collège fut construit à Santa Léopoldina, et on y éleva des Indiens des deux sexes, espérant ainsi civiliser toutes les tribus et en former un peuple aussi travailleur que vaillant.

Ce fut l'âge d'or de Santa Léopoldina qui, si elle ne devint pas une capitale, fut au moins une coquette petite ville, fière de ses blanches maisons, de son collège, de son fleuve et de ses richesses.

Malheureusement, cela ne dura point. Les Indiens n'aiment pas la *contrainte*; or, pour aller *vite* et donner des résultats plus immédiats, on avait fait des razzias dans les tribus, enlevant de force les enfants, pour les enfermer dans ce collège. C'était aller contre la nature des choses et courir au-devant des plus terribles catastrophes.

Cependant, tant que Couto de Magalhaës vécut, son génie, ses libéralités et sa main de fer tinrent toutes choses en état. La flottille de vapeurs, royalement subventionnée, continua à voguer sur les flots rougeâtres de l'Araguaya ; le collège se soutint, donna des résultats qu'on ne sut pas toujours apprécier, et Santa Léopoldina resta gaie et rieuse au milieu de ses richesses et de ses fleurs, songeant plus, hélas ! au plaisir, qu'au travail et à la vertu.

Mais, à la mort de ce grand homme, la ruine vint, rapide et complète ; et de l'œuvre colossale accomplie au prix de tant d'années de travail et de persévérants efforts, il ne resta bientôt plus rien. Santa Léopoldina redevint pauvre et déserte, et le souvenir de ses grandeurs passées lui rendait la solitude et la misère encore plus pénibles.

Aujourd'hui, Santa Léopoldina semble renaître et sortir de ses ruines. Le mouvement ascensionnel, plus lent sûrement que sous Couto de Magalhaës, paraît plus rationnel et sera plus durable. Depuis que les Pères dominicains ont créé Conceição do Araguaya, Santa Léopoldina a repris de la vie, et sa prospérité paraît intimement liée à celle de cette nouvelle ville de l'Immaculée-Conception, qui vient d'être élevée à la dignité de siège de prélature et de capitale de district. C'est donc pour Santa Léopoldina une cause assurée de vie et de succès.

C'est, en effet, le principal port de l'Araguaya, et c'est là que se construisent les diverses embarcations qui doivent descendre à Conceição do Araguaya et même aller jusqu'au Parà. Ce ne sont plus, comme sous Couto de Magalhaës, de petits vapeurs construits à l'étranger et amenés à grands frais ; ce ne sont que des barques grossièrement construites, mais, par cela même, plus aptes pour le moment à cette navigation de l'Araguaya et du Tocantins.

Ce serait, en effet, une grande et dangereuse illusion que de s'imaginer qu'on pourra naviguer sur l'Araguaya et le Tocantins, surtout dans leur cours supérieur, comme on le fait sur nos fleuves d'Afrique. Ici, pas de stations sur les bords du fleuve, ni même dans l'intérieur des terres, où il serait possible de se ravitailler ou de réparer la plus petite avarie ; on est à la merci du moindre accident. On pourra faire plus de deux mille kilomètres sans trouver à se procurer, même à prix d'or, l'essence nécessaire, ou bien encore la matière première et l'outillage pour une réparation quelconque. Sans parler d'accidents plus sérieux, qui arrivent si facilement et si souvent ; qu'une tige de pompe ou de piston se brise ou se fausse, qu'un cylindre éclate, qu'un simple boulon ou une vis se perdent, et voilà le pauvre petit canot à vapeur en panne et le voyageur obligé de louer, s'il le peut, une *igarité* ou une *ubá* pour arriver à destination.

Avec les embarcations plus primitives construites à Léopoldina, rien de semblable à redouter. Si une rame ou une pagaie se brisent, si une corde se rompt, le *matto* est là, tout près du fleuve et, avec son seul couteau, le *barqueiro* trouvera le bois et les lianes nécessaires pour tout réparer en un instant.

Santa Léopoldina est évangélisée par les Pères dominicains de Goyaz, qui s'y rendent une ou deux fois dans l'année pour y faire le catéchisme, célébrer les divins offices et administrer les sacrements. Une école gratuite vient d'être créée par les Pères, et ce sont de saintes Tertiaires ou de ferventes Rosaristas qui, pour une minime rétribution donnée par les Pères, enseignent aux enfants des deux sexes à lire, à écrire. Les Pères qui, en allant à Conceição, passent par Santa Léopoldina, profitent de leur passage pour évangéliser le peuple et administrer les sacrements. C'est ce que nous ferons de notre mieux.

Selon nos prévisions, nous arrivons à Santa Léopoldina le samedi 22 avril, dans la soirée. José Sant'-Anna, qui nous a vendu le *batelão* et a promis de tout préparer pour notre arrivée, a tenu parole. Il nous reçoit dans une petite *casa*, où nous aurons le double avantage d'être seuls et tout près de l'église. Ce n'est pas luxueux, mais à quoi nous servirait le luxe? Comme toutes les autres, la *casa* n'a qu'un rez-de-chaussée, quatre murs et un toit en feuilles de *burity*. Quelques anneaux cloués aux montants en forment tout l'ameublement. C'est à ces anneaux que nous pourrons attacher nos hamacs, et les caisses nous serviront de siège, à moins que nous ne préférions nous étendre sur le hamac, même pendant le jour, ce qui est plus poétique et permet de prendre l'air en se balançant, quand il n'y a pas de visiteur.

La *casa* que nous devons habiter étant pour nous seuls, nous irons prendre les repas chez une fervente Rosarista, qui nous servira avec un goût, une propreté, une délicatesse ne laissant rien à désirer. Le pain et le vin manquent comme partout : le riz cuit à l'eau, le *feijão* et la *carne secca* feront le fond invariable des repas, mais notre hôtesse saura y ajouter toujours une collection de fruits variés et, parfois, un poulet cuit, non à la brésilienne, mais bel et bien rôti à la française, selon la recette donnée probablement par quelque missionnaire.

Dès notre arrivée, les cloches sonnent par intervalles pour annoncer que le soir, à la tombée de la nuit, il y aura récitation du chapelet et chant des litanies de la Très Sainte Vierge.

En attendant, assis sur nos cantines de voyage, encore tout bottés par crainte des carrapatos et autres *bichos* de ce genre, nous procédons aux réceptions officielles. Ce sont d'abord les notables de l'endroit, qui viennent nous saluer, s'informer de notre santé, de nos projets de voyage. Après eux, vient José Sant'Anna, qui nous présente le pilote et les quatre rameurs chargés de nous conduire à Conceição, et dont nous aurons à reparler en les présentant au lecteur. Puis viennent des enfants et des femmes qui, dans leur pauvreté, trouvent cependant le moyen d'offrir au missionnaire des bananes, des oranges, des ananas et même une superbe paire de coqs. A propos de coqs, nous remarquons à Léopoldina une chose qui nous a déjà frappé dans beaucoup d'autres fermes du Brésil : c'est que, dans une basse-cour, il y a, contrairement à ce qui se passe en France, autant et même plus de coqs que de poules. Quelle peut bien en être la raison ? Nous l'avons demandée, mais nous avouons humblement ne pas l'avoir comprise. Ce qu'il y a de certain, c'est que cette multitude de coqs dans une basse-cour ne favorise ni la *paix* pendant le jour, ni le *silence* pendant la nuit.

Un grand journal catholique, signalant les méfaits et les actes de vandalisme commis à Londres par les trop fameuses suffragettes, en recherchait, en bon philosophe, les causes profondes et croyait les avoir trouvées. Comme dans toutes les civilisations *ultra* raffinées, disait-il, le nombre des naissances féminines surpasse de beaucoup le nombre des naissances masculines, d'où il suit, qu'arrivées à l'âge de s'établir, deux millions de jeunes filles, ne trouvant point à se marier, cherchent dans la politique et l'action sur rue un dérivatif au trop-plein de leur vie.

Nous avouons bien simplement ne pas plus comprendre l'explication du journaliste parisien que celle de l'éleveur brésilien. Ce qui est évident, c'est que si les jeunes coqs excédant le nombre voulu, troublent la paix des fermes au Sertão, ce sont les jeunes filles qui troublent la paix de la rue et des places publiques.

Après ces premières visites, nous voyons arriver les parrains et les marraines des enfants que nous aurons à baptiser le lendemain, et aussi les jeunes gens et les jeunes filles dont nous aurons à bénir le mariage. Pour les baptêmes, pas de difficulté ; il suffit de prendre le nom, l'âge de l'enfant, avec le nom du père et de la mère, et surtout du parrain et de la marraine ; car, au Brésil, le *Compadre* et la *Commadre* jouent un rôle important dans la famille. Ils ont tous les droits, tous les privilèges, mais, à leur tour, ils ne peuvent rien refuser. Cette cérémonie des baptêmes étant moins difficile, nous la prenons pour nous, comme étant moins expérimenté, laissant au bon P. Olléris le soin de débrouiller les cas difficiles pour les mariages. Nous fixons pour les baptêmes dix heures du matin, le lendemain, en ayant soin de recommander l'exactitude, sans du reste nous faire grande illusion sur le succès de notre recommandation.

Pour les mariages, c'est tout autre chose et le théologien le plus subtil, le moraliste le plus retors auraient de la peine à débrouiller cet écheveau de degrés de parenté, d'empêchements divers, et à ne pas se laisser induire en erreur. Assez souvent tous ceux qui sont là : fiancés, parents et amis, témoins, n'ont qu'un but, taire un empêchement qui rendrait nécessaire une dispense, car on craint que cette dispense n'allège la bourse d'une certain quantité de *mil reis* : ce qui serait, pensent-ils, autant de plus pour le Padre, autant de moins pour la fête.

Nos lecteurs seront tentés de s'écrier : « Mais ces braves gens sont bien ignorants ; ils ne savent donc pas que, s'ils cachent tel degré de parenté, le mariage sera nul, et que la présence et la bénédiction du prêtre ne leur serviront de rien ? »

Ne nous hâtons pas de conclure, car autre chose est la théorie, autre chose est la pratique. Les Brésiliens du Sertão sont certainement aussi bons théologiens que la plupart des Français de nos campagnes et de nos grandes villes, mais la logique n'est pas toujours très rigoureuse en pareille matière, et le désir d'économiser fausse souvent le jugement. Il en est ainsi un peu partout, même en France.

Je me souviens qu'étant tout jeune prédicateur, je faisais les cent pas dans la sacristie d'une de nos plus belles cathédrales du Midi, en préparant le sermon que je devais donner quelques instants après. Je fus distrait par une interpellation assez vive, que, dans un langage des plus pittoresques, une femme du peuple adressait au vicaire de semaine. Cette femme, tenant par la main sa fille âgée d'une vingtaine d'années et sur le point d'être mère, suppliait le vicaire de bénir un anneau de mariage. Le vicaire qui, sûrement, n'en était pas à son coup d'essai, restait impassible, ne répondait rien à ce déluge de paroles, mais ne faisait pas non plus le geste pour bénir. Tout d'abord, je fus un peu surpris de ce peu d'empressement du vicaire à bénir cet anneau, pensant naïvement que le premier avait été perdu et qu'on voulait tout simplement en faire bénir un second.

L'impassible vicaire dut lire mon impression sur ma figure et dans mes yeux, car, s'approchant, il me dit doucement : « Père, ne soyez pas surpris de mon refus, mais cette jeune femme n'est mariée que civilement à la mairie, et si je bénis l'anneau, elle se croira mariée à l'église et ira le publiant partout. »

Malgré la préoccupation du sermon à donner, je voulus essayer de montrer à la mère que cette bénédiction d'anneau ne servirait de rien à sa fille. Alors, elle, qui avait d'abord compté sur mon intervention, voyant que je prenais le parti du vicaire, se redressa, et, la flamme dans les yeux, avec un des plus purs accents du Midi et un geste théâtral : « Ah ! dit-elle, on voit bien que quelle que soit la couleur de votre robe, vous êtes tous les mêmes. Viens, ma fille, ton anneau sera béni quand même, nous le *saucerons* dans le grand bénitier, nous dirons un *Pater* et un *Ave*, et tu seras mariée. »

Mais revenons aux baptêmes et aux mariages de Santa Léopoldina. Nous constatons qu'il y aura pour le lendemain dimanche douze baptêmes, dix mariages, et nous fixons ainsi l'ordre du jour :

A cinq heures et demie, messe pour tous les fidèles avec une courte homélie sur l'Évangile du jour. A sept heures, messe de mariage avec discours du Père Olléris sur le mariage chrétien et le devoir des époux.

A dix heures, baptême des enfants précédé de l'explication courte et simple des principales cérémonies de ce sacrement et des devoirs du chrétien. La bénédiction du *batelão* aura lieu le soir, à quatre heures et demie, et sera suivie d'une promenade d'essai sur l'Araguaya.

Le dimanche, avant quatre heures du matin, nous sommes à l'église.

Ces vieilles églises, où les cérémonies ne se font qu'une ou deux fois l'an, sont assez souvent le repaire de légions de chauves-souris géantes qui, maîtresses absolues du logis, n'entendent point qu'on aille les troubler et leur en disputer la libre possession. Dès que nous entrons et que les lumières brillent pour éclairer tant bien que mal l'édifice, c'est une sarabande infernale. On dirait que de dessous chaque tuile sort une chauve-souris qui zèbre l'air avec des cris aigus et n'aura plus de repos jusqu'au jour. Dès que nous sommes à l'autel pour le Saint Sacrifice, la lumière des cierges les attire, nous les sentons frôler notre front, notre barbe, et nous nous demandons avec angoisse si notre pauvre crâne dépouillé de cheveux et reluisant ne va point leur paraître un morceau de leur goût. A la préface, un cierge est renversé, un autre est éteint, par la bande infernale que rien n'intimide ; aussi, après la consécration, rubriques à part, nous jugeons prudent et sage de couvrir la Sainte Hostie avec la patène et d'assujettir constamment pale et calice de la main gauche. Avec cela, c'étaient des cris perçants et une pluie fine mêlée de grêle qui n'avait rien d'agréable pour les assistants. Heureusement que, prévenu par nos Pères, nous avions eu la veille la sage précaution d'étendre au-dessus de l'autel une étoffe quelconque qui préservait ainsi le prêtre et le Saint Sacrifice.

Pour la messe de sept heures, qui était celle des

mariages, il faisait déjà grand jour et les chauves-
souris avaient toutes regagné leur repaire ; on en
voyait bien encore quelques-unes suspendues en
grappes aux encoignures, mais elles ne bougeaient
pas, et c'était tout ce que nous demandions.

A l'heure dite ou à peu près, la petite église est
envahie par les époux, leurs parents et leurs amis,
qui se pressent près de la table de communion. Les
costumes sont des plus bigarrés, et il est bien difficile
à un œil peu exercé comme le nôtre de reconnaître
quels sont les jeunes gens et les jeunes filles qui
doivent recevoir le sacrement du mariage.

Le Père Olléris, qui, la veille, a instruit la cause,
appelle par leurs noms les fiancés, et je suis chargé de
les mettre en ligne le long de la table de communion.
Les prières générales seront ainsi les mêmes pour
tous, et seules les interrogations et les cérémonies
essentielles se feront pour chacun.

Mon rôle est d'abord assez facile : « Voyons, Cécile,
c'est bien vous qui devez vous marier avec Domingos? — Oui, Père. — Eh bien, tenez-vous là, à
côté de lui, et ne bougez plus. — Voyons, Flora,
c'est bien vous qui devez contracter mariage avec
Francisco? — Oui, Père. — Eh bien, serrez-vous bien
près de lui et ne bougez plus... », ainsi de suite jusqu'au
dernier.

Mais, hélas! parents, témoins, amis, se pressent,
chacun veut voir; et demander à ces braves gens,
habitués au grand air, de se tenir immobiles à leur
place dans une église où l'on étouffe, c'est leur demander l'impossible. Nous n'en sommes pas à placer
le sixième couple, que déjà les quatre premiers ont
bougé, se sont mêlés, entre-croisés : Cécile est non plus
à côté de Domingos, mais cause avec Francisco et
le tient par la main, tandis que la fiancée de Francisco est avec Domingos. C'est à ne plus s'y recon-

naître. Il est arrivé parfois, nous assure-t-on, qu'après la cérémonie, les pauvres jeunes filles pleuraient ; les jeunes gens se lamentaient parce qu'ils s'apercevaient qu'ils avaient donné le consentement à d'autres qu'à leurs promis. Heureusement qu'erreur n'est pas compte, ni non plus sacrement, et qu'il suffisait de recommencer. Avec de la patience, nous arrivâmes, cette fois, à ne point commettre d'erreur de personne au moment du *conjugo*, et tout le monde s'en retourna content et heureux.

Pour les baptêmes, nous eûmes encore quelques difficultés, mais ce ne fut rien à côté de celles que nous aurions pu avoir.

Il y avait douze petits enfants à baptiser, dont l'âge variait de trois mois à cinq ans. Ce n'est pas que les parents y apportent de la négligence, encore moins de la mauvaise volonté, mais dans le Sertão, on ne fait pas toujours ce que l'on veut.

Une fois, c'est le *Padre* qui manque pour administrer le baptême, et quand le *Padre* passera pour la *desobriga*, c'est le *compadre* (parrain) ou la *commadre* (marraine) qui ne pourront venir, et le baptême sera encore retardé. Il ne faut pas oublier, en effet, que le *compadre* et la *commadre* jouent au Brésil un grand rôle ; ils ont tous les droits et privilèges et quelques autres en plus.

Nous alignons d'abord près de la table de communion tous les petits enfants un peu criards et nous commençons par nous entendre sur les noms à leur donner. Ce n'est pas toujours facile au Sertão, car le *compadre* et la *commadre*, qui ont entendu un joli nom, comme ils disent, distingué, sonore, ronflant, voudront l'imposer sans s'inquiéter si c'est bien le nom d'un saint ou tout simplement le nom d'un grand homme, voire même celui d'une ville ou d'une bataille. Essayer de les détourner de leur projet ce serait perdre son temps et sa peine, sans autre résultat que celui de passer pour un *Padre* peu complaisant. Nos Pères tournent habilement la difficulté en prononçant ce mot pour la satisfaction du *compadre*, mais en y ajoutant le nom d'un saint bien authentique et canonisé par l'Église.

Dans la circonstance, nous fûmes heureux de pouvoir accepter tous les noms. Il y eut bien une charmante petite fille de trois ans qu'on voulut appeler *Princesa de Portugal* — Princesse de Portugal — mais il était tout évident qu'il s'agissait de sainte Isabelle, princesse de Portugal ; seulement, la première partie du nom — l'essentielle — était restée en route. Nous l'ajoutâmes pieusement, mais nous n'oserions pas affirmer que l'enfant n'ait continué de s'appeler simplement Princesse de Portugal.

Une autre difficulté, mais d'ordre tout matériel, vient de ce qu'à l'avance on fait peur aux petits enfants, en leur parlant du *Padre* qui viendra pour les baptiser et les confirmer. On les menace du *Padre* comme, en France, on les menace de Croquemitaine. Ils ont su qu'une fois par an on réunissait les jeunes animaux pour les marquer à l'oreille et à la tête du signe de la *fazenda* et du maître, et nous ne savons, pourquoi on leur a dit que le baptême et la confirmation les marqueront ainsi du signe du chrétien. Hélas ! on leur a dit bien pire encore. On comprend donc sans peine la terreur qui s'empare de ceux qui ont déjà la connaissance, quand ils voient approcher le *Padre* pour faire les onctions ou verser l'eau du baptême. Tous n'ont pas la douce résignation de ce petit enfant de sept ans qui, devant être confirmé par Mgr Dominique Carrérot, de Conceição do Araguaya, joignait ses petites mains et le suppliait en disant : « Trouez doucement, n'est-ce pas ? » convaincu qu'il était qu'on allait lui faire un petit trou au front. Mon Dieu! on les menace bien, en France, du soufflet de l'évêque, et l'un explique l'autre.

A Santa Léopoldina, nous n'eûmes de vraie difficulté qu'avec un petit garçon de cinq à six ans. Dès que nous nous approchions de lui pour les diverses cérémonies et onctions, il criait et se débattait tellement, que nous nous demandions comment nous arriverions jamais à verser l'eau sur son front et à prononcer en même temps la formule essentielle du baptême. Le problème n'était pas facile à résoudre. Le moment venu, dès que celui qui le précède dans la rangée est baptisé, nous prenons un temps d'arrêt, ayant l'air de ne pas vouloir approcher, mais nous nous tenons prêt à agir; et au moment où il tourne un peu la tête, notre main gauche le saisit vivement par le cou, immobilise la tête, pendant que la droite verse l'eau et que nous prononçons la formule sacramentelle. Il n'avait pas encore eu le temps de se reconnaître et de pousser un cri, qu'il était baptisé.

Après la cérémonie, nous lui donnâmes quelques bonbons apportés de France, et nous fûmes les meilleurs amis du monde.

CHAPITRE IX

FÊTE FAMILIALE. — BÉNÉDICTION DU « S^{mo} ROSARIO ».
— PROMENADE D'ESSAI SUR L'ARAGUAYA. — UN
HÔTE DONT NOUS NOUS PASSERIONS. — VISITE DE
CAPICHAO ET DE SA FAMILLE.

Après la cérémonie des baptêmes et des mariages, parents, témoins, amis se répandent joyeusement dans Santa Léopoldina et, à la fête religieuse, succède la fête familiale.

Le Brésilien du *Sertão* est généralement très sobre un peu de riz et de *carne secca*, un plat de *feijão* lu suffisent. Sa santé n'en est que meilleure. Les troubles et les fatigues d'estomac, les digestions difficiles sont choses rares et même inconnues dans le *Sertão*. La gaieté y gagne tout aussi bien que la santé, car la tristesse est, dit-on, compagne inséparable des maladies d'estomac. Nul n'est gai comme un *Sertanejo*. Tant il est vrai que tout est relatif dans ce bas monde et que ce qui suffit à faire la joie des uns serait pour les autres une cause de souffrance. Mettez un de nos gourmets en face d'un plat de riz cuit à l'eau et de la *carne secca*, il fera grise mine et se croira perdu. Un *Sertanejo*, loin de s'attrister, ne demandera qu'à continuer.

Pour la circonstance, on avait cependant, en l'honneur des nouveaux baptisés et des mariés, ajouté à ce menu de Spartiate des suppléments nullement à dédaigner.

L'Araguaya avait fourni de gros poissons à la chair

fine et délicate, les chasseurs avaient rapporté de la forêt des oiseaux gros comme des pintades, et les fermiers n'avaient pas hésité à sacrifier poules et coqs en quantité suffisante pour fêter le double de convives.

Quant à la boisson, nulle crainte à avoir, elle ne manquera sûrement pas comme aux noces de Cana en Galilée, car l'Araguaya est là, à portée de la main, et il coule à pleins bords. L'eau du fleuve est, en effet, la boisson des jours de fête, comme celle de tous les jours, et nul ne songe à s'en plaindre. Cette boisson ne monte pas à la tête et n'a jamais fait de mal à personne. Oh ! la bonne eau que celle des fleuves du Nord ! Il faut avoir voyagé dans ces parages, sous un soleil de feu, pour en apprécier la saveur.

Quelques jours après son sacre, Mgr Dominique Carrérot, premier évêque de Conceição do Araguaya, après avoir bu de l'eau de la Garonne, consciencieusement filtrée, me disait : « Comme le bon Dieu est bon et qu'il fait bien toutes choses ! Avez-vous remarqué combien l'eau des fleuves du Brésil est meilleure que celle de France, même que celle de la Garonne ? » Je dus, malgré mon amour pour la France en général et la Garonne en particulier, lui répondre que j'avais déjà fait la même remarque à mon retour dans la mère patrie.

Les chimistes trouveraient-ils une différence essentielle entre l'eau de nos fleuves et celle de l'Araguaya ? Je ne sais. A dire vrai, je crois qu'ils affirmeraient tous que ces eaux sont spécifiquement les mêmes ; ce qui rend l'eau des fleuves du Brésil si bonne, même quand elle est rougeâtre, tiède et presque chaude, c'est le soleil brûlant, qui, excitant la soif, dispose le palais à la trouver excellente.

Quoi qu'il en soit, nous devons avouer que pour la circonstance, beaucoup, presque tous, réussissent à ajouter à l'eau du fleuve quelques bonnes rasades de *cachaça* (eau-de-vie de canne à sucre). Que vaut en France cette eau-de-vie de canne à sucre à l'état naturel ? Nous ne saurions le dire, mais ce que nous pouvons affirmer, c'est qu'ayant eu, un jour, la curiosité de boire un petit verre de *cachaça*, nous crûmes sérieusement avoir avalé un poison corrosif. Tous n'ont probablement pas la même sensation, car les « camaradas », et en particulier les *barqueiros*, sont loin de la dédaigner.

Prise en quantité excessive, elle monte à la tête, mais bue en quantité modérée, elle a le don d'exciter la gaieté et de rendre loquaces même les plus graves et les plus silencieux. C'est ce qui arriva en ce jour de fête à Santa Léopoldina.

A quatre heures et demie, les cloches sonnent à toute volée, et des salves de *foguetes* annoncent que l'heure du baptême de notre embarcation a sonné. En un instant, tout Santa Léopoldina est sur les bords de l'Araguaya.

Ce n'est point, en effet, pour ce peuple à la foi simple et vive, une cérémonie ordinaire, que le baptême d'une embarcation qui doit aller d'abord à Conceição do Araguaya et qui sait ? peut-être même à Belem du Para, affrontant les *travessoës* et les *cachoeiras* de l'Araguaya et du Tocantins.

Notre petit *batelão*, qui portera le nom de *Notre-Dame du Très Saint Rosaire*, est là, se balançant gracieusement sur les eaux du fleuve. A sa proue, on achève de clouer la belle planche de bois de fer, sur laquelle un artiste, le Père Réginald, a peint en grands et beaux caractères *S^{mo} Rosario*. A l'arrière, le pilote a déjà placé un bambou gigantesque, fort comme un mât, au haut duquel va tout à l'heure être hissé le pavillon aux couleurs de l'Immaculée, peint par la chère Mère Thomas, supérieure de Goyaz.

Toutes les sœurs y ont travaillé, et chacune a voulu y donner un coup de pinceau ou faire quelques points de broderie. Touchante délicatesse des filles de saint Dominique. Il leur semble qu'elles accompagneront ainsi le missionnaire d'esprit et de cœur et, par leurs prières, le garantiront de tout danger.

Pour la cérémonie de la bénédiction ou du baptême, comme on aime à dire, il faut d'abord un parrain et une marraine. Comme je suis assez nouveau dans le métier et ne connais personne, c'est le peuple qui a choisi, et il espère bien que le *compadre* et la *commadre* élus par lui feront bien les choses, et sauront se montrer généreux, distribueront après le baptême, non des boîtes de dragées comme en France, mais d'autres friandises. On espère aussi que le *Padre* distribuera de son côté des médailles, des chapelets et du tabac à discrétion.

Il n'y a pas jusqu'aux *Karajas* (Peaux-Rouges), qui, ayant eu vent de ce qui allait se passer, ne soient arrivés sur leurs *ubãs* pour prendre part à la fête et aussi toucher dans tous les sens du mot. Ils sont là une dizaine avec leur arc et leurs flèches, en grand costume national, c'est-à-dire vêtus d'un rayon de soleil, sans plus ni moins. C'est la première fois que nous les voyons de si près, et ils nous produisent un singulier effet, à les voir se promener ainsi flegmatiquement, sans mot dire, au milieu des groupes. A Santa Léopoldina, on est habitué à les voir et personne ne songe à s'étonner ou à leur faire comprendre qu'une feuille de banane ou de palmier ne serait pas de trop. Le comprendraient-ils et ne seraient-ils pas plus étonnés que nous ne le sommes nous-mêmes? Nous aurons un jour à revenir sur ce point théologique et à traiter cette importante question. Pour le moment, nous nous contenterons de noter le fait en passant.

La cérémonie commence par le chant du *Magnificat*, et comme nous remarquons que le peuple tient à chanter, nous y ajoutons un cantique populaire sur l'air de l'*Ave* de Notre-Dame de Lourdes, où tous, grands et petits, peuvent chanter à pleine voix, remplaçant par la force et l'acuité des sons ce qui peut manquer à la suavité.

Vient ensuite la bénédiction du *batelão*, nous la chantons d'abord en latin, comme le demande la liturgie, et nous la traduisons ensuite en brésilien, à la grande édification de toute cette foule. Elles sont si belles, en effet, dans leur touchante simplicité, ces prières de l'Église : « Seigneur, soyez propice à nos supplications et que votre Droite toute-puissante bénisse cette barque et tous ceux qui se confieront à elle, comme vous avez béni l'Arche de Noé, flottant victorieusement sur les eaux du déluge. Tendez à tous une main secourable dans le danger, comme vous l'avez fait pour Pierre marchant sur les flots. Envoyez vos saints anges pour les préserver de tout danger, les faire aborder au port et les ramener joyeux, pleins de vie et de santé à leurs foyers et à leurs familles. »

Tournés vers l'aval du fleuve, regardant Conceicão do Araguaya dans l'immensité, nous chantons l'oraison avec des trémolos à émouvoir les *jacarés* (crocodiles) de l'Araguaya. A l'*amen*, une salve de *foguettes* nous avertit que la promenade d'essai sur le fleuve va commencer. Tout le monde veut en être, au risque de faire couler l'embarcation même avant le départ. C'est un brouhaha indescriptible.

Heureusement que le patron José Sant'Anna nous tire d'embarras. Il commence par déclarer que tous auront part à la distribution des récompenses et cela calme les esprits ; il ajoute que, pour le premier essai, seuls les Pères, les *compadres* et lui, monteront avec l'équipage sur le S^{mo}-*Rosario*.

Régulièrement notre embarcation ne doit avoir que quatre rameurs et un pilote, et nous n'en aurons pas d'autres pour aller à Conceição do Araguaya. Pour la circonstance, on en mettra douze et des meilleurs, car on tient à nous donner une haute idée des qualités de notre pauvre embarcation. Pendant qu'on discute pour savoir quels seront les heureux élus et que chacun vante ses qualités de parfait rameur, six *Karajas*, taillés en hercule et nullement gênés par le rayon de soleil qui est leur seul vêtement, ont sauté du fleuve dans la barque, et se sont installés à l'avant, leur pagaie à la main. Essayer de les déloger ne serait ni facile ni prudent.

José Sant'Anna n'en paraît nullement surpris ou mécontent ; qui sait, s'il n'a pas combiné cela avec ces enfants du fleuve ? Nul, en effet, ne manie la pagaie comme les *Karajas*, et, à eux seuls, ces six gaillards suffiraient à donner des ailes à notre *batelão*. On leur adjoint six autres rameurs choisis parmi les meilleurs, et il ne manque plus que le pilote. Celui qui doit nous conduire à Conceição réclame naturellement ses droits pour ce premier essai. Il convient, en effet, qu'il se rende compte par lui-même de ce que vaut l'embarcation et qu'il sache si elle obéit à l'impulsion qui lui est donnée. Mais un ancien habitant de Conceição do Araguaya, Domingos, grand ami des Pères, veut, de son côté, tenir le gouvernail. Cela nous portera bonheur, dit-il, qu'un ami des Pères du nom de Domingos, un fils de l'Immaculée, étrenne l'embarcation.

José Sant'Anna, qui, certainement, est un homme de ressources et a toutes les qualités d'un chef, coupe court à la discussion. « Padre, dit-il, cet honneur vous revient. Vous savez si bien guider les hommes sur l'océan du monde et leur faire éviter tous les écueils, vous saurez guider cette petite embarcation sur les eaux du fleuve. » Et, d'autorité, il m'installe à la barre. Il ajoute tout bas : « Ne craignez rien, l'Araguaya est calme, et je serai là pour vous dire d'incliner à droite ou à gauche. » Il fait un signe et les douze avirons plongeant en même temps dans l'eau, enlèvent le *Smo-Rosario*, aux applaudissements de la foule.

En quelques minutes, nous sommes au milieu du grand fleuve ; là, le courant est plus rapide et l'action vigoureuse des douze rameurs s'ajoutant à la sienne, le *Smo-Rosario* file comme une flèche. Bientôt nous nous apercevons que l'eau passe à travers toutes les jointures. Il en est toujours ainsi, paraît-il, car l'outillage primitif des constructeurs ne permet pas de faire des embarcations étanches. Ils les disposent alors de telle façon que l'eau se ramasse vers le milieu de la barque et, durant toute la traversée, les rameurs se remplacent à tour de rôle pour rejeter cette eau dans le fleuve avec une moitié de calebasse qui tient lieu d'épuisette, et qu'on appelle *cuya*.

Ici, nos rameurs sont entraînés par leur ardeur, et aucun d'eux ne veut lâcher la rame pour prendre l'épuisette, aussi l'eau monte toujours, et à mesure qu'elle monte, la barque surchargée baisse, son rebord ne dépasse plus que de quelques centimètres le niveau du fleuve que nous descendons avec une rapidité vertigineuse. Pilote improvisé, nous n'avons pas encore les aptitudes et le courage d'un pilote de métier, aussi nous faisons des signes désespérés et demandons qu'on file moins vite et qu'on épuise cette eau qui monte toujours ; on ne nous écoute pas, et cette course à l'abîme continue de plus belle. Un *Karaja* qui est tout près de nous, lit probablement la terreur sur notre figure et il nous fait signe qu'il n'y a rien à craindre, qu'au besoin il nous prendrait sur son dos et nous ramènerait triomphalement à Léopoldina. Le fait est que nous serions tout aussi en sûreté sur l'échine de ce Peau-Rouge que sur le dos d'un dauphin ; nous n'avons cependant nulle envie de tenter l'expérience. José Sant'Anna se décide à remplacer les rameurs qui ne veulent rien savoir, et lui-même prenant la calebasse rejette vivement l'eau dans le fleuve, et la barque remonte à notre grande satisfaction.

Après une demi-heure, qui, avouons-le, nous paraît bien longue, José Sant'Anna prend le gouvernail pour quelques instants et, sous sa direction, les rameurs exécutent un virage superbe et nous voilà remontant le fleuve pour rentrer à Santa Léopoldina, où notre retour est salué par des cris de joie, des applaudissements et des salves de *foguettes*.

C'est le moment des récompenses. Nous distribuons libéralement des images, des chapelets et du tabac. Les rameurs reçoivent double et triple ration, et tous s'en retournent contents, criant : « Vive le *Smo-Rosario!* Vive l'Immaculée ! » Impossible de les empêcher d'ajouter : « Vive le Père ! » Les *Karajas*, qui ont reçu double ration de tabac, gambadent, crient eux aussi, mais il nous est impossible de comprendre ce qu'ils disent.

Le soleil baisse à l'horizon, empourprant le ciel et les flots de l'Araguaya, et il nous paraît peu pratique, impossible même, de fixer le départ au lendemain. Il faut d'abord immerger pendant toute la nuit le *Smo-Rosario*, le bois gonflera, et les fissures disparaîtront ou diminueront. Il y aura ensuite à renflouer le *batelão*, à le nettoyer, à l'approprier, à le charger, à placer la *tolda*, et une journée ne sera pas trop longue pour ces divers travaux. Nous fixerons donc le départ au mardi matin huit heures. La journée du lundi sera ainsi pour nous une journée de repos et de préparation au grand voyage sur l'Araguaya que nous commençons à aimer presque autant que nos Pères de Conceição.

A peine sommes-nous arrivés à notre *casa* et assis sur des hamacs, que nous voyons arriver un grand *Karaja* ayant pour tout vêtement, non plus un rayon de soleil, car le soleil a disparu, mais une cigarette aux dents et un tison à la main. Nous comprenons bien la cigarette, mais ce grand tison, à quoi peut-il bien servir, et que veut-il en faire? Tranquillement, il s'assied sur le pas de la porte, plutôt en dedans qu'en dehors, dépose le tison à côté de lui et attend sans mot dire. Que dirait-il d'ailleurs? Nous ne comprenons pas un mot de son langage et il ne comprend pas un mot du nôtre. Il appuie ses coudes sur ses genoux, la tête dans les mains, et il médite. Le Peau-Rouge est méditatif par nature.

Le plus clair de l'histoire, c'est que nous sommes prisonniers et que nous ne pouvons sortir de notre casa ni fermer la porte sans déranger ce *Karaja*, dont la mine et le tison ne nous rassurent guère. Nous le disons bien bas, nous ne sommes pas absolument rassurés, car la nuit sera complète dans quelques instants, et nous aimerions autant être seuls. Plus tard, il nous arrivera de dormir tranquillement côte à côte avec les Peaux-Rouges, mais, pour le moment, nous sommes moins aguerris. Espérant le contenter et le décider à s'en aller, nous lui donnons une forte ration de tabac; il le prend, le met par terre à côté de lui et se reprend à méditer de plus belle. Il n'a pas l'air pressé. A quoi pense-t-il? Que veut-il? Nous ne pouvons le deviner, peut-être ne le sait-il pas lui-même. Que lui importe, d'ailleurs, de passer la nuit là sur le pas de la porte ou sur les bords du fleuve? La situation devenait embarrassante. Lui faire signe de s'en aller, le comprendra-t-il? et s'il le comprend, comment le prendra-t-il? Pour rien au monde, nous ne voudrions lui faire de la peine. D'abord, à cause de lui, et aussi à cause des nombreuses tribus de *Karajas* au milieu desquelles nous devons passer. Cependant, le temps presse car, dans un quart d'heure, il fera nuit noire et ce grand tison, sur lequel de temps en temps l'Indien souffle pour ne pas le laisser s'éteindre, ne nous dit rien de bon.

Heureusement, à ce moment précis, notre pilote, dont nous aurons à parler bientôt, passe à portée de notre voix. Nous l'interpellons, il arrive aussitôt, et nous nous empressons de lui expliquer notre embarras et nos craintes. « Oh ! rassurez-vous, nous dit-il. Ces *Karajas* n'ont ni allumettes, ni poches où les mettre au cas où on leur en donnerait ; alors, ils portent ce tison pour allumer les cigarettes qu'ils ne cesseront de fumer tant qu'il leur restera une pincée de tabac. Quant à s'en aller, il se trouve là mieux que sur les bords du fleuve et il ne s'en ira point ; sans compter que ce brave *Karaja* est partout chez lui et qu'il espère avoir une part de votre café demain matin. — Oh ! c'est très bien, nous lui donnerons demain matin une, deux et même trois *chicaras* de café, mais, de grâce, qu'il nous laisse un peu seuls pendant la nuit. Ne pourrait-il aller coucher ailleurs ? — Si, si, fait le pilote. De gré ou de force, il ira coucher ailleurs, je m'en charge. »

Le jeune pilote dit cela avec une telle assurance que nous reprenons confiance, bien qu'à côté de ce colosse, il paraisse un enfant. Mais les habitants de Léopoldina sont familiers avec ces *Karajas*, ils les connaissent et savent s'en faire obéir. Le pilote met la main sur son épaule et l'interpelle vivement. « Allons, allons, *Karaja*, vite, un peu de *rapadura* et de *cachaça*. L'Indien se lève comme un ressort qui se détend et le suit docilement. Nous fermons aussitôt la porte de la casa et nous voilà en sûreté. Nous récitons à genoux le *Salve Regina*, et, quelques instants après, nous dormons tranquillement dans nos hamacs.

Vers onze heures, nous sommes réveillés par une bande de chauves-souris qui, ayant envahi la *casa*, rôdent au-dessus de nos hamacs, se posent sur les attaches et nous menacent d'un sort pire encore. Qui sait si elles ne sont pas de celles qui se plaisent à sucer le sang des dormeurs? Nous nous levons, mais impossible de trouver les allumettes, et c'est à tâtons, dans l'obscurité, que nous sommes obligés de placer les moustiquaires au-dessus des hamacs. Nous serons ainsi préservés des morsures et des succions des chauves-souris, et nous pourrons nous rendormir en paix et sécurité jusqu'à quatre heures.

Vers huit heures, nous recevons la visite du *capitão Capichão*, chef de la petite *aldeia karaja* de Santa Léopoldina ; c'est un ancien élève du collège Santa Isabel. Après la dispersion, il resta sur les bords du fleuve et y établit une *aldeia* aux mœurs douces et plus policées. Il est habillé comme tous les Brésiliens du Sertão, et parle assez correctement le brésilien. Avec lui, on peut donc s'entendre. Il nous apporte un poisson assez rare, pris dans l'Araguaya à notre intention, et quelques ananas pour le voyage. Il dépose le tout à nos pieds en prononçant la parole sacramentelle : *Agrado*. C'est un présent. Oui, mais un présent qu'il faudra payer, non avec de l'argent, mais avec d'autres cadeaux.

En effet, quelques instants après, arrivent sa femme, ses fils et leurs jeunes épouses, assez convenablement habillées. Pour la circonstance, elles ont fait toilette : aux jambes et aux bras nus, on voit, non point des tatouages, mais de simples peintures rouges et bleues représentant de larges bracelets dont l'effet est très gracieux. L'une de ces jeunes femmes n'appartient pas à la tribu des *Karajas*, elle fut prise à la guerre et emmenée en captivité pour être donnée comme épouse à l'un des fils du Grand Chef. Sa captivité n'en est, du reste, pas une, et, sauf qu'elle ne peut plus retourner dans sa tribu, elle a tous les droits, privilèges et libertés des femmes *karajas*. Ce devait être sûrement la fille ou la jeune épouse de quelque chef. Elle nous frappe par son grand air, et quand nous lui donnons, comme aux autres, un petit chapelet aux grains de verre pour mettre à son cou, elle nous prend la main, la porte délicatement à ses lèvres, et, se reculant un peu, nous fait une révérence comme on devait les faire à la cour de Louis XIV.

Nous profitons de la circonstance pour interroger le brave *Capichão* et prendre des notes sur les diverses tribus des *Karajas* que nous rencontrerons le long du fleuve. Nous apprenons ainsi que nous aurons l'honneur de saluer la sœur de Capichão, épouse du capitão Irqué. Après avoir offert une *chicara* de café à toute cette famille, nous la renvoyons poliment, car à s'en aller d'elle-même, elle n'y penserait même pas. Les *Karajas* ne sont jamais pressés. Et pourquoi le seraient-ils? Le fleuve nourrit pour eux quantité de gros poissons que leurs flèches sauront harponner au moment opportun, et le soleil mûrit des fruits qui ne leur donnent presque pas de travail.

Le reste de la journée se passe à visiter le *batelão* et à veiller à ce que toutes les provisions soient embarquées proprement et placées avec ordre dans le *Smo-Rosario*.

Comme il avait été convenu la veille, le départ reste invariablement fixé au mardi matin, à huit heures précises.

CHAPITRE X

DIVERSES EMBARCATIONS EN USAGE SUR L'ARAGUAYA :
« UBA », « MONTARIA », « IGARITÉ », « BATELÃO »,
«BOTE ». — PRÉSENTATION DU « S^{mo}-ROSARIO » ET DE
SON ÉQUIPE. — LES ADIEUX A SANTA LÉOPOLDINA ET
A L'ALDEIA DE CAPICHAO. — PREMIER REPAS SUR
L'ARAGUAYA. — FOI ET AMOUR D'UN PATRIARCHE.

Le mardi matin 25 avril dès l'aube, nous nous
rendons au port. Le *S^{mo}-Rosario* flotte plutôt lourdement que gracieusement sur les flots rougeâtres de
l'Araguaya, le pilote et les rameurs sont déjà rendus ;
mais ils sont visiblement plus occupés de causer avec
les parents et amis que de ranger les objets, et surtout de prévoir l'avenir.

Il faut bien que nous présentions aux lecteurs
l'embarcation et notre petite équipe. Nous n'aurons
pas plus tôt quitté Santa Léopoldina que nous for-
merons une famille isolée du reste du monde, perdue
dans l'immensité et ayant à se suffire à elle-même
pendant de longs jours au milieu de dangers inces-
sants, dont le moins redoutable est encore celui qui
vient des crocodiles qui hantent le fleuve et des jaguars qui peuplent la forêt.

Le *S^{mo}-Rosario* est une barque grossièrement construite appelée vulgairement *batelão*, et qui tient le
milieu entre les grandes et les petites embarcations
de l'Araguaya.

Disons une fois pour toutes ce que sont ces embarcations primitives qui feraient sourire de pitié nos

constructeurs d'Europe, et qui cependant affrontent des dangers tout aussi redoutables que ceux de l'Océan.

Il y a d'abord l'*ubà*. C'est l'embarcation favorite des Indiens du fleuve, et en particulier des *Karajas*. C'est ce que l'on peut rêver de plus primitif et en même temps de plus léger, de plus rapide, de plus étanche et insubmersible. L'*ubà* n'a pour nous qu'un défaut, mais il compte : elle est à peu près inutilisable et il faut être né *Karaja* pour s'en servir convenablement.

Il ne faut pas, en effet, confondre *insubmersible* avec *inchavirable*. *Insubmersible*, l'*ubà* l'est au premier chef, et on peut être sûr, qu'alors même qu'elle irait au fond de l'eau, elle reviendra toujours d'elle-même flotter à la surface. *Chavirable*, l'*ubà* l'est par essence, et le plus léger mouvement d'un profane suffit pour tout renverser. Un tronc d'arbre jeté dans l'eau flottera toujours, il sera aussi inchavirable dans le sens de la longueur, mais sur sa largeur, la plus petite vague, un souffle, un rien suffira à mettre dessous ce qui est dessus et *vice versa;* or, l'*ubà* n'est en réalité qu'un tronc d'arbre — et non des plus gros — jeté dans l'eau et servant d'embarcation.

La pirogue des nègres de Dakar, si légère soit-elle, ne peut donner une idée de l'*ubà* des Peaux-Rouges. Le *Karaja* prend le tronc d'arbre tel que le bon Dieu l'a fait, il se contente de creuser tout le long une petite cavité, et il lance son embarcation dans le fleuve, certain qu'elle ne fera pas eau et que sous l'impulsion de sa pagaie, elle filera avec la rapidité d'une flèche. Celles que nous avons pu voir et mesurer sur l'Araguaya avaient une longueur variant de cinq à dix et même douze mètres. Mais la largeur ne dépassait pas soixante-cinq centimètres à l'extérieur, la partie creusée n'ayant pas plus de quarante centimètres de large, juste de quoi s'asseoir (et encore faut-il n'être point volumineux). Il est vrai que la *carne secca* et le soleil du Brésil se chargent de ramener à de justes proportions même les plus obèses.

Nous avons voulu essayer de traverser l'Araguaya en *ubà*, mais, assis ou à genoux, nous déplacions le centre de gravité et l'*ubà* chavirait. Il fallut nous étendre et ne pas bouger. Les *Karajas* ne prennent pas tant de précautions, ils se tiennent debout, et manient l'arc et la flèche comme s'ils étaient sur la terre ferme.

Après l'*ubà* vient la *montaria*, à peu de chose près, la pirogue des nègres d'Afrique. C'est encore un tronc d'arbre, mais plus court et plus large que celui des *ubàs*. Sans être parfaite, la stabilité est plus grande mais le déplacement d'eau étant plus fort dans le sens de la largeur, la rapidité est nécessairement inférieure à celle de l'*ubà*.

L'*igarité* est une vraie barque à la forme élégante et allongée.

Le *batelão* est moins élégant, mais plus solide que l'*igarité*. Les planches grossièrement travaillées qui le composent sont simplement juxtaposées et reliées entre elles par de fortes traverses et de gros clous aux arêtes vives et à larges têtes. Les tenons et les mortaises sont inconnus ici et peut-être est-ce un bien, car il faut une solidité à toute épreuve pour affronter les *travessões*, les *cachoeiras* et les rapides de l'Araguaya et du Tocantins.

Le *boto* est plus grand et plus lourd, peut-être aussi plus solide que le *batelão*. Toutes ces embarcations — sauf l'*ubà* et la *montaria* — sont loin d'être étanches, l'eau filtre à travers tous les joints, et l'un des rameurs est obligé de cesser son travail d'heure en heure et parfois plus souvent pour épuiser l'eau qui surcharge la barque et la ferait vite couler. Dans l'*ubà* et dans la *montaria*, on pagaie adroitement ; dans les autres embarcations, on se sert de longues rames terminées en forme de pagaie et qui prennent leur point d'appui sur le rebord de l'embarcation.

Le *S*^mo^*-Rosario*, nous l'avons déjà dit, est un *batelão*, plutôt petit que grand. Il mesure douze mètres de long sur un peu plus de trois mètres de large. Les caisses qui ne craignent pas l'humidité sont rangées à l'avant. Sur ces caisses, on place les provisions et, en particulier, la *carne secca*. Pour la préserver de la trop grande chaleur et de la pluie, comme aussi des mouches et des insectes de toute sorte, on la recouvre avec des cuirs de bœuf ; et les rameurs, sans plus de façon, s'assoient dessus pour ramer plus à leur aise. Un peu de leur chaleur et de leur sueur pénétrera bien jusqu'à la *carne secca*, mais qu'importe ? Ces bons *barqueiros* sont philosophes sans le savoir, et disent avec la scolastique : *Plus et minus non mutant speciem.* « Le plus et le moins dans la différence ne changent point l'espèce. » Or, ces cuirs de bœuf ont été à toutes les fêtes et à toutes les batailles. Ils ont servi de siège, de drap de lit, de couverture à bien d'autres *barqueiros*. Ils ont été en contact avec tous les mulets du *Sertão*, ils sont saturés de leur sueur et même de la sanie de leurs plaies, et, dès lors, qu'importent la chaleur et la sueur des nouveaux rameurs ? Il convient d'ajouter, pour la consolation des estomacs délicats qu'on lavera un peu la *carne secca* avant de la faire cuire.

Sur le milieu du *batelão*, on a laissé libre de toute charge et de tout embarras un petit espace où s'accumule l'eau qui ne cesse d'entrer. Il sera ainsi assez facile aux *barqueiros* de se rendre compte et de l'épuiser en temps opportun.

Vers l'arrière, on range les objets les plus précieux : la chapelle du missionnaire, les caisses les plus fragiles, etc., etc. C'est là que nous nous installerons de notre mieux, sous un toit de feuilles de palmiers, préservant bien mieux qu'une toile, des ardeurs du soleil.

Tout à fait à l'arrière, se trouve une petite plate-forme où le pilote, la barre du gouvernail à la main, se tient constamment debout, pour sonder l'horizon et prévenir tout danger.

C'est à l'arrière et tout à portée de notre main que flotte le pavillon aux couleurs de l'Immaculée, faisant flamboyer au soleil le nom de baptême, *Smo-Rosario*, brodé rouge et or par les sœurs dominicaines de Goyaz.

Telle est, en raccourci, notre pauvre barque, sur laquelle nous avons à descendre l'Araguaya, sur un parcours d'environ deux mille kilomètres. Elle n'est ni gracieuse, ni rapide, ni commode, et nous serons obligés de nous tenir tout le temps accroupis ou mal assis sur nos caisses ; mais nous ne lui en demandons pas tant. Qu'elle soit solide, qu'elle résiste aux courants et aux rapides, et nous bénirons de tout cœur sa divine patronne, la douce Reine du Très Saint Rosaire.

Le petit équipage est digne de l'embarcation : un pilote et quatre rameurs.

Le pilote Jeronimo est un jeune nègre de vingt-cinq ans. Quelques gouttes de sang indien et brésilien coulent sûrement dans ses veines, comme il est facile de s'en apercevoir, non seulement à son teint, mais à ses habitudes, à sa démarche, à sa noble fierté. Il sait parfaitement lire, écrire, compter et possède une rare délicatesse de sentiments. En toutes occasions, il s'ingéniera à nous être agréable et à prévenir nos moindres désirs. D'une taille au-dessus de la moyenne, il a des formes athlétiques et sculpturales, donnant l'impression de la souplesse et de la force.

Plusieurs fois déjà il a fait ce voyage, connaît à fond l'Araguaya ; avec lui, comme l'a dit Sant'Anna, nous n'avons rien à craindre.

Le premier rameur, Juan, est Brésilien de pure race, et il en a toutes les aimables qualités. Vingt ans à peine ; ses membres ne sont donc pas aussi robustes qu'ils le seront dans quatre ou cinq ans ; mais, chez lui, l'habileté et l'adresse remplacent la force, qui est, du reste, bien suffisante. Ce qui, chez lui, est sans limites, c'est sa bonne humeur, son entrain, son courage, son audace qui souvent va jusqu'à la témérité. Nous en aurons la preuve dans une lutte épique contre un énorme crocodile. Enfant du fleuve, il connaît toutes les chansons des *barqueiros*, et il ne sera pas avare de son répertoire.

Manoël sera le second rameur d'avant. Un peu plus âgé, plus grand et plus robuste que Juan, il a en moins, non l'habileté, mais l'entrain et la bonne humeur. Est-ce un effet de son caractère ? N'est-ce pas plutôt le vif regret de tout ce qu'il laisse à Santa Léopoldina ? Nous l'avons marié à une petite cousine, il y a deux jours à peine, le dimanche matin. Et voilà que, pour ne pas perdre une bonne occasion, il part le mardi matin en voyage de noce, mais *seul*, laissant dans sa famille sa petite Rosinha. La vie a de ces nécessités qui ne sont point faites pour mettre de la gaieté dans le cœur, et on comprend que Manoël soit moins porté à chanter et à rire que Juan.

Julian, le troisième rameur, a vingt-huit ans. C'est le plus robuste et le plus solidement charpenté de l'équipe. Il remplacera par la force ce qui manque peut-être à l'adresse, et quand il y aura un poids lourd à soulever, un bon coup d'épaule à donner, il n'aura pas son pareil. Avec cela, passionné pour la pêche à la ligne, il se fera volontiers et gratuitement

notre professeur et notre pourvoyeur en attendant
qu'un Peau-Rouge vienne le remplacer.

Nous avons laissé pour le dernier le plus âgé de
l'équipe, qui s'appelle aussi Manoël ; mais, d'un commun accord, on a résolu de l'appeler Patricio, pour le
distinguer du second rameur d'avant. Patricio est le
meilleur garçon du monde ; la terre et le fleuve n'en
ont jamais porté de plus doux, de plus gai et de caractère plus facile, toujours souriant, toujours prêt à
rendre service et à se dévouer. Il n'est peut-être
pas aussi fort rameur que les autres, mais ce qui n'est
pas à dédaigner, c'est un cuisinier émérite, aimant
son art et ne craignant pas la peine. Il n'a qu'un défaut : il aime un peu trop la *cachaça* et cette perfide
lui joue de bien vilains tours en lui enlevant, pour
un moment, la raison et les jambes.

Le pilote et les trois premiers rameurs sont fidèles
au rendez-vous. Ils sont là, essayant de mettre un
peu d'ordre dans le chargement du *batelão*. Le pauvre
Patricio est absent, mais ses compagnons ne sont
nullement inquiets ; ils savent où le retrouver au
moment voulu. Ils savent aussi que sur le fleuve,
l'occasion n'étant plus là, Patricio sera le meilleur et
le plus dévoué des compagnons.

Le départ a été fixé pour huit heures. Dès sept
heures et demie, tout est embarqué et le pavillon du
S^mo-Rosario, flottant à la brise de l'Araguaya, enthousiasme la foule qui vient le baiser avec respect
et religion.

Tous les parents et amis des *barqueiros* sont là,
même la jeune épouse de Manoël, et nous remarquons
qu'elle n'est pas plus triste que les autres. L'inter-
ruption subite de la lune de miel et le départ de son
mari n'ont pas l'air de l'émotionner. Nous voulons
nous excuser de lui prendre ainsi son époux. « Oh !
répond-elle en souriant, ce n'est que pour un temps ;

LES « ARIRANHAS », LES TERRIBLES LOUTRES DE L'ARAGUAYA.

RÉGIMES DE COCOTIERS OU GRANDS PALMIERS DE LA FORÊT. UNE TORTUE

nous sommes jeunes, l'avenir est à nous. Je suis heureuse de le voir au service du Padre ; il me reviendra tout sanctifié et la bourse garnie de mil reis. Ce sera le premier fonds de notre ménage et cela nous portera bonheur. »

Pendant que Sant'Anna fait les dernières recommandations au pilote, nous faisons nos adieux au cher P. Bertrand Olléris, et, sentant que l'émotion nous gagne, nous nous arrachons à son étreinte et sautons dans le *batelão*, essuyant du revers de la main une larme furtive. Nous allons, en effet, dire adieu au monde civilisé et entrer bientôt en plein pays de Peaux-Rouges que nous ne connaissons que par les récits des voyages qui ont charmé et enthousiasmé notre adolescence et, Dieu aidant, fait germer dans notre cœur la vocation de missionnaire.

De longtemps, nous ne pourrons ni donner, ni recevoir des nouvelles. Qu'un accident se produise et nous voilà perdus, comme Robinson, non dans une île déserte, mais dans l'immensité : proie convoitée et facile des *jacarès* (crocodiles) du fleuve ou des jaguars de la forêt.

Pour chasser toutes ces idées noires ou trop humaines, nous entonnons l'*Ave Maris Stella*. Tout est prêt pour le départ ; il ne manque plus que Patricio ; juste le voilà qui arrive soutenu ou plutôt porté par deux amis, car la *cachaça* lui a joué encore un mauvais tour. Tout le monde le connaît : il est l'ami de tous, nul ne s'étonne de le voir en cet état. On rit, on plaisante, on s'amuse, et ses amis, le jetant comme un paquet dans le *batelão*, m'affirment que de tous les *barqueiros*, c'est celui dont je serai le plus content.

Le pilote fait un signe, les avirons se lèvent, retombent en cadence et nous voilà gagnant prestement le milieu du fleuve où le courant est plus fort,

pendant que sur la rive, des mouchoirs s'agitent en
signe d'adieu et que la foule crie : « Bon voyage !
Que Notre-Dame de Conceição vous garde ! Au re-
voir !... » Nous filons à bonne allure, mais évidemment beaucoup moins vite que pour la promenade
d'essai. Debout à l'arrière, près du pilote, nous bai-
sons avec un sentiment religieux le pavillon aux couleurs de l'Immaculée, et avec le cher frère Antonin,
nous récitons le premier chapelet. Bientôt les habitants de Léopoldina, restés sur le rivage, ne nous
apparaissent plus que comme des points noirs ; tout
à l'heure, à un tournant, nous allons les perdre de vue
pour toujours. Nous prenons notre longue-vue et
apercevons encore le cher P. Olléris qui, fidèle à son
poste, est debout sur le rivage, agitant le blanc sca-
pulaire en signe d'adieu. Nous en faisons autant, et
du cœur plus encore que de la main, nous disons
adieu à ce cher et excellent Père et à tous ces braves
gens. Le *Proeiro*, portant à ses lèvres la grande corne
de bœuf qui sert de trompe, en tire un son grave et
prolongé : c'est le dernier adieu aux familles et aux
amis. Le *batelão*, suivant le cours du fleuve, tourne
à droite et nous n'apercevons plus Santa Léopoldina.

Juan, le plus gai de tous, rompt le premier le silence
et déclare solennellement que, désormais, nous formons un monde à part, dont lui, Juan, et le pilote
Jeronimo sont les chefs suprêmes à qui tous doivent
respect et obéissance. Il veut plaisanter, mais la conversation tombe vite, car chacun est à ses réflexions.

Heureusement, voici sur la rive droite toute l'*aldeia*
des Peaux-Rouges de Capicháo. Hommes, femmes,
enfants, tous sont là pour nous saluer et souhaiter
bon voyage — peut-être un tantinet aussi, par intérêt. Tous crient, font des contorsions, expriment leurs
vœux chacun à sa façon. Nous remarquons cependant que le petit enfant de l'étrangère, instruit sans

doute par sa mère, porte ses petites mains aux lèvres et nous envoie force baisers. Cher petit ange ! que ne pouvons-nous lui rendre ses amabilités en le baptisant ! Nos Pères de Goyaz le feront un jour.

Mais voici que tout à coup, une légère *ubà* se détache de la rive et vogue rapidement vers notre *batelão*, qu'elle rejoint sans peine. C'est le plus jeune des fils de Capicháo qui vient, au nom de la tribu, apporter de magnifiques orchidées, si communes au Brésil, des *batatas* et des *ananas* mûrs à point. Il a bien son idée ; il voudrait nous suivre jusqu'à Conceição et il s'offre pour être notre pourvoyeur de poisson (*marisqueiro*). Il a emporté avec lui son arc et ses flèches et peut nous suivre sans retourner à l'*aldeia*. Que faire ? Que répondre ?

Jeronimo devine notre embarras et s'empresse de répondre poliment, mais très nettement, que ce n'est pas possible et que nous nous suffirons à nous seuls. Nous donnons quelques morceaux de *rapadura*, une bonne poignée de sel, un chapelet à grains de verre et nous nous séparons bons amis.

Dès qu'il a disparu, Jeronimo me dit gravement : « Padre, je l'ai un peu trompé, mais c'est pour le bien commun, et j'ai fait une bonne œuvre dont vous me bénirez. Il nous faudra bien un Indien avec son arc et ses flèches pour nous approvisionner de bon poisson et nous donner des renseignements, mais ces Peaux-Rouges de l'*aldeia* de Léopoldina sont trop civilisés. Il faut les payer plus cher et ils rendent moins de services. Leurs vêtements les gênent ; ils sont moins forts, moins adroits, moins habitués à la lutte. A quoi bon nous presser ? Bientôt nous rencontrerons des Peaux-Rouges qui n'ont jamais connu la civilisation ; des Karajas pur sang, et vous verrez quelle différence ! Il est vrai qu'ils sont nus comme un ver, mais c'est un grand avantage pour la pêche et la chasse. Ils sentent un peu le fauve, mais vous vous y ferez vite, tout aussi bien que nous... » Nous sommes de son avis : à avoir pour compagnon, un Indien, mieux vaut avoir un Indien nature qui puisse nous servir de sujet d'étude.

Bientôt le pauvre Patricio, auquel personne ne faisait attention et qui ronflait consciencieusement, se réveille. Les vapeurs de la *cachaça* ne sont pas encore complètement dissipées ; mais ce brave garçon reprend peu à peu ses sens. Il nous reconnaît, peut parler, et c'est déjà beaucoup. Patricio a — ne disons pas l'ivresse — c'est un bien vilain mot, mais la boisson religieuse. Il reconnaît le Padre, et à tout prix il veut se confesser séance tenante, entrer dans la confrérie du Très Saint Rosaire, etc., etc. Nous avons beau lui dire que ce n'est pas le moment, que nous le confesserons à Conceição, où il pourra communier, rien n'y fait ; et avec une obstination amusante, il se met à genoux, fait un grand signe de croix, et commence : *Je confesse.* Je n'ai qu'une peur, c'est qu'il ne nous débite sérieusement ses hauts faits et ne fasse une confession publique plus ou moins édifiante.

Heureusement, il se perd au *Je confesse* avant d'en être au *mea culpa*, recommence, se reperd et recommence encore, à la grande joie de ses compagnons, que ce manège amuse passablement. Nous faisons comme tous, et rions de bon cœur, car nous voyons bien qu'il n'y a pas l'ombre de malice dans l'âme de ce bon garçon. Juan le plaisante. « Allons, Patricio, une bonne confession, et tous tes péchés seront pardonnés. Mais quoi ! tu ne sais plus le *Je confesse ?* Est-ce possible ? Serais-tu devenu mécréant ? Peau-Rouge ? Tiens, puisque tu ne peux plus purifier ton âme par la confession, purifie au moins ton corps en prenant un bon bain ; fais comme moi... » Et, enlevant son pantalon, sans plus de façon, Juan saute dans le fleuve.

A notre grande frayeur, Patricio l'imite, et les voilà tous deux plongeant, nageant, replongeant encore. Au bout de quelques minutes, ils remontent dans la barque. Patricio était complètement dégrisé ; l'effort fait pour nager, les plongeons répétés avaient dissipé les dernières vapeurs de l'alcool. C'est ce qu'avait voulu Juan. A partir de ce moment jusqu'à notre arrivée à Conceição, Patricio fut, comme nous l'avons dit, le meilleur et le plus charitable des compagnons, toujours prêt à rendre service et à se dévouer.

A midi, après le premier *Angelus* sur l'Araguaya, repos complet et excellent repas. Inutile d'accoster et de perdre du temps à faire cuire le riz. Nous avons en provisions froides, de quoi faire un repas à tenter les plus difficiles. Des poulets rôtis et saupoudrés copieusement de farine de manioc, des oranges, des bananes et, pour finir, quelques tranches d'ananas. Oh ! ces ananas du Brésil mûrs à point, comment en donner une idée ?

Les ananas cueillis verts et apportés en France ne peuvent pas plus nous donner une idée des ananas mûris sur pied qu'un piment ne peut nous donner une idée d'un melon de Cavaillon. Nos ananas ont toujours quelque chose de dur, ressemblent parfois à des rondelles de bois que les dents ne peuvent entamer ; on ne les rend mangeables qu'à force de sucre et de cognac ou d'armagnac. Ici rien de semblable : le cœur de l'ananas lui-même, est fondant comme du beurre ou comme une banane bien mûre ; avec cela un parfum suave et une saveur exquise que nous ne saurions rendre, mais que nous conseillons aux gourmets d'aller expérimenter sur place. L'écorce de l'ananas sera utilisée elle-même pour faire, le soir, un *cha*, tisane de fort bon goût et fébrifuge.

Ce premier repas sur l'Araguaya est vraiment

charmant. Les avirons sont au repos. Le *S^mo-Rosario* glisse doucement au fil de l'eau, et il suffit de temps en temps d'un léger coup de barre pour le maintenir en plein courant et dans la direction voulue. Quant à nous, assis sous la *tolda* à l'abri des rayons du soleil, nous mangeons de bon appétit, devisant joyeusement et admirant l'Araguaya, ce fleuve incomparable, et les forêts vierges qui bordent ses rives.

De temps en temps, nous percevons comme de sourds grognements de sangliers, suivis du bruit que ferait un corps lourd en tombant à l'eau. C'est un *boto*, sorte de veau marin de l'Araguaya, qui vient parfois respirer à la surface et replonge soudain en apercevant le *batelão*.

Après une courte action de grâces, les rameurs reprennent leurs avirons, et Juan entonne de sa belle voix une joyeuse chanson qui accélère le mouvement.

Vers deux heures, nous passons non loin d'une *fazenda*, d'où l'on nous fait signe d'aborder. On a reconnu un Padre, et on veut profiter de l'occasion pour faire confesser un vrai patriarche à grande barbe blanche qui n'a pu voir le prêtre depuis plusieurs années. Des circonstances plus fortes que toute bonne volonté l'ont empêché d'aller à Léopoldina au temps de la *désobriga*; puis, il a été malade longtemps, miné par les fièvres et sans pouvoir bouger ; mais son âme a toujours été unie à Dieu, et, comme le saint vieillard de l'Évangile, il n'a désiré qu'une chose, se confesser et communier encore une fois avant de mourir.

Nous entendons sa confession, et, ne pouvant lui donner la Sainte Communion, nous lui faisons baiser le pied du calice où chaque matin est consacré le Sang divin de Jésus. Il le porte respectueusement à ses lèvres, qui y restent collées longtemps avec amour. Soudain son regard s'illumine. Il appelle deux de

ses petits-fils, jeunes gens de dix-huit et vingt ans.
« Vite, dit-il, armez la *montaria*, vous m'y porterez,
car mes vieilles jambes ne peuvent plus me soutenir,
et puis vous remonterez le courant jusqu'à Léopoldina, et demain matin je communierai à la messe du
Padre. Je recevrai mon Dieu, et alors je pourrai
mourir en paix. » Nos yeux se mouillèrent de larmes
en voyant une telle foi et un pareil amour. N'eût été
la crainte de scandaliser les *barqueiros*, volontiers
nous nous serions agenouillé devant ce nouveau
Siméon pour lui demander sa bénédiction.

Nous remontons sur la barque, et le *S^{mo}-Rosario*,
grâce au courant et à l'effort des rameurs, file avec une
vitesse dont nous ne l'aurions pas cru capable. Bientôt nous laissons derrière nous le petit groupe de
São José do Araguaya. Vers les six heures du soir,
les éclairs commençant à sillonner l'horizon, nous
abordons sur la plage pour y passer la nuit.

CHAPITRE XI

Notre première journée de voyage sur l'Araguaya
ne devait point s'achever sans que nous eussions soigneusement reçu le *baptême* du fleuve.

Au Brésil, et plus particulièrement dans les régions
tropicales de l'Araguaya et du Tocantins, il n'y a
que deux saisons : celle des pluies et celle des sécheresses.

Contrairement à ce que pourrait penser d'abord
un Européen, c'est la saison des pluies qui correspond
à la saison des plus fortes chaleurs ; c'est le véritable
été astronomique.

Par une admirable attention de la Providence,
c'est précisément à l'époque de l'année où les chaleurs
sont le plus intolérables que l'atmosphère est rafraî-
chie par des pluies torrentielles assez régulières et
toujours très abondantes. Étendus comme un immense voile, les nuages garantissent la terre des
rayons du soleil qui se trouve alors au zénith. Dans
beaucoup de régions et surtout dans le haut et moyen

Araguaya, les pluies ne sont pas continuelles et durent rarement toute une journée. D'ordinaire, elles ne commencent que dans l'après-midi ; en effet, durant la nuit et la matinée, l'atmosphère n'a pas eu le temps de se saturer complètement de vapeurs ; mais dans la soirée, quand l'air ne peut plus absorber l'humidité, l'orage éclate avec une soudaineté et une violence qui étonnent les étrangers et les prennent souvent au dépourvu.

Dans certaines parties du Brésil tropical, les heures de l'orage quotidien sont si bien réglées que, selon l'expression d'un savant géographe, on peut fixer les rendez-vous à la fin de la pluie, comme ailleurs on les fixe à la chute du jour.

Pendant les quelques heures que dure l'orage, il tombe du ciel une quantité d'eau très considérable. Ce sont de vraies trombes qui s'abattent sur le sol avide de les recevoir et qui ne peut cependant en absorber qu'une faible partie. La plus grande quantité coule en torrents à la surface du sol et se rend à ces cours d'eau si nombreux au Brésil, qui, après s'être donné la main, forment les affluents des grands fleuves. Plusieurs des affluents de l'Araguaya inconnus de nos géographes, comme les Arrayas ou le Pao d'Arco, roulent cependant un volume d'eau bien supérieur à celui de la Garonne.

Bientôt le grand fleuve, grossi par tous ces apports qui lui viennent par dizaines, monte rapidement et dans son cours inférieur barre le passage aux autres affluents. Ceux-ci ne pouvant déverser l'eau qui les gonfle, remontent vers leur source et se répandent dans la plaine et les forêts qu'ils rendent impraticables aux voyageurs les plus audacieux.

Il arrive parfois, vers la fin de la saison des pluies, que les eaux de deux fleuves ou d'*igarapés* se rejoignent ainsi dans la plaine immense et la font ressembler à une mer d'eau douce. Élisée Reclus estime à environ *trois cents kilomètres la largeur* du cours inférieur de l'Amazone au moment des grandes crues et ce chiffre est plutôt au-dessous de la vérité.

Sans doute l'Araguaya et le Tocantins sont loin d'arriver à ce chiffre ; ils ont cependant leurs grands et terribles débordements. Certains géographes, même des plus célèbres, trompés par ces immensités recouvertes d'eau aux embouchures des Amazones et du Tocantins, ont prétendu que l'Araguaya et le Tocantins étaient les tributaires de l'Amazone. C'est là une grossière erreur. L'Araguaya et le Tocantins mêlent leurs eaux près de Sao-João d'Araguaya, entre le sixième et le cinquième degré de latitude, et après avoir parcouru en frères amis environ huit cents kilomètres, se jettent directement dans l'Océan, près de Belém, capitale du Para. Ils conservent ainsi jusqu'à la fin de leur cours un nom et une liberté dont ils sont fiers, et ce serait les humilier que d'en faire les tributaires d'un autre fleuve, même de l'Amazone.

Les pluies régulières commencent généralement en novembre pour finir en mars. Il n'est cependant pas rare de voir quelques averses en octobre et de terribles orages en avril. On appelle ces derniers *a despedida da chuva*, les adieux de la saison des pluies. On dirait que les orages et les pluies, mécontents d'avoir à céder la place à la sécheresse, réunissent tous leurs efforts pour livrer un dernier assaut à la saison nouvelle et l'obliger à reculer. N'en est-il pas ainsi dans notre vieille Europe? Et ne voyons-nous pas assez souvent, en septembre, des chaleurs bien plus fortes qu'en juillet et en août, comme aussi en avril des froids plus intenses qu'en décembre et janvier? C'est l'éternelle lutte des éléments, victorieux ou vaincus, selon que la Providence en dispose pour le bien général. On serait tenté de donner une âme à ces divers éléments qui se combattent ; ou bien élargissant le principe, de dire : que si les êtres animés *luttent* pour *la vie*, les êtres inanimés *luttent* pour *l'existence*.

La saison des orages et des pluies devra cependant, malgré ses efforts et ses reprises, céder définitivement la place à la saison des sécheresses et du calme. On aura alors six à huit mois de soleil sans qu'une goutte d'eau tombe du ciel. Les exceptions à la règle sont rares, inconnues même sur les bords de l'Araguaya.

Cette saison des sécheresses, qu'on appelle la *secca*, est le véritable hiver astronomique, et de fait c'est la saison où les chaleurs sont les moins fortes. Le thermomètre placé sur la selle de nos mulets marquera cependant 58° centigrades, ce qui, pour une saison d'hiver, commence à être raisonnable.

Ce qui rend supportable cette chaleur de plusieurs mois consécutifs, c'est la longueur et la fraîcheur des nuits. A ces latitudes, elles n'ont guère moins de onze heures et demie ou onze heures de durée. Or, pendant la nuit, descend du ciel une rosée abondante qui rafraîchit l'atmosphère et redonne la vie à l'herbe et aux plantes brûlées par le soleil du jour. Cette rosée est parfois si abondante sur les bords de l'Araguaya et du Tocantins, qu'elle ressemble à de la pluie. Le hamac du dormeur est mouillé comme si on l'avait trempé dans le fleuve.

Nous ne mettons pas plus d'une demi-heure pour célébrer la sainte messe en plein air ; trois quarts d'heure tout au plus avec le temps d'improviser l'autel avec nos cantines de voyage, de replier et de serrer les ornements. Or, il nous arrive, célébrant la messe à quatre heures ou quatre heures et demie sur les bords de l'Araguaya, de voir les ornements si humides après cette demi-heure, que nous sommes obligé de les exposer ensuite au soleil pour les empêcher de moisir dans la malle.

A la longue cependant, cette rosée, si abondante soit-elle, devient insuffisante pour contre-balancer les ardeurs du soleil ; l'herbe se sèche et meurt, les plantes inclinent leurs branches et se dénudent de feuilles. C'est un moment difficile pour les voyageurs dans le Sertão, car les mulets ne trouvent plus assez d'herbes pour se nourrir et supporter bravement les fatigues du jour. Ces braves bêtes doivent suppléer à cette insuffisance ou à ce manque total d'herbe, en broutant chemin faisant les feuilles des petits palmiers ou d'une espèce de roseaux très communs au Brésil. Parfois on rencontre de vraies forêts de ces roseaux ressemblant assez à de la canne à sucre, c'est une bonne fortune pour les pauvres mulets ; c'est pour eux ce que serait une oasis pour le voyageur.

Vers la fin de la *secca*, les rares, les très rares habitants de ces solitudes mettent le feu aux herbes desséchées par le soleil. L'incendie gagne de proche en proche, s'étendant sur des espaces infinis, brûlant tout sur son passage et ne s'arrêtant que lorsqu'il n'y a plus rien à dévorer. Ces gigantesques incendies de la fin de la *secca* produisent un double bon effet qu'on ne saurait assez apprécier. Ils débarrassent la terre des herbes sèches et de tous les corps morts, tout en la recouvrant d'une épaisse couche de cendres, qui sont un excellent engrais. Ils détruisent en même temps bon nombre de serpents, d'insectes nuisibles, *bichos* de tout genre : *carrapatos*, fourmis, scor-pions, etc., etc., dont la multiplication aurait rendu la terre inhabitable et les voyages impossibles.

Rien n'est triste comme ces plaines sans fin, brû-lées d'abord par le soleil, calcinées ensuite par l'in-cendie. On dirait que la mort règne partout en sou-veraine et que la vie y est à jamais détruite. Il n'en est rien cependant, et ici, la mort sera le principe ou, si l'on préfère, la condition et le prélude de la résurrection et de la vie. Aux premières averses, tout repoussera avec une nouvelle vigueur. Comme dans la prairie rasée par la faux, l'herbe repousse bientôt plus dure et plus verdoyante ; ainsi sous la morsure de l'incendie, l'herbe du Sertão repousse à la première pluie plus fournie et plus vivace que jamais. Faut-il le dire ? L'herbe n'est pas seule à revivre. Malgré le feu qui a passé partout, les *bichos* n'ont pas tous été détruits. Les plus vigoureux ont trouvé le moyen de gagner de vitesse sur l'incendie, ou bien encore de se terrer assez profondément pour n'être pas atteints par le feu. Ce sont ceux-là qui, mieux armés pour la lutte, auront mission de reproduire l'espèce, de repeupler la terre, et ils ne s'en acquitteront que trop bien au gré des pauvres voyageurs.

Après ces explications nécessaires pour bien se rendre compte de tout ce qui doit suivre, revenons au récit de notre voyage.

En voyant les premiers éclairs précurseurs de l'orage et les teintes sombres que prennent les flots de l'Araguaya, le pilote paraît inquiet, sonde l'horizon, fronce les sourcils et esquisse un geste qui n'a rien de rassurant. Il lui faut, en effet, aborder au plus tôt, et cela dérange tous ses plans. De Santa Léopoldina à Conceição do Araguaya, il n'y a nulle part de port proprement dit ; il n'est pas, cependant, indifférent d'accoster ici ou là au hasard des circonstances ou de la vitesse des rameurs.

C'est dans le choix de ces campements de nuit que se révèle l'art du pilote, ainsi que sa connaissance du fleuve et de ses rives.

Il choisit toujours une plage en pente douce, pas trop cependant, car il faut que la barque puisse arriver presque à sec. Au moment voulu, les rameurs abandonnent les rames et le *proeiro* prend la *vara* (longue et solide perche) et d'un vigoureux effort pousse la barque en avant. La proue s'engage bientôt dans le sable, et si le pilote a eu le coup d'œil juste, le Padre peut sauter à terre sans avoir peur de se mouiller les pieds. On descend pareillement avec la plus grande facilité la chapelle du missionnaire, la tente, les provisions nécessaires pour le repas du soir, et surtout les armes et les munitions qui, assez souvent, ne seront pas inutiles.

Quand la pente est trop douce ou que le pilote a mal calculé son coup, la barque s'ensable trop tôt. Le Padre est alors obligé de se déchausser, de relever la robe, de prendre un bain de pieds plus ou moins prolongé. Cet exercice n'aurait rien de désagréable, serait même attrayant par ces chaleurs tropicales ; mais, hélas ! il y a toujours à craindre, en marchant ainsi dans le sable à peine recouvert d'eau, de poser le pied sur ces terribles *arrayas*, dont nous aurons à parler un jour et dont la piqûre donne une mort effrayante, ou tout au moins estropie pour la vie. Aussi, dans ce cas, il est plus prudent de monter à califourchon sur les épaules d'un solide rameur qui n'avance qu'avec d'infinies précautions par crainte des *arrayas*.

Les anses à eaux dormantes doivent être aussi soigneusement évitées par le pilote, car elles sont le repaire d'énormes crocodiles toujours affamés et en quête d'une proie.

Enfin la plage ne doit être trop rapprochée du *matto*, car pendant la nuit, le voisinage des grandes forêts n'est jamais sûr. Elles sont, en effet, hantées par des serpents les plus venimeux, par des jaguars tout aussi redoutables que le tigre, et par quantité d'autres *bichos* qui, pour n'être point aussi terribles que les serpents et les jaguars, sont cependant d'un voisinage peu désirable. Quand il y a 3 ou 400 mètres entre la forêt et le fleuve, on n'a rien à craindre. Le feu du campement tient à distance ces hôtes peu commodes, et si l'un d'eux, plus hardi ou plus affamé que les autres, voulait cependant approcher de trop près, un *barqueiro* aurait le temps d'épauler et en envoyant une balle au bon endroit, d'arrêter net le visiteur.

C'est donc pour le pilote tout un art de savoir choisir un bon campement pour y passer la nuit.

Pour ce premier soir, nous n'avons pas l'embarras du choix ; entre deux dangers qui nous menacent, il nous faut choisir le moindre et le plus incertain. La violence du vent augmente à chaque instant, l'Araguaya enfle ses vagues, la pauvre petite barque est ballottée comme un fétu de paille, elle commence à ne plus obéir au gouvernail et, pour éviter de sombrer en plein fleuve, il ne reste au pilote qu'à s'échouer au plus vite et le moins mal possible sur la plage.

La Providence nous favorise, car le brave Jeranimo réussit à aborder dans une petite anse où les eaux sont moins violentes et où le *S^{mo}-Rosario* sera un peu plus à l'abri du vent. La plage d'ailleurs paraît assez hospitalière. En amont, elle va en se rapprochant de la forêt ; mais en aval, la forêt s'éloigne et n'apparaît que dans un lointain imprécis. A l'endroit où nous accostons, la forêt paraît être à 100 ou 150 mètres, et c'est assez pour nous garantir de ses bêtes malfaisantes, à la condition de bien veiller pour éviter toute surprise.

A peine le *S^{mo}-Rosario* a-t-il touché le sable que le pilote donne des ordres avec une promptitude et une décision qui feraient honneur au commandant d'un cuirassé : « Je n'ai jamais abordé ici, dit-il ; la plage paraît pourtant assez sûre, mais l'heure est critique, l'orage va éclater, il sera terrible, et nous devons prendre toutes les précautions pour nous garder des dangers de la forêt et du fleuve.

« Toi, João, qui es le plus adroit et le plus débrouillard, prends soin du Padre et de la chapelle ; dresse
la tente, fixant solidement les piquets, donnant le
moins de toile possible, car j'ai idée que la tempête
sera terrible : c'est la *despedida da chuva*.

« Vous, Manoël et Julião, allez à la corvée du bois
pendant qu'il fait encore un peu jour dans la forêt :
ayez surtout l'œil ouvert, l'oreille tendue, le *facão*
à la main, et, rapportant du bois, faites vite une tasse
de café qui nous donnera chaud au cœur.

« Je reste ici avec Patricio pour amarrer solidement le S^{mo}-*Rosario*, et prendre les provisions et les
armes, nécessaires pour la nuit. »

Le dernier mot du commandant n'était pas achevé
que chacun était à son travail.

Le frère Antonin et moi aidons de notre mieux le
brave João à dresser la tente ; mais tout à coup,
l'orage éclate avec une violence et une soudaineté
qui nous déconcertent. Les piquets de la tente, encore
mal fixés, sont enlevés par le vent, et João s'aidant
des pieds et des mains, n'a que juste le temps de
creuser un trou dans le sable et d'y enfouir à moitié la
lourde malle renfermant la chapelle. « Asseyez-vous
dessus, nous dit-il, et n'ayez pas peur, je serai là tout
près, je cours aider le pilote à maintenir la barque. »

La pluie tombe littéralement à torrents ; autant
vaudrait être sous une cascade ; nous tendons patiemment le dos et la tête nue, car nous avons dû
enlever le chapeau et le serrer fortement entre les
jambes pour qu'il ne soit point emporté par la tempête. Les gouttes de pluie sont projetées avec une
telle violence par le vent que, sur la figure et sur les
mains, elles nous font l'effet de grains de sable lancés
avec force. Nous prenons gratis dans le désert et en
pleine nuit une douche incomparable que nous n'oublierons pas de sitôt. Pendant ce temps, le tonnerre

NID D'ŒUFS DE TORTUE

Entre le nid et la rive on aperçoit les traces laissées par la tortue.

LE « PIRARUCU »

ne cesse de gronder, tantôt avec un bruit sourd et prolongé, tantôt avec des éclats qui impressionnent les plus courageux. Les éclairs illuminent les ténèbres de la nuit, tombant du ciel comme d'immenses nappes de feu. A leur lueur sinistre, nous voyons devant nous la forêt tout entière s'incliner comme si elle ne formait qu'une masse. On dirait que, conscients du danger, les arbres se rapprochent, s'unissent, entremêlent leurs branches pour ne former qu'un tout et abaissent leurs cimes altières pour ne pas attirer la foudre. A certains moments, les profondeurs de la forêt s'illuminent cependant, et des arbres géants sont frappés par la foudre. Des ombres s'échappent alors de la forêt en bondissant et passent auprès de nous. Sont-ce des cerfs fuyant le danger, des pécaris, des *guaras* ou des jaguars? Nous ne pouvons distinguer.

Pour nous, est-ce la peur? est-ce la prudence? est-ce simplement le désir de nous trouver moins seuls, nous nous levons aussi et nous rapprochons du fleuve et de nos compagnons. Nous les voyons alors enfoncés dans l'eau et dans le sable jusqu'aux genoux, tirant de toutes leurs forces sur la corde qui retient la barque et ne réussissant qu'à grand'peine à l'empêcher d'être emportée par les flots. Entrer dans l'eau tout bottés et tirer sur la corde fut un seul et unique mouvement. L'instinct de la conservation va plus vite que le raisonnement syllogistique et va droit à la conclusion sans s'attarder aux prémisses. Notre vie tient, en effet, à la conservation de cette barque sur laquelle se trouvent les vivres, les armes et les munitions. Qu'elle soit emportée par le courant et nous voilà, nouveaux Robinsons, abandonnés sur cette plage déserte, plus malheureux même, malgré notre nombre, que le héros de Daniel de Foë, car, sans vivres et sans armes, nous ne pourrons que mourir de faim ou être dévorés par les fauves. Tantôt une vague plus forte ou un coup de vent plus violent, nous faisant perdre pied, entraîne la barque et nous avons ensuite toutes les peines du monde à regagner le terrain perdu. Plusieurs heures se passent ainsi : heures d'angoisses pendant lesquelles nous ne cessons de nous demander si la corde qui retient la barque ne va pas se rompre ou si les planches du *batelão* ne vont pas se disjoindre sous les efforts continus du vent et des flots. Enfin, une clarté plus grande illumine l'horizon : ce n'est pas un éclair, ce ne sont pas cent éclairs, c'est une immense nappe de feu qui illumine tout le ciel et descend en cascades sur la terre pendant que le tonnerre, roulant au-dessus de nos têtes avec un fracas effrayant, ébranle la terre sous nos pieds ; et puis tout rentre dans le calme. La tempête finit sans transition, aussi subitement qu'elle avait commencé. Le vent tombe, les flots s'apaisent, les étoiles brillent au ciel, et nul ne se douterait de ce qui vient de se passer.

Alors seulement je m'aperçois que l'eau de l'Araguaya est chaude, bien plus chaude que pendant la journée. Les *barqueiros* me disent qu'il en est toujours ainsi après une grande tempête ; et ils ajoutent que c'est la foudre qui chauffe ainsi l'eau du fleuve. Je n'essaie pas de les détromper ; ils sont si convaincus que je perdrais et mon temps et ma peine, et il y a bien des choses plus pressées à faire. En effet, si l'eau du fleuve est chaude, celle qui est tombée à torrent sur nous est plutôt fraîche, et nos vêtements collant sur la peau nous donnent une sensation de froid assez intense. Nous avons la conviction intime que l'eau du fleuve n'a pas une température plus élevée que pendant la journée, et qu'elle ne nous paraît plus chaude que par opposition à cette impression de froid ressentie sur tout le reste du corps.

Nous avons su depuis que les marins disaient vrai, en partie du moins, et ne se trompaient qu'en assignant une cause autre que la véritable à cette chaleur insolite de l'eau de l'Araguaya. Voici en effet, ce que dit le savant géographe Élisée Reclus : « Pendant certains ouragans, le vent progresse au taux de 45 mètres à la seconde, 162 kilomètres par heure. Cette rapidité si formidable à la surface de l'eau et le frottement des molécules aériennes qui en est la conséquence expliquent parfaitement, ainsi que *Cicéron le faisait déjà remarquer il y a deux mille ans*, pourquoi la température de l'eau s'élève après les tempêtes. » (*De natura deorum.*)

Sans plus philosopher sur la cause des choses et les effets de la tempête, nous décidons qu'il y a d'abord à sécher nos vêtements. La corvée du bois est vite faite, car l'ouragan a abattu, à la lisière de la forêt, toutes les branches sèches. Le pilote fait un grand feu et alors nos braves *barqueiros*, qui n'ont pour vêtements qu'une chemise et un pantalon, trouvent tout naturel de les enlever simultanément et de les faire sécher à cette flamme qui pétille joyeusement. Tout en procédant à cette opération, ils rient, gambadent, dansent autour du foyer, comme de vrais Peaux-Rouges, et il ne leur vient même pas à l'idée que nous puissions trouver un peu étonnant ce costume préhistorique.

Pour ce qui nous concerne, nous jugeons plus convenable de procéder successivement et par parties ; ce sera un peu plus long, mais plus civilisé. Gardant, en conséquence, les vêtements de dessous, nous enlevons d'abord notre robe blanche et l'exposons au-dessus du foyer. Toutes les mains se prêtent généreusement à nous aider. La flamme et l'air chaud gonflent la robe comme un ballon et en quelques minutes elle est parfaitement sèche. Nous la repassons

alors sur nos épaules et c'est le tour des autres vêtements.

Quand tout est bien sec, l'appétit se trouvant
aiguisé par les émotions et les fatigues, les *barqueiros*
font rôtir de grandes tranches de *carne secca* et les
mangent à belles dents après les avoir aspergées
de farine de manioc. Nous nous contentons pour
notre part d'une bonne tasse de café et, nous étendant sur un cuir de bœuf, nous écoutons les histoires
que les *barqueiros* racontent. Elles sont toutes plus
étonnantes les unes que les autres.

Ici, dit l'un, pendant une de ces tempêtes, la foudre
a détruit toute une *condução*, hommes et bêtes. Là,
ajoute un second, c'est un troupeau de plusieurs centaines de bœufs fuyant devant l'ouragan qui ont été
foudroyés et couchés sur le sol pour ne plus se relever.
Plus loin, renchérit le troisième, c'est toute une forêt
qui a été arrachée par la violence de la tempête et
emportée à plusieurs kilomètres. Il faut voir la conviction des narrateurs et les grands gestes dont ils accom-
pagnent le récit. Avoir l'air de douter serait leur faire
injure ; d'ailleurs ce que nous venons de voir rend
croyable tout ce qu'ils peuvent dire.

A la fin, chacun ayant dit son histoire, nous voulûmes conter aussi la nôtre, nous souvenant de l'avoir
lue, non chez un romancier ou un conteur de fables,
mais dans les écrits d'un explorateur des plus célèbres.
Seulement, nous devons bien l'avouer ici, pour corser
le récit et le rendre plus actuel, plus intéressant, nous
mîmes sur le compte de deux *généraux brésiliens* et
dans le *Sertão* l'aventure arrivée dans les Andes à
deux *généraux péruviens*. La substitution était d'ailleurs sans grande importance, car les tempêtes du
Brésil valent bien celles du Pérou, et quant aux
hommes, qu'ils soient généraux, simples soldats ou
civils, ils sont les mêmes un peu partout.

Voici donc ce que raconte l'explorateur et ce qui donnera une idée de ces ouragans :

« Deux généraux venant de Lima traversaient ensemble les difficiles passages des Andes. Tout à coup, une averse de grêle vint fondre sur eux ; la foudre éclatait à chaque instant et la terre, mise en contact avec l'électricité des nues, lançait elle-même des flammes. Enfin, la puissance des vents devint si menaçante que nos deux amis craignaient de se voir emporter avec leurs montures. Ils cherchaient des yeux un abri ; leurs regards découragés n'en apercevaient nulle part.

« Un vaste étang bordait le chemin.

« Eh ! dit l'un d'eux, si nous nous mettions dans l'eau ; « nous serions moins exposés au vent et à la foudre.

— « Excellente idée, réplique l'autre ; entre deux « maux, il faut choisir le moindre. »

« Là-dessus, nos généraux mettent pied à terre et s'enfoncent jusqu'au cou dans la masse liquide ; mais si leur corps était préservé, leur tête ne l'était pas et, pour la garantir, ils la plongeaient dans l'eau à chaque éclair, enviant le sort des heureux habitants du petit lac que la nécessité de respirer n'obligeait pas à réapparaître à la surface.

« Leur terreur redoubla quand ils virent foudroyer leurs chevaux devant eux, à quelques pas de l'humide retraite. Croyant leur dernière heure arrivée, ils recommandèrent leur âme à Dieu.

« Hélas ! s'écria l'un, j'ai depuis longtemps oublié mes prières.

« — Je vais alors, répliqua l'autre, qui avait été « élevé dans un couvent, dire à haute voix le *Con-* « *fiteor* et vous n'aurez qu'à répéter mes paroles. »

« Tous deux se mirent à réciter d'une voix tremblante les saintes oraisons, accompagnées de vigoureux et fréquents *mea culpâ*.

« Quoique résignés à mourir, nos voyageurs faisaient maints plongeons entremêlés de signes de croix. En face de la mort, ils étaient redevenus pieux comme des enfants de chœur. Enfin l'orage cessa ; la foudre les avait épargnés. Cependant, ils n'avaient plus de montures, point de vivres ni d'habits de rechange, et ils durent, dans cet état lamentable faire à pied plusieurs lieues avant d'atteindre une habitation. Lorsqu'ils y arrivèrent, leurs cheveux, dit-on, étaient blancs ; une seule tempête les avait vieillis plus que vingt campagnes. »

« Bien, dit João, nous n'y avons pas pensé ; si nous avions fait un plongeon dans le fleuve, nous n'aurions couru aucun danger et nous n'aurions été ni plus ni moins mouillés.

« Y pensez-vous, répond le pilote, l'Araguaya démonté n'est pas une *lagoa* ; nous aurions été emportés par le courant et noyés aussitôt. Or, mieux vaut encore être foudroyé que noyé ; c'est plus vite fait et c'est plus propre. »

Grâce à Dieu, disons-nous à notre tour, nous n'avons été ni foudroyés ni noyés, et nous devons remercier la Très Sainte Vierge qui nous a protégés. Il est temps de faire notre prière et de prendre ensuite un peu de repos.

A genoux, nous récitons le *Salve Regina*, regardant les étoiles, et quelques instants après, étendus côte à côte sur les cuirs de bœuf, nous nous endormons jusqu'au jour.

CHAPITRE XII

AUTEL DE MISSIONNAIRE. — OUBLI ET IMPRÉVOYANCE. — POÉSIE ET PROSE DE L'ARAGUAYA. — GRANDS ÉCHASSIERS, FLAMANTS ROSES. — NIDS DE TORTUE ET DE CROCODILE. — NUÉES DE MOUSTIQUES. — SUPPLICE DE TANTALE, IMPOSSIBILITÉ DE PRENDRE MÊME UN BAIN DE PIEDS DANS LE FLEUVE. — DEUX TERRIBLES ENNEMIS, LES « PYRANHAS » ET LES « ARRAYAS ».

Le mercredi matin 26 avril, le soleil commençait à poindre à l'horizon quand nous nous éveillâmes. Après les fatigues de la veille et les émotions causées par la tempête, nous avions donc dormi quatre heures étendus sur le sable, sans que rien fût venu interrompre ou troubler notre sommeil.

Dans le Sertão, dans la forêt ou sur le bord des grands fleuves, la toilette est vite faite, car le *Padre*, les « camaradas », les *barqueiros* dorment toujours habillés, parfois même tout bottés. C'est du reste plus commode et plus propre pour dormir étendus sur ces cuirs de bœuf ou ces hamacs qui ont servi à des générations de dormeurs.

Vite nous mettons nos deux petites malles l'une sur l'autre, nous les recouvrons avec notre plaid à grands carreaux roses et bleus et l'autel est dressé. Nous posons sur cet autel improvisé la pierre sacrée avec les nappes d'autel strictement réglementaires et tout est prêt pour le Saint Sacrifice. La petite croix que le missionnaire porte habituellement sur sa poitrine,

est épinglée à une ligne de pêche fixée dans le sable
et le *Padre* commence la sainte messe le visage tourné
vers l'aval du fleuve, c'est-à-dire vers Conceição do
Araguaya qui est pour nous la Terre promise. Les
barqueiros, pieusement agenouillés sur le sable, assistent au Saint Sacrifice, tout en attisant le feu et
préparant le café.

Il en sera ainsi chaque matin jusqu'à la fin du
voyage.

Après la messe, nous rangeons soigneusement tout
ce qui a servi au Saint Sacrifice : calice, patène, pale,
corporal, pierre sacrée, nappes d'autel, ornements
sacerdotaux, livre, burettes, flacon de vin, boîte
d'hosties, petite clochette, cierges, etc., etc., en tout
vingt-sept objets dont aucun ne doit être oublié ou
détérioré, car une distraction coûterait cher au pauvre
missionnaire et risquerait, selon son importance, de
le priver du bonheur de célébrer la sainte messe les
jours suivants.

Quand tout est bien compté et mis en place, nous
nous joignons aux *barqueiros* pour prendre une tasse
de café qui ne ressemble en rien à celui que nous
buvons en France. D'où vient cette différence toute
à l'avantage du Brésil?

Est-ce parce que les grains de café sont plus frais
et n'ont pas traîné des années et des années dans les
entrepôts, dans tous les sacs et dans toutes les bou-
tiques du monde? Est-ce parce qu'il est bu aussitôt
que fait? Est-ce la manière de le faire, propre aux
« camaradas » et aux *barqueiros*? ou bien simplement,
est-ce parce que le pauvre missionnaire, harassé de
fatigue et manquant de tout, est disposé à le trouver
excellent? Nous ne saurions le dire, mais ce que nous
savons bien, c'est que nulle part le café ne nous a
paru aussi exquis qu'au Brésil. Ce que nous buvons
en France et que nous appelons café, ne nous paraît

pas plus ressembler au café préparé par nos *barqueiros* et « camaradas », qu'une mauvaise piquette ne ressemble à du sauternes.

Tout en savourant une, deux et même trois *chicaras* de cet excellent café, nous devisons joyeusement avec les *barqueiros* et nous revenons sur les événements de la veille.

Tout à coup, le pilote Jeronimo prend un air sérieux et s'approchant respectueusement, il nous dit : « *Padre*, j'ai commis une grande faute, je m'en aperçois maintenant et je dois la confesser. Pressés par la fatigue et le sommeil, nous nous sommes tous étendus sur la plage sans entretenir le feu réglementaire et même sans prendre nos armes et munitions qui sont restées sur le *Canoa*, ce qui aurait pu nous ménager de désagréables surprises. »

Qu'aurions-nous fait, sans feu et sans armes, si une onça (jaguar) était venue nous rendre visite, ou si un *jacaré* (crocodile) s'était aventuré sur la plage ? Tout cela est contre le premier article du règlement en voyage et nous devons veiller à ne plus commettre un oubli qui pourrait nous coûter cher.

Mais João, qui paraît avoir bu dans son enfance non de l'eau de l'Araguaya mais d'un fleuve bien connu dans le Midi de la France, reprend aussitôt : « Ne t'inquiète point, Jeronimo, tu me connais et tu sais que je *n'aime pas à me vanter*. Si un jaguar était venu, eh bien ! de ces mains que tu vois, je l'étranglais comme on étrangle un poulet. Quant au crocodile, d'un revers de *facão* je lui coupais la queue et nous aurions eu un bon plat pour déjeuner. » Il paraît, en effet, que la queue des crocodiles est un mets recherché.

João dit cela si naturellement, avec une telle assurance, que personne ne songe à rire ou à protester.

« N'importe, conclut Jeronimo, nous avons commis une imprudence et c'est moi qui suis responsable, *Padre*; c'est la première fois que cela m'arrive, et foi de pilote de l'Araguaya ce sera la dernière. » Ce disant, il donne le signal du départ et le *Smo-Rosario*, pavillon au vent, cingle vers Conceição do Araguaya.

Cette journée et les suivantes se passent sans incident notable. Nous faisons cependant dès cette première matinée une découverte qui n'est pas précisément rassurante pour la suite du voyage.

Interrogeant les *barqueiros* sur ce qui aurait pu nous arriver si l'embarcation avait été endommagée par la tempête, nous apprenons, à notre grande stupéfaction, que nos hommes n'ont rien prévu au départ, rien emporté pour réparer une avarie quelconque, mais là rien, absolument rien, ce qui s'appelle rien. Pas même un brin de fil ou de coton pour aveugler une voie d'eau, pas un bout de planche, pas un clou, pas même une hachette ou un marteau. Ils savaient cependant que nous aurions à naviguer de vingt à vingt-cinq jours sur un fleuve débordé et à travers un pays où il est absolument impossible de se procurer quoi que ce soit. Chez ces bons *barqueiros* ce n'est pas un oubli, c'est insouciance, c'est habitude, et ils sont très surpris de notre étonnement.

Nous sommes donc à la merci du moindre accident. Que notre barque aille butter contre un de ces rochers perfides, cachés sous l'eau au moment des grandes crues, ou même simplement qu'elle heurte un tronc d'arbre allant à la dérive, que des planches mal clouées se disjoignent, et nous sommes dans l'impossibilité de rien réparer. Tout à l'heure, sous la poussée de l'eau et l'effort des rameurs, une petite voie d'eau se déclarera entre deux planches, et, pour l'aveugler, nous n'aurons d'autre moyen que de déchirer deux mouchoirs de poche et de les passer au pilote pour boucher cette fente. Une autre fois, c'est une des principales traverses qui cède, et ceci est plus grave, car la solidité de la barque en dépend : quatre bonnes vis suffiraient à tout consolider en un instant. Mais où sont ces vis ? il n'y a pas même de clous. Cependant, le temps presse, car, si la traverse cède, les planches vont se disjoindre et l'eau entrera à gros bouillons.

La nécessité rend ingénieux. En toute hâte, nous déclouons avec le *facão* le dessus d'une caisse contenant des statues, et nous avons ainsi des clous pour assujettir la traverse. Le marteau manque lui aussi, mais le revers du *facão* ou même le talon de nos bottes fait l'office du marteau et, grâce à Dieu, tout est réparé tant bien que mal par ces moyens d'aventure.

Notre journée sera ainsi divisée durant tout ce voyage sur l'Araguaya :

Le matin, à la première heure, célébration de la sainte messe, café et départ. — Vers midi, atterrissage pour permettre aux *barqueiros* de faire cuire le riz et la *carne secca*. — A une heure et demie, reprise du voyage jusqu'au coucher du soleil où nous aborderons de nouveau sur une plage bien choisie par le pilote, pour y passer la nuit. Ce mode de voyage paraît, à première vue, n'avoir rien que de très agréable. Il a ses charmes, en effet.

Le plus souvent, notre barque glisse légèrement sur les flots majestueux de l'Araguaya. D'une main habile, le pilote la maintient dans le milieu du courant et les rameurs n'ont que peu d'efforts à faire pour lui imprimer une bonne vitesse.

A droite et à gauche s'étendent, le plus souvent, d'immenses forêts vierges, peuplées d'oiseaux aux riches et voyantes couleurs. Sur la plage, on voit se promener gravement des centaines de grands échassiers. Jabirus blancs ou noirs, flamants roses et d'autres grands oiseaux (dont nous ignorons le nom) blancs comme la neige de nos montagnes. Parfois, ce sont des légions de petites mouettes blanches et noires, qui s'abattent au-dessus des flots avec des cris perçants, ou bien encore des canards sauvages, gros comme de petites oies, qui volent à la file indienne en faisant entendre leur cri bien connu : *marrrrac-marrrrec-marrrrac*, d'où par harmonie imitative leur vient le nom de *marreca*, au lieu de celui de *patos*. Ils sont si nombreux et si près les uns des autres qu'il n'est pas nécessaire d'être un tireur émérite pour en abattre plusieurs d'un seul coup de fusil. C'est un supplément qui, tout le long du fleuve, viendra souvent s'ajouter à la *carne secca*.

Dans le fleuve lui-même, on voit de-ci de-là émerger d'énormes crocodiles ressemblant de loin à des troncs d'arbres flottants ; à notre approche, ils plongent avec un bruit sourd et vont bientôt réapparaître à deux ou trois kilomètres de distance. De temps en temps, on voit émerger aussi de grosses têtes de poissons ressemblant à des veaux marins, qui viennent respirer à la surface et jeter un coup d'œil circulaire comme pour inspecter l'horizon. Dès que l'un de nous fait un mouvement pour épauler la carabine, ils plongent en poussant une espèce de grognement, qui leur a fait donner par les *Karajas* le nom de *Bouhaa*.

Plus près des rives, aux endroits où l'eau est profonde et la berge couverte d'arbrisseaux, on voit s'ébattre de grandes loutres (*ariranhas*), d'une espèce inconnue en Europe, au moins pour la grandeur. Elles mesurent 1 m. 50 et parfois plus, de la tête à la naissance de la queue. Elles ont l'air de vivre en société par bandes ou par familles. Ce sont très certainement les bêtes les plus voraces et les plus terribles du fleuve. Rien ne peut leur résister, aussi les indigènes appellent ces *ariranhas*, les onces de l'Araguaya. De leur nature, elles sont assez curieuses et aiment à voir ce qui se passe dans le fleuve, mais elles sont encore plus méfiantes et plus rapides que curieuses. Elles se tiennent à distance des *barqueiros* et, comme on ne peut les tirer qu'à balle, il est assez difficile de les prendre. Jeronimo réussit à tuer une des plus petites, probablement une jeune, encore inexpérimentée. Sa fourrure a été estimée en France plus de 500 francs.

Un jour, nous fûmes témoin d'un fait assez singulier. Sur le bord du fleuve, à un endroit où l'eau paraissait dormante, toute une famille d'*ariranhas* (loutres) s'ébattait joyeusement dans le fleuve, se poursuivant, plongeant, réapparaissant, s'amusant comme de jeunes enfants en vacances. Sur cette même rive un grand boa, à moitié enroulé au tronc d'un arbre, guettait tranquillement sa proie. Tout à coup, l'avant de son corps se détend comme un ressort, et de ses terribles crocs il saisit comme au vol une jeune loutre qui avait eu l'imprudence de passer trop près. Pauvre boa, qu'avait-il fait? et quelle mauvaise inspiration il avait eue. Aux cris aigus poussés par l'imprudente, toute la famille s'est dressée, et, rapide comme l'éclair, avant que le boa ait eu le temps de se reconnaître et de remonter sur l'arbre, elle a fondu sur lui, le déchiquetant à belles dents malgré ses écailles, comme un vulgaire saucisson. Quelques instants avaient suffi à l'accomplissement de ce double drame. Oui, les Indiens ont raison de le dire : les *ariranhas* sont vraiment les onces de l'Araguaya.

Sur ces mêmes rives on voit des tortues de différentes espèces. Il y en a de toutes petites, couleur jaune ou orange. Il y en a de géantes qui mesurent près d'un mètre et pèsent plus de cent kilogrammes. C'est un mets délicieux, mais il faut savoir le préparer.

A la saison de la ponte elles se réunissent parfois à deux ou trois pour déposer leurs œufs dans le même nid, c'est-à-dire dans le même trou creusé dans le sable de la plage. Le soleil du Brésil fera l'office de couveuse. Le nombre des œufs déposés dans le même nid varie de cent à cent cinquante, même deux cents. Ils sont disposés de telle façon et avec tant d'art que lorsqu'on les a déplacés on ne réussit plus à les faire contenir dans le même espace. On a beau se creuser la cervelle, faire combinaison sur combinaison, on ne peut arriver à les caser tous dans le même nid. Comme l'abeille a trouvé du premier coup et transmis de génération en génération la figure géométrique qui lui fait perdre le moins d'espace dans la ruche, ainsi la tortue pour ses œufs. Maintenant, comment la tortue, lourde, maladroite en apparence, gênée par sa carapace, peut-elle déposer ses œufs dans un ordre si parfait ; nous ne nous chargeons pas de l'expliquer, ou plutôt l'explication pour nous est très facile. Saint Thomas d'Aquin montre très bien dans la I-IIe, art. 2, *ad* 3um, que si les œuvres d'art révèlent l'intelligence de l'homme, les œuvres de la nature et l'instinct des animaux révèlent l'intelligence de Dieu, infiniment supérieure à celle de l'homme. Peut-on s'étonner dès lors que Dieu réussisse là où l'homme échoue ?

Ce n'est point seulement dans la manière géométrique dont elle dispose ses œufs que se révèle l'instinct de la tortue, il se révèle encore dans le procédé employé pour les cacher et les soustraire à l'avidité d'ennemis qui ne sont que trop nombreux et dont l'homme n'est pas le moins à redouter.

Après avoir recouvert les œufs d'une couche de sable, elle passe et repasse sur le nid, nivelle, égalise ce sable, et bientôt l'œil le plus exercé, même celui de l'Indien, ne peut plus distinguer l'endroit où est caché le trésor. Sans doute en se retirant vers le fleuve la tortue va laisser sur le sable la trace de ses pattes et à ce signe révélateur, l'homme pourra aller droit au nid où se trouvent les œufs. Ici encore l'instinct va servir l'animal ; la tortue ira d'un côté puis d'un autre, reviendra sur ses pas et, comme le lièvre sur la neige, embrouillera tellement les traces que le chasseur le plus habile et le plus exercé ne pourra s'y reconnaître. Il en sera réduit à prendre un bâton et à l'enfoncer à l'aveuglette dans le sable, pour reconnaître, s'il le peut, l'endroit où le sable a été fraîchement remué.

Quand le soleil a suffisamment fait l'office de couveuse et que les petites tortues commencent à percer la coque de l'œuf, on assiste à une autre merveille de l'instinct maternel révélant la science et l'infinie bonté de la divine Providence. A côté de cet œuf fécondé, dont sort la petite tortue, la mère a déposé un autre œuf non fécondé, dont l'albumine va être la première nourriture et pour ainsi dire le lait de la jeune tortue à qui tout autre aliment serait trop indigeste. Dès que la petite tortue s'est nourrie de cet œuf, elle a assez de force pour affronter les dangers de la vie ; de quelque côté qu'elle soit née, elle s'oriente du premier coup, avec plus de sûreté qu'un astronome, et va droit au fleuve, sans jamais se tromper de chemin.

Sur ces plages admirables de l'Araguaya, les tortues ne sont pas seules à nous donner des leçons d'art, de prudence et de prévoyance maternelle. Les crocodiles eux-mêmes pourraient en remontrer aux éleveurs les plus experts.

Les *jacarès* (crocodiles), bien que vivant habituellement dans le fleuve, vont pondre leurs œufs sur la plage ; mais à ces œufs, dont la coque est très dure et striée comme une lime de forgeron, le soleil seul ne peut servir de couveuse. En effet, s'ils sont enfoncés dans le sable, la chaleur du soleil n'arrivera pas jusqu'à eux avec assez d'intensité pour les amener à éclosion. D'un autre côté, s'ils sont simplement exposés sur le sable, pendant le jour ils seront brûlés par le soleil, et portés à une température très élevée, puis la fraîcheur de la nuit arrivant sans transition, l'effet sera désastreux et le germe de vie ne pourra y résister. Que va faire le *jacaré?* Il ne peut couver lui-même ses œufs, car sa froide carapace les écraserait au lieu de les réchauffer. Ce que ne peut faire sa carapace, ses yeux le feront et, comme disent les Indiens, il couvera les œufs avec les yeux. Comment avec les yeux? Est-ce par hasard, que les yeux des crocodiles de l'Araguaya au lieu de laisser couler des larmes lanceraient des flammes? Nullement, voici l'explication qui est bien plus simple :

Le crocodile vient donc sur la plage et dépose ses œufs sur le sable dans un endroit bien exposé au soleil. Il les recouvre ensuite de feuilles à demi pourries et de détritus de toute sorte. Il a son idée. Les détritus empêcheront pendant le jour la chaleur du soleil d'arriver trop intense et de brûler les œufs ; pendant la nuit, la chaleur que dégagent toutes ces matières en putréfaction maintiendra une température suffisante. Mais les yeux où sont-ils? Les voici. Ce petit monticule de feuilles révèle l'endroit où se trouvent les œufs, et des ennemis peuvent être tentés de les enlever, aussi le crocodile fait bonne garde. Il se place à quelques mètres du nid et le regarde constamment ; il ne bougera pas jusqu'à l'éclosion ; et c'est pour cela que les *Karajas* disent qu'il les couve avec ses yeux. Malheur à l'être assez osé, homme ou animal, pour s'approcher du nid ainsi couvé, il serait vite happé et broyé par les puissantes mâchoires de cette terrible couveuse.

Ces longs voyages en barque sur l'Araguaya sont donc aussi instructifs et intéressants qu'agréables. Rien de plus charmant que de glisser doucement sur les flots, protégé contre les ardeurs du soleil par une *tolda* de feuilles de palmiers, admirant ces merveilles de la création dont le tableau change à chaque instant. Quoi de plus poétique que de camper le soir sur la plage et d'être bercé dans son hamac au doux murmure des flots de l'Araguaya, au bruissement de la forêt, en contemplant les étoiles de ce ciel nouveau et en particulier de la brillante Croix du Sud qui invite le voyageur à la prière et semble le protéger et le bénir.

Mais, hélas ! la médaille a son revers et à côté de la poésie, il y a la prose, la triste prose de tous les jours et de tous les instants qui empêche le plus souvent de contempler ces merveilles.

Le jour, il faut compter avec des nuées de petites mouches grosses à peine comme une tête d'épingle, qui se posent perfidement, sans qu'on le sente, sur les mains, sur la figure, partout où le corps est à découvert ; dès qu'on s'en aperçoit, il est trop tard pour porter remède au mal. Une gouttelette de sang perle déjà à la surface de la peau avec une sensation de brûlure. Malheur à celui qui essaie, en frottant la partie atteinte, de faire disparaître la démangeaison, il ne fait que l'augmenter et risque même de déterminer une plaie difficile à guérir ou d'autres accidents plus dangereux.

Les cousins semblent avoir partie liée avec ces petits moucherons, et entre eux c'est à qui sucera le mieux le sang du pauvre voyageur, dont les mains et le visage ressemblent bientôt à une passoire. Le soleil ne fait qu'aviver la sensation de brûlure causée par ces mille piqûres et on est réduit, par une température de 54 et même de 58 ou 60 degrés centigrades, à se couvrir les mains et s'emmitoufler le visage et le cou, comme en Sibérie. Le seul remède qui calme un peu la douleur est la salive ; aussi on est constamment occupé, ce qui n'est guère poétique, à porter son doigt à la bouche et à frotter légèrement avec la salive la partie piquée par ces maudits insectes, *bichos damnados*, comme disent les indigènes.

Au coucher du soleil, les petits moucherons disparaissent comme par enchantement et on espère avoir enfin un peu de repos. Hélas ! l'illusion est de courte durée.

Dès qu'on a abordé sur la plage, les cousins deviennent plus nombreux et plus agressifs. Ils ne sont plus légion ; ce sont de véritables nuées bourdonnantes et pénétrant partout, dans les oreilles, dans les narines, dans les yeux ; impossible de s'en préserver. On se donne de grands coups sur le front, la figure, espérant écraser cette engeance, mais hélas ! le plus souvent on ne réussit qu'à se souffleter en vain sans arriver à attraper ces rusés moustiques. D'ailleurs, pour quelques-uns qui sont mis hors de combat, il en arrive des myriades. Que faire ? Il faut cependant essayer de dormir. Les *barqueiros* creusent une rigole dans le sable et s'y couchent tout habillés comme dans un cercueil, ils se couvrent soigneusement pieds, jambes, mains et figure avec de grosses toiles. Pour nous, nous nous étendons dans le hamac et tant bien que mal, avec du tulle, nous formons par-dessus une espèce de moustiquaire qui arrête l'élan des combattants. Ils ne se résignent point facilement à ne pas sucer leur proie, et jusque vers le milieu de la nuit, ils font entendre un bourdonnement qui ressemble à celui d'une ruche d'abeilles. Quelques-uns trouvent même le moyen de percer avec leur dard effilé le dessous du hamac, la robe et les autres vêtements du pauvre *Padre* et d'arriver ainsi, en traîtres, jusqu'aux parties charnues du dormeur, qui s'éveille croyant qu'on le pique avec une aiguille.

Vers une heure ou deux du matin, la fraîcheur engourdit un peu ces *bichos damnados* et on peut reposer en paix quelques instants.

Cette chaleur tropicale détermine bientôt sur tout le corps et en particulier aux bras et aux jambes l'éruption d'une infinité de petits boutons rouges, qui, s'ajoutant aux piqûres des insectes, donnent la sensation d'être enveloppé d'un cilice aux pointes d'aiguilles : on appelle ces boutons *brotoejas*.

Dans ces conditions, prendre un bain quotidien dans l'Araguaya serait un vrai soulagement pour nous. Impossible cependant d'y songer, à moins de procéder avec d'infinies précautions dont seuls les Indiens et les *barqueiros* sont capables. Un novice comme nous a tout à redouter des *piranhas*. Dès qu'on est arrivé à la hauteur de l'île de Bananal, les rameurs avertissent charitablement le voyageur de n'avoir plus à se baigner dans les eaux du fleuve, s'il ne veut pas s'exposer aux pires aventures.

Pour eux voici comment ils procèdent. Ils sondent d'abord, avec des yeux expérimentés, les profondeurs de l'eau, puis tout à coup quand ils jugent le moment opportun, se jettent dans le fleuve, tout en continuant à tenir d'une main ferme le rebord de la barque, et, faisant aussitôt un rapide et habile rétablissement, sautent dans la barque. Mais quels sont ces terribles poissons? et que sont ces *piranhas* qu'on redoute plus encore que les crocodiles?

Un jour, sur l'heure de midi, pendant que les *barqueiros* préparaient le repas, nous prenons une ligne à pêche et nous nous approchons tout botté du bord du fleuve, espérant bien que quelque poisson inexpérimenté viendra mordre à l'appât que nous lui offrons.

Notre ligne avait à peine été lancée que nous retirons aussitôt un joli poisson ressemblant à une perche un peu allongée, mais aux écailles argentées et rosées, comme celle des truites de nos Pyrénées. Tout fier d'un si beau coup, nous nous disposons à prendre ce joli poisson frétillant sur le sable, heureux de l'apporter au bon Patricio, notre chef de cuisine. Mais le pilote qui a deviné notre intention se précipite et d'un vigoureux coup de poing écarte notre bras qui se tendait vers le poisson. « Malheureux, nous crie-t-il, ne le touchez pas, prenez garde, c'est une *piranha*. » À notre tour, nous regardons le pilote et nous lui disons tout étonné : « Quoi, ce joli poisson serait une *piranha?* Elles ne sont donc pas aussi fortes et aussi terribles qu'on le dit. — Ne vous y fiez pas, continue Jéronimo. Tenez, *Padre*, laissez-moi faire et vous allez voir. »

D'un bon coup de rame bien asséné, il commence par étourdir et assommer à moitié le pauvre poisson, puis, le prenant avec habileté et précaution dans sa main droite, il lui présente de la gauche une petite branche épaisse comme le doigt mais d'un bois *très dur*, comme il y en a au Brésil. D'un seul coup de dent, la *piranha* le sectionne comme eût fait la hache d'un bûcheron. Nous n'en croyons pas nos yeux. « Notez, dit triomphalement Jéronimo, qu'elle est à moitié morte et n'a pas la liberté de ses mouvements. Où serait maintenant votre doigt, *Padre*, si vous aviez pris la *piranha* pendant qu'elle était bien vivante et libre? » Cette leçon de choses était sans réplique.

Nous comprenons alors la crainte bien justifiée que les *piranhas*, vivant par bandes, inspirent au nageur.

Elles ont à la mâchoire supérieure et inférieure une double rangée de dents fines comme des aiguilles, fortes comme de l'acier, s'emboîtant les unes dans les autres et tranchant net, non pas seulement la chair, mais les os de leurs victimes. Tout ce qu'elles happent est sectionné et englouti. Elles vivent par bandes et s'attaquent à tous les hôtes du fleuve qu'elles hantent. Les *ariranhas* (grandes loutres) elles-mêmes les redoutent et leur cèdent la place. Ce n'est point que les terribles défenses des *ariranhas* n'aient raison d'une *piranha*, mais que peuvent-elles contre le nombre? Pendant que l'*ariranha* tue quelques *piranhas*, des centaines fondent sur elle et, chacune emportant son morceau, quelques secondes suffisent à faire passer de vie à trépas ces grandes loutres, vraies onces de l'Araguaya. Il faut avoir vu les *piranhas* à l'œuvre pour croire à leur force et à leur voracité.

Mgr Dominique Carrérot nous racontait qu'ayant abattu d'un coup de fusil un grand oiseau, il se disposait à aller le prendre sur le bord du fleuve où il était tombé. Vingt ou vingt-cinq mètres tout au plus le séparaient de l'oiseau, c'était donc l'affaire de quelques secondes ; mais les *piranhas* veillaient. Attirées par le bruit de la chute et par la vue du sang, elles s'étaient précipitées sur l'oiseau. Chacune avait emporté un morceau, et quand Mgr Carrérot arriva, il ne trouva plus que quelques plumes, dix secondes avaient suffi à cette légion de *piranhas* pour dépecer et dévorer leur proie.

Mgr Carrérot ajoutait qu'un jour une *piranha* isolée, perdue dans un des affluents de l'Araguaya, avait été l'instrument de la justice divine. Sur les bords de cet affluent vivait un colon, peu vertueux, dont la conduite ou plutôt l'inconduite faisait le désespoir de son épouse et de ses enfants. Un jour qu'il traversait le fleuve à la nage pour aller à un rendez-vous criminel, on l'entend pousser un cri de détresse au moment où il allait aborder sur l'autre rive. A peine sur le sable, il tombe perdant le sang à flots. Une *piranha* égarée dans ces parages, apercevant le nageur, avait fondu sur lui et de ses terribles mâchoires, ni plus ni moins qu'avec un sécateur, avait mutilé notre homme, emportant le morceau. Tout secours fut inutile, et ce pauvre malheureux mourut une heure après, non toutefois sans avoir eu le temps de reconnaître ses torts et de demander pardon à Dieu et à sa famille.

La chair de ces terribles poissons a un goût délicieux, rappelant celui de la truite saumonée, aussi les *barqueiros* aiment à se livrer à leur pêche sur les bords de l'Araguaya. Aux bons endroits, ils commencent par frapper sur l'eau quelques coups avec la ligne, puis lancent l'hameçon qui n'a même pas besoin d'être amorcé. Entendant ce bruit, les *piranhas* s'imaginent qu'une proie est tombée dans le fleuve, elles accourent en rangs serrés, et dès que l'hameçon a touché l'eau, elles l'avalent. Le pêcheur n'a plus qu'à retirer vivement la ligne et à jeter le poisson sur le sable.

Il faut avoir soin de placer l'extrémité de la ligne dans une forte *gaine d'acier*, car sans cette précaution la *piranha* aurait tôt fait de couper le fil, même le fil de cuivre, et de tout emporter.

Les *barqueiros* ont encore la précaution de donner à la *piranha* frétillant sur le sable un bon coup de *facão* qui, lui tranchant la tête, la met dans l'impossibilité de nuire. Nous avons vu un jour, de nos propres yeux, le cuisinier en chef, le bon Patricio, couper ainsi la tête à une *piranha*. Le coup ayant mal porté, seule la mâchoire supérieure et une partie de la tête avaient été séparées du tronc. Selon son habitude, Patricio met la *piranha* sur le sable et racle consciencieusement les écailles avec un couteau de cuisine. Dès que ce côté est propre, Patricio retourne le poisson sans méfiance aucune, mais la *piranha* qui n'attendait que ce moment, donne un vigoureux coup de queue, érafle, blesse la main du cuisinier avec les seules dents de la mâchoire inférieure, saute dans le fleuve et s'enfuit en nageant comme si elle n'avait rien eu. Le bon Patricio regarde sa main ensanglantée, il regarde le fleuve où la *piranha* a disparu et a besoin de voir et de toucher la mâchoire supérieure et la partie de la tête de la *piranha* qui sont restées sur le sable pour être bien convaincu qu'il n'est pas le jouet d'une illusion.

On comprendra facilement qu'il ne soit pas prudent de se baigner aux endroits fréquentés par les *piranhas*. Au moins, pensons-nous, il nous sera loisible de prendre tout à notre aise un bon bain de pieds et de jambes sur la plage, là où l'eau est peu profonde et où ne se hasardent point les *piranhas*. Hélas ! cela même nous sera refusé, et marcher nu-pieds sur ce sable serait s'exposer à un danger bien plus grand. Là où n'arrivent point les *piranhas* se cachent perfidement des ennemis bien plus redoutables, les *arrayas*.

L'*arraya* est une raie d'eau douce, qui se cache sous le sable, presque à fleur d'eau ; impossible à un profane de deviner sa présence. A l'extrémité de sa queue se trouve une arme, la plus terrible qu'on puisse imaginer et dont la blessure est souvent mortelle. Cette queue vraiment diabolique se termine par un poinçon de sept à huit centimètres, effilé comme ces longs et fins ciseaux dont se servent les brodeuses. En réalité ce n'est pas un poinçon, c'est une vraie paire de ciseaux, dont chaque branche est barbelée à rebours d'une infinité de petites pointes fines comme des pointes d'aiguilles, fortes comme le diamant. Malheur à celui qui a l'imprudence de mettre le pied sur cet invisible ennemi. Dès que l'*arraya* se sent touchée, elle redresse sa queue comme un ressort qui se détend, enfonce son arme comme un poinçon dans le bas de la jambe ou la cheville, puis ouvrant dans la plaie les deux branches barbelées, elle les retire vivement, coupant, déchirant les chairs, les tendons, les nerfs et même les os ; et tout cela c'est l'affaire d'une seconde. Les plaies ainsi faites ne se referment que difficilement ou ne se referment jamais. Après d'horribles souffrances on meurt ou on reste estropié pour la vie.

Et voilà les ennemis auxquels on est continuellement exposé sur ces plages les plus belles du monde.

Malgré ces chaleurs tropicales, malgré ces éruptions continuelles de petits boutons rouges qui couvrent tout le corps, on doit se condamner à ne jamais prendre un bain dans le fleuve à cause des *piranhas* et à n'aller sur la plage qu'avec des bottes à l'écuyère par crainte des *arrayas*.

CHAPITRE XIII

S'exposer aux attaques d'ennemis les plus redoutables, mais d'ennemis qu'on voit, comme le *jaguar*, le *crocodile* ou le *boa*, contre lesquels on peut donc lutter et se défendre, est parfois une distraction pour les *barqueiros* et le missionnaire, qui ne demandent qu'à bien placer une balle et à débarrasser la terre d'un être malfaisant. Mais rien n'est énervant comme de se sentir menacé par un ennemi invisible, dont rien ne révèle la présence et qui à chaque instant peut vous donner la mort ou vous faire une blessure souvent pire que la mort. Nous l'avouons bien simplement, nous n'avons jamais eu de goût pour ce genre de sport ; aussi nous n'allions jamais sur la plage que botté jusqu'aux hanches, et cela devient vite très peu intéressant.

Que faire alors à midi et le soir, pendant que les *barqueiros* préparent le repas ? Rester avec eux, exposé à un soleil de feu, n'est ni agréable, ni même prudent. Le plus simple est de prendre le fusil et de s'approcher de la lisière de la forêt, pour abattre quelque gros oiseau que le cuisinier en chef fera aussitôt rôtir à l'indienne. Il sera prudent cependant — même armé d'un fusil — de ne pas trop s'éloigner des *barqueiros*, de ne jamais les perdre de vue et surtout de ne pas s'aventurer dans le *matto*. Qui sait tout ce que ces forêts vierges des bords de l'Araguaya peuvent renfermer d'ennemis?

Le second jour de la traversée, pendant que les *barqueiros* préparent le repas, nous nous avançons ainsi prudemment, le fusil à la main, vers la lisière de la forêt. Tout à coup nous apercevons, roulé sur lui-même en forme de couronne et se chauffant au soleil, un gros serpent dont nous ne connaissons ni le nom, ni l'espèce ; mais dans ces parages la plupart des serpents ont un venin des plus dangereux. Nous crions aux *barqueiros* : « Vite, vite, venez voir un gros serpent. » Ils accourent aussitôt. Pendant ce temps nous nous approchons doucement sur la pointe des pieds et, quand nous ne sommes plus qu'à quatre ou cinq mètres, nous épaulons notre arme, cherchant à apercevoir la tête cachée sous les replis du corps. Le pilote qui est arrivé le premier s'écrie : « *Padre, Padre,* tirez vite et visez bien à la tête : c'est un *jararacuçu.* Le *jararacuçu* est un des serpents les plus redoutés. Son venin est aussi actif que celui du serpent à sonnettes et donne la mort en quelques heures ; mais le serpent lui-même est plus redoutable que ce crotale, car il est plus grand, plus fort, plus agile, plus agressif. Aussi Jéronimo qui s'est approché de nous et qui cherche lui aussi à voir la tête, ne cesse de nous dire tout bas. « *Padre,* ne le manquez pas... visez bien à la tête. » Nous ne demandons pas mieux, mais la tête reste invisible ; cette attente nous énerve et nous sentons trembler notre main. Enfin, nous devinons où est la tête et nous pressons la détente. Nous avons deviné juste, et bien visé. Toutes les chevrotines ont fait balle et la tête du pauvre serpent est en bouillie.

Impossible même de reconnaître une tête dans cet amas de chairs en marmelade.

Nous revenons alors près de la marmite où cuisent le riz et la *carne secca* et, comme tout novice chasseur qui vient de faire un beau coup, nous attendons les compliments. « *Padre*, me dit le pilote d'un air embarrassé, je ne voudrais pas vous faire de la peine, pardonnez-moi ce que je vais dire, mais je crois que nous avons eu peur pour rien. — Quoi, ce serait un simple *boa* ordinaire? Ce ne serait point un *jararacuçu?* — Non, *Padre*, je ne me suis pas trompé, c'est bien le plus redoutable des serpents ; c'était bien un *jararacuçu?* — et des plus grands, mais... — Quoi, mais... n'ai-je pas bien visé? Ma main a-t-elle tremblé? Tous les plombs ont porté, la tête du serpent, nous l'avons constaté, n'était plus qu'une bouillie. — C'est vrai, *Padre*, mais... je crois que le serpent devait être bien malade ou même mort... voyez, il n'a pas fait un mouvement, il n'a pas déroulé son corps, il n'a pas eu un soubresaut. — Mais, bon Jéronimo, comment voulez-vous qu'il en fût autrement? N'avez-vous pas vu sa tête, les serpents ont la vie dans la tête, la mort a dû être instantanée, *foudroyante*, disons-nous avec conviction. Mais le pilote tient aussi à son idée. « C'est vrai, *Padre*, ajoute-t-il, oui, c'est bien vrai. Cependant, voyez. Il m'est arrivé non pas seulement d'écraser, mais de couper la tête avec un *facão* à des *jararacuçus* même plus petits, de séparer la tête du tronc, et bien longtemps encore, ce corps privé de tête continuait à se tordre, même à se redresser, à faire un chemin assez long sur le sable, tandis que celui-ci n'a pas bougé.

— Mais, brave Jéronimo, qui donc d'après vous aurait tué ce serpent? — Eh bien, *Padre*, il y a dans ces forêts un oiseau qui est l'ennemi-né de tous les serpents venimeux. Dès qu'il en aperçoit un, il fond sur lui et la lutte s'engage, lutte terrible, combat à mort, mais dont l'oiseau sort presque toujours vainqueur. De son bec effilé et dur comme l'acier, l'oiseau cherche à percer la tête du serpent et à arriver au cerveau. Le serpent, lui, tout en cachant et préservant sa tête, cherche à enrouler l'oiseau dans ses plis et replis, ou bien encore à le blesser de ses crocs porteurs d'un venin mortel. Il arrive parfois que le pauvre oiseau, malgré ses ailes, est saisi dans les lacets que forme le reptile avec une rapidité étonnante ; alors c'est pour lui la mort immédiate, il est étouffé, broyé en quelques instants. D'autres fois il n'est que blessé et atteint par le venin ; dans ce cas, il abandonne la lutte, va dans le *matto*, et là, sans jamais se tromper, trouve l'herbe spéciale qui est un puissant contrepoison. Au bout de quelques minutes, l'intrépide lutteur retourne au combat et finit presque toujours par percer la tête du serpent et lui donner la mort. » Et comme conclusion, Jéronimo ajoute : « Je suis à peu près sûr que si nous avions pu examiner la tête du *jararacuçu* nous y aurions trouvé un petit trou allant jusqu'au cerveau, par où la vie s'était échappée avant notre arrivée. »

Ce raisonnement, ajouté à l'immobilité absolue du serpent avant et après le coup de feu, paraissait démonstratif, mais il en coûtait à notre amour-propre de chasseur de l'avouer. Cependant le doute avait germé dans notre esprit. Après le repas, pendant que les *barqueiros* disposent tout pour le départ, nous revenons seul vers le *jararacuçu*. Avec une branche, nous déroulons le corps dans son entier, nous l'examinons, et que découvrons-nous? Sous le ventre, dans la partie qui touchait la terre, un trou grand comme la main, et dans ce trou des vers grouillant, signe de décomposition, preuve manifeste que le *jararacuçu* était mort depuis un jour ou deux. Il fallait bien nous rendre à l'évidence, et nous n'étions pas fier. Tartarin avait bien tiré un maître coup de fusil sur un âne caché dans les broussailles croyant tirer sur un lion, mais au moins cet âne était vivant. Nous, nous venions de tirer sur un serpent mort. Mieux valait prendre la chose du bon côté, et c'est ce que nous fîmes, riant tout le premier de cette aventure qui, d'ailleurs, nous avait procuré de la part du pilote une bonne leçon d'histoire naturelle. Nous nous promîmes cependant de ne plus recommencer et de mieux faire à l'avenir pour donner aux *barqueiros* une moins mauvaise idée des chasseurs français. La Providence nous en fournit bientôt l'occasion en nous mettant face à face avec un énorme crocodile bien vivant celui-là et ne demandant qu'à nous avaler. Mais n'anticipons pas ; ce récit viendra à son temps.

Le troisième jour, nous commençons à voir quelques *Karajas* sur la rive gauche du fleuve. Ce ne sont pas de vraies tribus, ce ne sont que des familles isolées, mais, mon Dieu, quelle misère ! Ils sont là sur la plage, faisant sécher du poisson, n'ayant pas même une hutte de branchages. Deux simples piquets d'où pendent de grandes feuilles de bananier sauvage leur servent d'abri contre la chaleur du jour et contre la rosée de la nuit. Dès qu'ils nous aperçoivent sur la plage, ils accourent pour saluer le *Papaï Grande*, c'est ainsi qu'ils appellent le missionnaire, et pour lui demander des présents. Un peu de tabac et quelques morceaux de *rapadura* les rendent heureux et contents. Ils s'en vont en poussant de petits cris et en gambadant comme de grands enfants.

Le matin du quatrième jour, l'autel étant déjà dressé pour célébrer la Sainte Messe, nous nous disposions à revêtir les vêtements sacerdotaux, quand nous voyons déboucher de la forêt une douzaine de *Karajas* l'arc à la main et un faisceau de flèches sur l'épaule. Ils nous avaient déjà aperçus, et reconnaissant à notre robe blanche, le *Papaï-Grande*, ils venaient en droite ligne pour nous saluer et nous demander des présents. Le pilote, qui sait une dizaine de mots *karajas*, leur dit qu'il faut attendre encore un peu ; le tabac est, en effet, dans les petites malles qui nous servent d'autel. Nous leur faisons comprendre à notre tour avec force signes et de grands gestes qu'ils auront du tabac et du riz, mais à une condition, c'est qu'ils seront bien tranquilles pendant la Sainte Messe. Ils comprennent tant bien que mal et, déposant l'arc et les flèches, ils s'asseyent à côté du feu. Ils vont à la chasse, c'est visible, mais ils n'en sont pas plus pressés pour cela, et dans l'espoir d'avoir un peu de tabac ou une tasse de café, ils attendraient là toute une journée.

Pour eux, tous les jours se ressemblent, le *temps ne compte pas*, et pour une bonne raison : c'est qu'ils ne savent pas compter. Comme nous aurons à le dire en parlant de leurs mœurs et de leur langage, la numération chez eux est rudimentaire. Les plus intelligents et les plus savants comptent jusqu'à dix ; ils n'arrivent que difficilement à compter jusqu'à vingt, en se servant des doigts des mains et des pieds. Après vingt, pour eux, c'est l'infini, l'inconnaissable. Pour donner une idée quelconque d'un nombre dépassant vingt, qu'il s'agisse d'ailleurs de vingt-cinq ou de trente comme d'un million, des œufs qui sont dans un nid de tortue, des grains de sable de la plage ou des étoiles du ciel, ils n'ont d'autre ressource que de porter les mains à la tête ou de faire semblant de se gratter ou tirer les cheveux avec les doigts.

Ces *Karajas* que nous avons là, à côté de nous, sont tous grands, bien faits et en costume national. Les cheveux coupés ras ou à la chienne sur le devant de la tête, les autres retombant sur les épaules ; sous les yeux, à peu près sur les pommettes, deux petits ronds tracés au feu et ineffaçables ; c'est le signe distinctif des *Karajas*. A la lèvre inférieure, un petit morceau de bois de dix à quinze centimètres de long, sur trois ou quatre de large, traversant la lèvre inférieure de part en part et retombant sur le menton.

Quant à leurs vêtements, quoi qu'en disent certains explorateurs en chambre, ils sont non existants. Les *Karajas* vrais n'ont pas même un pagne, si petit soit-il. Hommes ou enfants sont là plantés devant nous tels que le Bon Dieu les a faits ; un rayon de soleil dorant ou plutôt bronzant leur peau, voilà leur vêtement, à moins qu'on ne change la signification des mots et qu'on appelle vêtement une petite ficelle ou liane d'un demi-millimètre d'épaisseur. Dans ce cas, un homme ayant au doigt une bague quelconque serait archi-vêtu. Sur l'emploi et la signification morale de ce brin de liane ou de ce fil nous aurons à revenir un jour et nous en donnerons une *explication latine* pour les ethnographes et les théologiens.

Dès que nous prenons les ornements sacerdotaux, les *Karajas* se lèvent ; ils sont curieux comme des enfants, veulent tout voir, toucher, palper, flairer même, et il faut se prêter de bonne grâce à leur curiosité. Notre grande chasuble dominicaine retombant sur les bras avec les belles broderies représentant les saints de l'Ordre et des oiseaux de paradis a le don de les intriguer. Ils la prennent à pleines mains et touchent ces oiseaux en broderie pour bien s'assurer qu'ils ne sont pas vivants. Nous les laissons faire, car s'ils allaient s'imaginer que ce sont de vrais oiseaux, ils pourraient bien faire comme l'ours de la fable écrasant la mouche mais aussi la tête de son ami, percer d'une flèche l'oiseau de la chasuble et son porteur, car d'eux aussi on peut dire qu'ils sont non moins bons archers que mauvais raisonneurs.

Avant de commencer, nous leur faisons comprendre de nouveau qu'ils doivent rester là, derrière nous, avec les *barqueiros*. L'autel se composant de deux petites malles ayant à peine en tout quatre-vingt-dix centimètres de hauteur et n'ayant d'autre fond que le vaste horizon, nous ne nous soucions guère de voir ces grands gaillards rôder autour de nous en costume paradisiaque.

Nous commençons la Sainte Messe et tout va bien jusqu'à la Préface ; nous retournant selon les rubriques vers les *fidèles* (et *infidèles*) au *Dominus vobiscum*, au *Gloria*, au *Credo* et à l'*Orate Fratres*. Mais à la Préface, ces pauvres *Karajas* voyant que nous ne nous retournons plus, s'impatientent ; ils sont intrigués et veulent voir ce qui se passe sur l'autel. Au moment précis de la consécration, l'un d'eux vient se placer juste en face de nous et si près que nous pourrions le toucher avec la main. Les autres suivent bientôt son exemple, et, avant le *Pater*, nous avons là devant nous, formant le retable de l'autel, un rideau humain composé de douze ou quinze *Karajas* au port d'armes, ne perdant pas un seul de nos mouvements, respectueux d'ailleurs, immobiles et silencieux comme nous l'avions recommandé.

Jamais peintre ou sculpteur du moyen âge, jamais auteur de danse macabre n'a imaginé une messe avec un tel décor. Ce qui dépasse l'imagination des artistes est devenu ici une réalité tangible. Se figure-t-on, en France, un prêtre, un religieux célébrant la Sainte Messe devant un pareil retable vivant ! Quels cris ! quel scandale, quelle abomination ! Mais ce prêtre est fou, dirait-on, mais il ne connaît donc pas le premier mot de la théologie, de la morale et du droit canon. Il faut non seulement l'interdire, mais le lier et l'envoyer à Charenton !

Mon Dieu, tout cela est facile à dire. Il est aisé de

raisonner et même de déraisonner, de faire de la casuistique à sa façon, quand on est confortablement installé à sa table de travail et préservé contre tout accident fâcheux par les justes lois et par les gendarmes.

Nous croyons savoir, pour l'avoir enseigné nous-même, ce que demande la théologie quand un excommunié entre dans l'église pendant la célébration du Saint Sacrifice de la Messe, nous croyons savoir ce qu'on doit faire en pareil cas pour des hérétiques, des infidèles et des païens, Oui, mais nous savons aussi que *contre la force il n'y a pas de résistance*. Nous savons que le bon moyen pour convertir ces Peaux-Rouges n'est point de les tenir à distance, de leur envoyer une balle dans la tête ou de se faire envoyer par eux une flèche en plein cœur, ce qui arriverait vite pour peu que le missionnaire fît mine de les brutaliser et de vouloir les éloigner.

Quant à les habiller de gré ou de force, il faut y renoncer et ne point prétendre commencer par où il faut finir. On commence par se faire l'ami des Peaux-Rouges, on les convertit d'abord et puis, on les habille... *si on le peut*.

Au dernier Évangile, comme s'il eût pressenti que c'était la fin, l'un de ces *Karajas* saute dans le fleuve, bande son arc, tire une flèche et rapporte un gros poisson dont il nous fait présent. Nous distribuons à tous une ration de tabac, un peu de riz, nous les invitons même à prendre avec nous le café, nous buvons dans la même tasse, nous sommes aussitôt les meilleurs amis du monde. Ils n'oublieront pas de sitôt la visite du *Papaï Grande*.

Comme ils allaient partir, le pilote s'approche. « *Padre*, nous dit-il, ce serait le moment de prendre un de ces Peaux-Rouges pour nous accompagner en *ubà* jusqu'à Conceição, nous donner des renseigne-

11

ments et nous approvisionner de poisson. Il y a juste parmi ces *Karajas* un jeune homme d'une vingtaine d'années, qui sait quelques mots de brésilien, je l'ai déjà interrogé, il n'a ni femme, ni enfant, il nous suivrait volontiers. »

« C'est bien, bon Jéromino, vous pensez à tout, appelez ce jeune homme, nous allons faire nos conditions. » Le jeune homme arrive, il n'est pas des plus grands, mais il est bien membré, la souplesse, je pourrais dire l'élégance de ses manières annonce un homme habitué à tous les exercices du corps, il s'appelle, nous fait-il comprendre, *Yacoupere* (hirondelle) ; nous lui faisons comprendre à notre tour que nous l'appellerons désormais Domingos. L'interrogatoire commence.

« Combien veux-tu pour nous suivre et prendre beaucoup de poissons pendant un mois ? — Oh, dit Jéromino, c'est bien inutile de lui parler de mois, il ne connaît ni le nom, ni la chose. Laissez-moi faire. » Il lui montre alors l'aval du fleuve du côté de Conceição, puis fait semblant de se coucher par terre, de dormir et répète le mot dormir en se grattant les cheveux. Cela veut dire qu'il faudra passer des nuits dehors, *beaucoup de nuits*, car les *Karajas* comptent par nuits et non par jours. Domingos a compris, ses yeux s'illuminent, il est si heureux de voyager ainsi. « Voyons, que veux-tu pour cela ? — Un miroir, répond-il. » C'est le premier objet, que demande un Peau-Rouge. « C'est bien, tu l'auras. Et puis, que veux-tu encore ? » Il réfléchit un instant : — Un *facão*. — C'est bien, tu l'auras encore, et des plus jolis et des plus forts, et par-dessus le marché un *Rosario*. » Nos Pères ont appris aux Indiens à appeler de ce nom un chapelet à grains de verre que les Peaux-Rouges mettent autour du cou comme parure. « Que veux-tu encore, parle ? » Domingos n'en croit pas ses oreilles. Quoi, il aura à lui, un miroir, un *facão*, un *rosario*, et on lui demande encore s'il ne veut pas autre chose. Alors, soit que sa convoitise ainsi encouragée n'ait plus de bornes, soit plutôt qu'il emploie le seul mot brésilien qu'il connaisse encore, il nous dit je veux *tout, tout*. « C'est bien, c'est entendu, disons-nous, le marché est conclu, » et Jéronimo lui donne une forte tape sur l'épaule.

Domingos ne se sent pas de joie, il rit en montrant deux superbes rangées de dents, crie, chante, gambade, et finalement, après quelques phrases adressées à ses compagnons, probablement ses adieux et ses commissions pour la famille, prend son arc et les flèches, saute dans l'*ubà* de Jéronimo et le voilà parti pour un long voyage. Ce sont là les avantages de cette vie de Peau-Rouge ; on part pour un temps indéfini sans avoir besoin de faire ses malles, d'emporter ses effets, un arc, quelques flèches, voilà tout le bagage de Domingos. Ce n'est pas encombrant et pour lui c'est bien suffisant.

Dès les premières minutes, il est visible que le *Karaja* monté sur l'*ubà* de Jéronimo ira beaucoup plus vite que le *Sᵐᵒ-Rosario*. Domingos y met probablement un peu d'amour-propre, voulant dès le début nous donner une haute idée de sa force et de son adresse. Assis à l'arrière de l'*ubà* il pagaie vigoureusement et file comme une flèche ; nous le perdons bientôt de vue. Il reviendra tout à l'heure vers nous avec la même vitesse, car il a oublié de prendre les ordres du pilote et de demander où il devait nous attendre avec le poisson « fléché » par lui en cours de roue.

Ces *Karajas*, enfants du fleuve, sont tous d'excellents tireurs et nagent comme des poissons, ne redoutant aucun des hôtes de l'Araguaya. Il leur arrive parfois de lutter avec les *jacarès* (crocodiles). Pour prendre le poisson ils se tiennent debout sur leur *ubà*, comme le jongleur sur sa corde, et au bon moment envoient la flèche qui arrive toujours à sa destination. Il n'est cependant pas facile de voir le poisson dans l'Araguaya. Le plus souvent ses eaux sont troubles et rougeâtres, et à trois ou quatre centimètres de profondeur on ne voit plus rien. Heureusement que le *Karaja* n'a pas besoin de voir le poisson pour lui envoyer une flèche qui ne s'égare jamais. Comment fait-il donc pour bien viser le poisson s'il ne le voit pas? Autant vaudrait demander à un chasseur d'abattre au vol une hirondelle dans les ténèbres de la nuit.

Le *Karaja* ne voit pas le poisson lui-même, mais il le devine, il le perçoit pourrions-nous dire. En effet, à certaines rides du fleuve, à certains mouvements imperceptibles pour nous, l'Indien devine, il sait l'endroit précis où est le poisson, à quelle profondeur il se trouve, quelle est sa grosseur et même son espèce, car pour lui chaque espèce de poisson a sa manière propre de nager. Cela lui suffit, la flèche part, il plonge lui-même presque aussitôt et ramène la flèche et le poisson, qu'il dépose tout palpitant au fond de l'*ubà*. Cet exercice se renouvelle autant de fois qu'il est nécessaire pour les besoins du repas.

Avec son rire bon enfant, Domingos, quand il sera un peu plus familier avec nous, nous répétera ce qui se dit de nous dans l'*aldeia* où l'on rit de nos lignes et de nos hameçons. « Vous ne prenez, dit-il, les poissons qu'au hasard, vous prenez ceux qui sont assez bêtes (littéralement les crapauds) pour se laisser prendre. Nous, nous les choisissons : notre flèche perce celui que nous voulons prendre et non le voisin. Nous laissons les petits devenir grands et fonder une famille peuplant le fleuve, nous sommes toujours sûrs de les retrouver et de les prendre quand nous voudrons. » Domingos, comme tous les siens, est convaincu de la vérité de sa thèse et de la supériorité de sa race sur la nôtre. Le fait est que dans la forêt et sur le fleuve mieux vaut être *Karaja* qu'Européen.

Mais le fleuve est grand, et le poisson ne se trouve pas également partout et toujours. Il a des endroits qu'il affectionne davantage et des heures où il se rapproche plus de la surface de l'eau pour se livrer à la pêche des insectes ; il faut donc connaître ces endroits, ces heures, et arriver à point. Aussi Domingos partira en éclaireur. Mais comment nous retrouver dans l'immensité du fleuve, comment lui faire comprendre où il devra nous attendre ? Le pilote n'est pas embarrassé pour si peu. Étendant le bras vers le ciel, il dit : « Tu vois, quand le soleil sera là, à telle hauteur, alors tu accosteras pour nous attendre et il faudra avoir du poisson, sinon pas de tabac, pas de café pour Domingos. » Et le brave Indien de répondre : « Oh si, si, poisson beaucoup, beaucoup, » et montrant ses flèches, il ajoute : « Moi manquer jamais. Pas peur des *ariranhas* ou du *jacaré*, pas peur. »

Domingos tint parole et grâce à lui nous ne manquâmes jamais de poisson. A midi et le soir il nous attendait triomphant, avec une telle quantité de gros poissons que nous n'avions que l'embarras du choix, et presque toujours nous étions obligés d'en rejeter dans le fleuve.

Un jour, cependant, Domingos nous reçut tout triste et de fort mauvaise humeur, il avait bien du poisson au fond de son *ubà*, mais pas celui qu'il aurait été si fier de nous offrir. Il avait « fléché » un *pirarucu*, gros poisson de l'Araguaya dont le poids dépasse souvent un quintal. La flèche avait pénétré profondément et le *Karaja* avait plongé aussitôt selon son habitude pour prendre flèche et poisson. Mais ne pouvant saisir le monstre à pleines mains à cause de sa grosseur et ne voulant point d'autre part s'exposer à recevoir un dangereux coup de dent, Domingos avait saisi l'extrémité de la flèche, empêchant ainsi le poisson de plonger et le suivant à la nage dans l'espoir de le fatiguer, mais, hélas ! le *pirarucu*, goûtant fort peu cette façon d'aller, donne un vigoureux coup de queue et oblique à gauche ; le *Karaja* tient bon, mais sous la violence du coup la flèche se brise, une partie reste dans la main de Domingos et le poisson disparaît à tout jamais emportant l'autre au fond du fleuve.

Le pauvre *Karaja*, dans une pantomime expressive, nous fait comprendre plutôt qu'il ne nous raconte ce qui vient de se passer, et comme preuve à l'appui, il nous montre le bout de roseau resté dans ses mains. Au fond de son âme il regrette le poisson sans doute, mais plus encore la flèche. Pendant tout le repas il fut triste, mangeant à peine et ne cessant de montrer le poing au fleuve. Sa tristesse, comme celle des enfants, ne devait pas être de longue durée.

Le soir même, avant d'arriver au port choisi pour y passer la nuit, et où le brave garçon nous attendait avec une *ubá* pleine de poissons, nous l'entendons de loin chanter à tue-tête, rire avec éclats, parler à haute voix, comme s'il eût interpellé et provoqué un ennemi. Que lui est-il encore arrivé ? pensons-nous. En débarquant nous eûmes l'explication de cette joie délirante.

Il avait tout simplement trouvé de l'*urucu* et fait sa grande toilette de *Karaja*. C'est une vraie métamorphose et nous avons de la peine à le reconnaître.

Ses yeux brillants sont cerclés de noir, mais tout le reste de la figure est rouge vermillon. Domingos n'a pas ménagé la peinture, il en a mis partout, même sur la langue qu'il nous montre avec orgueil. Le torse lui aussi a été peinturluré et de grands cercles imitant des bracelets ont été grossièrement peints aux bras et aux jambes.

Pour nous, ce brave *Karaja*, si beau avec sa couleur bronzée et ressemblant à une statue antique, ressemble maintenant à un vrai démon de l'enfer. Pour lui, il est content de son œuvre et il ne se tient pas de joie. Il crie, il chante, va, vient, exécute de savantes pirouettes, fait de grands gestes comme s'il était provoqué par un ennemi invisible. Il ne s'arrête que pour brandir sa massue, exécuter de terribles moulinets ou bien encore lancer en l'air des flèches qui viennent retomber au point précis marqué par lui et s'enfoncer dans le sable. C'est, disent les *barqueiros*, le simulacre du combat et Domingos veut nous prouver qu'il est un parfait guerrier.

Ce qui donne à notre Peau-Rouge cette humeur belliqueuse, c'est qu'il s'est peint et a fait sa toilette comme pour les jours de combat. Les *Karajas* se peignent ainsi en rouge pour les grands jours de réjouissance publique et aussi pour aller au combat, comptant sans doute se donner un air plus martial et effrayer l'ennemi. Le fait est que la physionomie de Domingos ainsi métamorphosé en démon de l'enfer n'a rien de bien rassurant.

Les explorateurs en chambre et les dictionnaires à la mode affirment que c'est avec de la terre rouge que les Indiens se teignent ainsi en rouge, d'où leur est venu le nom de Peaux-Rouges. Ce n'est pas avec de la terre que les Peaux-Rouges du Brésil procèdent à leur toilette, mais avec les petites baies rouges d'un arbuste appelé par eux *urucu*. Quand ces baies, grosses tout au plus comme de petits pois, sont bien mûres, il suffit de les presser entre les doigts pour en faire jaillir un liquide du plus beau rouge vermillon.

Les *Karajas* en sont prodigues et aiment à en mettre sur tout leur corps, comme l'avait fait Domingos. Pour mieux faire ressortir ce rouge sur la figure, ils noircissent d'abord avec du charbon les cils et le pourtour des yeux, appliquant consciencieusement le rouge partout ailleurs, même sur la langue, qui apparaît ainsi couleur de feu entre deux rangées de dents blanches comme de l'ivoire.

Drôle de goût, diront quelques lecteurs. Mon Dieu, on connaît le proverbe : *De gustibus et coloribus non est disputandum :* « Des goûts et des couleurs on ne dispute point. » Et puis, voyons, sans malice, cela est-il si extraordinaire? Est-il bien nécessaire d'aller jusque dans les forêts du Brésil et chez les Indiens pour voir pareille chose? Est-il donc si rare de trouver en pleine Europe, en France, des personnes appartenant à la plus belle moitié de l'humanité et qui, trouvant qu'elles ne sont pas encore assez belles, n'hésitent point à recourir à ces moyens de Peaux-Rouges? Ne les voit-on pas, hélas ! cercler leurs yeux de noir et colorer en rouge les joues, même les lèvres ! Où donc est la différence?

S'il y en a une, elle est toute à l'avantage des Peaux-Rouges, car leur *urucu* est bien supérieur à toutes les poudres, il ne coûte que la peine de le cueillir, il est inoffensif, et loin de détérorier la peau par l'usage il la rend plus souple et plus fraîche, il est d'un rouge plus beau et plus durable, ne fondant jamais, pas même aux températures les plus élevées.

Par une pure curiosité, nous avions tracé de notre mieux, avec ces petites baies, un cercle rouge à notre poignet en guise de bracelet. Or, malgré la chaleur des tropiques, malgré de copieux lavages au savon de Marseille, le bracelet s'obstinait à ne pas disparaître tout comme la fameuse tache de sang de Macbeth.

Sans dire comme elle et avec la même terreur : Vat-en, maudite tache, va-t-en, nous nous demandions si nous n'en rapporterions pas les traces en France. Le bracelet rouge disparut enfin, et nous nous promîmes de ne plus recommencer.

CHAPITRE XIV

SIGNES DISTINCTIFS ET ORNEMENTS DES KARAJAS. — DIFFÉRENTES APPRÉCIATIONS. — NUÉES DE MOUSTIQUES. — PRÉCAUTIONS DES BARQUEIROS. — CRAINTE DE PEAUX-ROUGES INCONNUS ET ANTROPOPHAGES. — RAISONNEMENT UN PEU SIMPLISTE MAIS PRUDENT DU PILOTE.

Dans la nuit du 28 au 29 avril, des légions de moustiques à la musique infernale et aux dards acérés rendant tout sommeil impossible, la messe est célébrée à trois heures du matin. Nous avons hâte de quitter un campement si beau à la vue, mais si inhospitalier.

Vers midi, nous apercevons, à droite, le Rio Crixas, qui se jette dans l'Araguaya et donne à ses eaux une teinte encore plus rougeâtre. Nous voyons aussi, mais dans le lointain, quelques *Karajas* faisant sécher du poisson au soleil. Dès ce moment, nous sommes en plein pays d'Indiens et nous en rencontrons à peu près tous les jours. Ce ne sont pas de vraies tribus, mais des familles isolées vivant ainsi sur la plage au hasard des circonstances et se rattachant plus ou moins à une *aldeia*.

Le signe distinctif du *Karaja* consiste dans deux petits cercles du diamètre d'une pièce de un ou deux francs, tracés au fer et au feu, un peu au-dessous des yeux. C'est toujours grande fête dans la famille et même dans *l'aldeia* quand il s'agit d'imprimer sur les pommettes de l'enfant ce caractère indélébile et ce signe de la tribu. Le père commence par appliquer sur la joue de l'enfant le coco brûlant qui lui sert habituellement de pipe. Une empreinte bien ronde est ainsi dessinée au feu. Avec la pointe d'une flèche, l'opérateur approfondit cette empreinte, allant jusqu'au vif. Au sang qui coule, il mêle habilement le suc d'une plante ressemblant à du genièvre et qui rendra la cicatrice bleuâtre et indélébile. C'est fini, l'enfant sera *Karaja* pour la vie ; rien ne pourra désormais effacer cette empreinte.

Les *Karajas* portent aussi un petit morceau de bois suspendu à la lèvre inférieure, mais cet ornement n'est plus leur caractère distinctif et il leur est commun avec d'autres tribus, en particulier avec les *Kayapos*.

Voici comment on procède généralement à cette opération assez douloureuse, et qui facilement pourrait devenir dangereuse. Quand l'enfant a atteint une certaine taille, — nous ne dirons pas quand il a un certain âge, huit ou dix ans, car ces heureuses tribus ne comptent point leurs années et nul ne sait l'âge qu'il a, — la famille se réunit pour procéder à ce qu'on appelle le percement de la lèvre. De la main gauche, l'opérateur prend la lèvre inférieure du patient, et, l'écartant le plus possible des gencives, il la perce de part en part avec un os de poisson très effilé habilement dissimulé dans sa main droite. Pendant ce temps, toute la famille danse, gesticule, crie, chante, et le cri de douleur du pauvre patient n'étant entendu par personne, on lui persuade et on se persuade à soi-même qu'il n'a point souffert.

Les charlatans qui, en pleine foire, prétendent arracher les dents avec un sabre ne procèdent pas autrement avec les naïfs qui ont la simplicité de leur confier leur mâchoire. Une fois sur la sellette, le patient a beau crier, le bruit assourdissant des tambours et du clairon couvre sa voix, et, libéré, il se garde bien de dire qu'il a souffert, car on rirait de lui.

Dès que la lèvre est ainsi percée, on introduit dans la plaie un petit morceau de bois rond, pour empêcher les chairs de se rapprocher. Au bout de quelques jours, ce petit morceau de bois est remplacé par un second de dimensions plus fortes, qu'on introduit à pression forcée pour agrandir l'ouverture. Ce second est bientôt remplacé dans les mêmes conditions par un troisième, encore plus grand, et ainsi de suite jusqu'à ce que le trou soit jugé suffisamment grand. Les *Karajas* adultes introduisent dans ce trou de la lèvre qui ne doit jamais se refermer, un morceau de bois poli, rond dans la partie qui touche la lèvre et aplati vers l'extrémité. Cet ornement étrange, a une longueur de dix à douze centimètres. Quant à la partie enfoncée à pression forcée dans la lèvre, elle a bien la grosseur d'une pièce d'argent de deux francs.

Quand les *Karajas* vont au combat, s'exercent à la lutte ou se livrent à un exercice violent, ils remplacent ce morceau de bois, dont le balancement les gênerait, par une pierre aux couleurs voyantes, qui leur sert d'ornement et empêche la plaie de se cicatriser.

Seuls les hommes ont droit à cet ornement des yeux et de la lèvre, les femmes ne sont pas admises à le porter. En revanche, elles se percent consciencieusement le lobe des oreilles et l'agrandissent à plaisir en y introduisant successivement des ronds de bois aux dimensions chaque jour plus grandes. Nous avons vu une fillette encore dans les bras de sa mère qui portait déjà à l'oreille un morceau de bois gros comme le poignet. L'enfant ne paraissait pas trop en souffrir ; elle avait de grosses joues, une mine superbe et ne demandait qu'à continuer.

Ordinairement, les jeunes filles portent ainsi aux oreilles de petits bâtons de vingt-cinq à trente centimètres. Aux jours de fêtes, elles les remplacent par des bouquets de fleurs qui encadrent gracieusement leur visage. Nous avons même supposé qu'on n'agrandissait ainsi le trou du lobe des oreilles qu'afin de pouvoir y mettre plus de fleurs.

Idées et ornements de sauvages, dira-t-on. Pourquoi se défigurer ainsi en se perçant la lèvre et en agrandissant démesurément le lobe des oreilles? N'est-ce pas s'enlaidir et se rendre affreux à volonté? Nos lectrices peuvent être assurées que ce n'est point dans le but de s'enlaidir que les Peaux-Rouges en agissent ainsi. Sur les bords de l'Araguaya comme sur les bords de la Seine, la vanité a ses caprices qui ne sont pas toujours les conseillers du bon goût.

Comme vêtements, les *Karajas* hommes, nous l'avons déjà dit, ont un beau rayon de soleil et il en est de même pour les deux sexes dans la tribu des *Kayapos*. Les femmes *Karajas* ont un commencement de quelque chose. Elles ceignent leur corps au-dessus des hanches, avec une mince tresse de liane ou d'écorce d'arbre de trois ou quatre doigts de largeur, ce qui n'est pas beaucoup, mais une tresse un peu plus large part du devant de la ceinture et retombe jusqu'aux genoux ou plus généralement passe entre les jambes et va se relier à l'autre partie de la ceinture. En réalité, c'est à peu de chose près, la classique feuille de vigne.

Hommes et femmes portent les cheveux coupés ras ou plutôt à la chienne sur le devant du front, mais longs sur tout le reste de la tête et retombant jusque sur le cou et les épaules. Nous avons vu aussi les hommes prendre toute leur chevelure et en faire non une tresse, mais un rouleau entouré méthodiquement sur toute sa longueur par une corde ou liane, préservant ainsi toute la chevelure et ne laissant apercevoir que les deux extrémités du rouleau. C'est peut-être moins élégant, mais évidemment plus commode pour courir dans la forêt ou plonger dans le fleuve. Comme peigne, hommes et femmes se servent d'un morceau de bois plat dans lequel ils enfoncent solidement de longues et fortes épines.

Les cheveux des *Karajas* sont longs et fins, plus fins même que ceux des Européens, et chez eux nous n'avons pas remarqué de chauves, mais ils n'ont ni barbe ni un seul poil sur le reste du corps. C'est pour cela sans doute que les missionnaires Dominicains qui les évangélisent laissent pousser leur longue barbe fluviale ; cela en impose aux Indiens et leur inspire le respect. D'où vient que ces Peaux-Rouges de l'Araguaya qui ont de si beaux cheveux n'ont point de barbe ? Ce ne peut-être l'effet du soleil, car nous avons remarqué qu'il faisait au contraire pousser notre barbe à vue d'œil. Nous posons la question en laissant aux savants et aux naturalistes le soin de la résoudre.

Le teint des *Karajas* est bronzé comme les statues antiques, il n'est rouge que par l'effet de la peinture dont ils sont prodigues quand ils partent en guerre ou veulent se faire beaux, ce qui leur arrive assez souvent.

Voilà pour ce qui regarde l'extérieur, ce que tout le monde peut voir, toucher et apprécier, sans que le doute, les hypothèses et les discussions soient possibles.

Quant au côté intellectuel et moral, le langage, les habitudes, les mœurs, la morale, la religion, si tant est qu'on puisse en découvrir quelques vestiges, il ne saurait en être question en ce moment. Nous nous réservons de les traiter dans un ou deux chapitres à part. On ne peut aborder de si graves sujets en passant, et mieux vaut n'en rien dire que s'exposer, comme l'ont fait tant de romanciers et même d'historiens et de géographes, à dire des choses tout à fait inexactes et à propager de grossières erreurs.

Nous nous contenterons de donner une idée générale de ce côté moral des *Karajas* en citant, sans en prendre la responsabilité et à titre simplement documentaire, ce que dit le plus récent et peut-être le seul explorateur européen de ces régions.

Un ingénieur français, homme de grande science et d'un courage à toute épreuve, chargé en 1897 d'un voyage d'exploration par le riche gouvernement de l'État du Para, est peut-être le seul Européen qui ait jamais remonté le Tocantins et l'Araguaya de Belem à Léopoldina. Quand nous disons le seul Européen, nous mettons évidemment à part les dominicains français de la province de Toulouse, qui eux, ont fait souvent cette traversée non aux frais et pour le compte de l'État, mais avec les seules ressources de la pauvreté et pour le compte du bon Dieu. Trois d'entre eux sont même morts victimes de leur zèle, l'un noyé dans les rapides du Tocantins, les deux autres minés, brûlés par la fièvre sur les bords du fleuve.

Voici ce que dit cet explorateur : « ...Ces *Karajas* m'ont paru bien moins intéressants qu'ils ne l'ont paru aux yeux de mes prédécesseurs. La décadence de la tribu est une explication suffisante de l'amoindrissement de l'intérêt que pouvaient, autrefois, présenter les *Karajas*, « qui seraient peut-être les artisans les « plus habiles de tous les indigènes brésiliens (1), » ceux-là, en effet, ne sont point les *Karajas* d'aujourd'hui, aussi peu industrieux que possible. Leur « singulière dextérité à la manœuvre des canots » qui a fait croire que « ce sont probablement des *Karajas* que « les voyageurs du Brésil occidental désignaient autrefois par le « nom de *Canoeiros* », cette dextérité n'a aujourd'hui rien qui dépasse ou même qui atteigne celle des civilisés de la région. Les *Karajas*

(1) Cette citation et les suivantes sont empruntées à la *Géographie universelle*, d'Élisée Reclus, qui reproduit les assertions de Couto de Magalhães et de Lomonaco.

restés indépendants, qui se distinguent honorablement des autres peuplades et de leurs visiteurs blancs, qui ne s'abaissent pas à ruser et à mentir, qui sont à ce point rigides observateurs de la foi conjugale qu'ils ont *institué un mari des veuves*, sont les *Karajas* du passé. Ces *Karajas* industrieux, sportsmen, chevaleresques, chastes, héroïques, ne sont plus. Les *Karajas* d'aujourd'hui ont succédé à ceux-là, comme la nuit succède au jour. » Et il cite à l'appui le fait de *Karajas* ayant l'année précédente poursuivi sur l'Araguaya des civilisés et qui les ayant atteints après une course furieuse, les massacrèrent sans pitié.

Mais alors, diront nos lecteurs, si le seul Européen qui ait visité ces régions parle ainsi des *Karajas*, pourquoi le missionnaire qui fait ce récit en parle-t-il tout autrement? Nous répondrons tout simplement : d'abord, que le récit de l'explorateur date de 1897, et à cette époque les Pères dominicains venant à peine de se fixer sur les bords de l'Araguaya, leur influence n'avait pas eu le temps de se faire sentir. De plus, comme disaient si bien les scolastiques : *Qualis est unusquisque talis finis viedetur ei.* Ce qui pourrait fort bien se traduire en français : « Chacun voit avec ses yeux et à travers ses lunettes. » Or, il est évident que les lunettes du missionnaire ne sont pas celles de l'explorateur. Dans ces Indiens dont il cherche l'âme avant tout, le missionnaire voit les hommes rachetés par le sang de Jésus, il veut les catéchiser, les instruire, les sauver. Il les aime avec tout l'amour de son cœur vierge de toute affection terrestre. Les Indiens sont ses enfants ; aussi est-il porté à leur trouver toutes les qualités et à dire avec l'oiseau de la fable :

Mes petits sont mignons,
Beaux, bien faits et jolis sur tous leurs compagnons.

LE « BOTO » DE L'ARAGUAYA

UN VILLAGE DE PEAUX-ROUGES TAPIRAPÉS

ARRIVÉE A CONCEIÇAO DE L'ARAGUAYA

La vérité nous oblige cependant à avouer que nulle part nous n'avons vu une misère comparable à celle de ces pauvres tribus. Nulle part, ni dans le récit des missionnaires, ni dans le carnet des explorateurs, nous n'avons trouvé rien qui pût, même de loin, être comparé à cet effroyable dénûment.

Le soir de ce même jour, nous abordons un peu avant le coucher du soleil sur une plage assez vaste. Il y a là de grands échassiers, jabirus blancs et noirs, tout comme les dominicains, flamants roses, aigrettes blanches, qui, une patte cachée sous les plumes et la tête gracieusement posée sur l'aile, ont déjà pris position pour la nuit. Ce qui attire plus pratiquement notre attention, c'est un vol de canards sauvages, gros comme de petites oies, qui vient de s'abattre sur la plage. Leur plumage gris est évidemment moins beau que celui des flamants roses, mais leur chair est bien meilleure et nous nous proposons d'en abattre vite deux ou trois pour le repas du soir. Ils se tiennent à une distance respectueuse, trop loin pour une charge à plomb, mais nos cartouches à balles sauront bien les atteindre et nous les voyons déjà rôtir près d'un bon feu.

Hélas ! il y a loin de la coupe aux lèvres et de la broche aux dents. Nous avions compté sans les *bichos damnados* de la plage. A peine sommes-nous installés que nous sommes assaillis par de véritables nuées de *morissocas*, moustiques au dard effilé, qui nous donnent la chasse et nous enlèvent l'idée de chasser le canard. Impossible de rester une seconde en place la figure ou les mains à découvert. Cela nous promet une nuit peu calme et peu reposante. Elle se passe, en effet, à lutter contre ces légions bourdonnantes, à nous souffleter consciencieusement, à nous donner de grands coups un peu sur tout le corps, manquant souvent les moustiques suceurs, mais ne manquant point les joues ou le front qui portent bientôt les traces de notre impatience. Ce n'est que vers les quatre heures du matin que la fraîcheur de la nuit et l'abondance de la rosée engourdissent les moustiques qui nous permettent dès lors quelques instants de repos.

Nous profitons de cette accalmie pour nous assoupir en attendant le jour ; mais ce fut notre perte, car le spirituel paya fort cher ce repos matériel d'une heure ou deux qui nous paraissait pourtant bien mérité et bien nécessaire.

A cinq heures et demie, nous sonnons le réveil et disposons tout pour la célébration de la sainte messe.

A six heures, la messe commence très solennellement, et nous sommes loin de nous douter de ce qui va arriver. Le soleil se lève à l'horizon, monte rapidement, et ses premiers rayons ont pour effet de réchauffer et de réveiller les moustiques, qui sonnent aussitôt la charge avec une ardeur sans pareille, comme pour réparer le temps perdu. Nous comprenons le danger que nous allons courir, et nous nous hâtons le plus possible, pas assez cependant, pour devancer le complet réveil des moustiques.

Après la consécration, ils bourdonnent comme une ruche d'abeilles, nous assaillent partout et de tous les côtés à la fois ; on dirait qu'ils comprennent que nos mains sont impuissantes à les chasser. Nous en avons partout, dans les oreilles, dans le nez, sur les yeux, sur le front, occupés avec rage à nous percer de leurs dards et à nous sucer le sang. Les *barqueiros* ont beau agiter un morceau de toile au-dessus de l'autel, rien n'y fait, il faut se résigner à ce supplice et arriver à la communion et à la fin de la messe le plus tôt possible.

La matinée se passe — qu'on nous pardonne de le dire, mais nous devons bien le confesser, puisque nous l'avons fait — à pester contre ces maudites *moris-*

socas et à frotter légèrement avec de la salive les parties atteintes par leurs dards, la figure, les mains et même d'autres parties plus cachées, car ces terribles moustiques ne respectent rien et trouvent le moyen de sucer le sang du pauvre missionnaire, même à travers les vêtements.

A trois heures du soir, nous apercevons, au loin, la pointe de l'Ilha do Bananal. Formée par les deux bras de l'Araguaya, elle ne mesure pas moins de 5 à 600 kilomètres à vol d'oiseau ; mais comme l'un et l'autre des bras du fleuve ont un cours assez sinueux et décrivent force méandres, nous aurons à longer cette île sur un parcours de 7 à 800 kilomètres. Les *barqueiros* prennent toujours la rive gauche parce que la navigation y est plus facile et plus sûre.

Un peu avant le Furo do Bananal, on dirait que le fleuve prend une âme, ses eaux hésitent avant de se diviser, décrivent de grandes courbes et ne se décident qu'à regret à se séparer pour un temps, et à suivre des voies diverses. Tout à la pointe de l'île, nous voyons une cinquantaine d'énormes crocodiles dont la tête monstrueuse émerge au-dessus des flots. On dirait des troncs d'arbres flottant au gré des eaux. Un coup de fusil les met en éveil, ils plongent tous à la fois et même, à distance, on perçoit avec un certain frisson le bruit sinistre de leurs terribles mâchoires qui se ferment et de leurs dents qui claquent.

A cinq heures et demie, nous abordons sur la rive gauche du fleuve. La plage est merveilleuse et paraît assez sûre, aucun moustique ne bourdonné à nos oreilles et c'est déjà un grand bienfait de la Providence. Cependant, nous ne savons trop pourquoi les *barqueiros* paraissent inquiets ; ils examinent le fleuve, la plage, la forêt avec des précautions inaccoutumées, ils font une plus grande provision de bois pour le feu de la nuit. Après le repas, assez silencieux contrairement à l'habitude, nous les voyons vérifier minutieusement leurs armes, mettre chacun douze cartouches à balle dans le magasin de la carabine, et, s'étendant sur le sable, s'en servir comme d'oreiller pour dormir.

Intrigués par ce luxe de précautions, nous interrogeons le pilote. « *Padre*, nous répond-il, nous sommes ici dans le pays des jaguars et il est bon de ne pas l'oublier. » L'explication, donnée sur un ton peu convaincu, ne nous paraît guère satisfaisante, car bien que le jaguar de cette partie du Brésil soit aussi puissant et terrible que le tigre, nos rameurs ne le redoutent pas à ce point. Volontiers ils se livrent à sa chasse et ne perdent jamais une occasion de lui livrer bataille pour délivrer la forêt d'un être malfaisant et vendre ensuite chèrement sa magnifique fourrure. N'importe, nous acceptons l'explication pour ce qu'elle vaut, et nous étendant sur le sable, entre deux *barqueiros*, nous ne tardons pas à nous endormir.

Vers une heure du matin, nous nous réveillons, et quelle n'est pas notre surprise de voir un *barqueiro* à demi couché près du feu soigneusement entretenu, serrant la carabine dans ses mains, les yeux fixés sur la forêt et faisant bonne garde. Comme je me tiens debout et fais mine de vouloir m'éloigner de quelques pas : « Non, *Padre*, me dit tout bas le veilleur, ne vous écartez pas, et puis, vite, étendez-vous sur le sable, ne restez pas ainsi debout près du feu, les jaguars pourraient vous apercevoir de loin. » Je sens bien qu'on me cache quelque danger, que ce ne sont pas les jaguars qu'on redoute, mais ce n'est pas le moment d'éclaircir ce mystère ; je fais donc semblant d'y croire, et serrant moi aussi la carabine entre mes mains, je dis en parodiant le Cid : « Paraissez, jaguars, onças et léopards, et tout ce que le *matto* a produit..... » ; et je m'endors, en cherchant la rime qui ne vient pas.

Le lundi matin, 1er mai, avant quatre heures, nous étions tous debout et je célébrais la sainte messe le visage tourné vers Conceição do Araguaya. Après la messe, nous disons quelques mots sur le mois de Marie, la dévotion à la Très Sainte Vierge ; les *barqueiros* chantent trois couplets d'un cantique rappelant celui si populaire que nous chantions en France : « C'est le mois de Marie, c'est le mois le plus beau. » Nous ferons de même chaque jour de ce mois béni et nous pouvons bien dire que tous nous prierons l'Immaculée Vierge Marie avec d'autant plus de ferveur et de confiance que nous nous sentons plus seuls et plus petits dans l'immensité de ces terres désertes, hantées seulement par les Indiens, les serpents et les fauves.

Pendant que nous prenons le café, un cerf sort de la forêt et s'en va se désaltérer fort tranquillement à l'Araguaya, à 3 ou 400 mètres de notre camp volant. Il nous a aperçus et nous regarde avec étonnement, mais sans frayeur. Ni lui, ni ses ascendants n'ont jamais vu évidemment d'autre figure humaine que celle des Peaux-Rouges. Aucun phénomène d'atavisme ne peut lui suggérer une crainte quelconque. Il sait bien qu'à cette distance, la flèche des Peaux-Rouges n'est pas à redouter, et après nous avoir regardés, il boit paisiblement sans se presser, relevant de temps en temps la tête pour nous regarder de nouveau et sonder l'horizon. Pauvre charmante petite bête ! elle a compté sans le winchester des rameurs, arme de guerre qui porte à plus de 2 000 mètres. João, qui a le premier saisi sa carabine, met un genou à terre, appuie le canon sur une malle, vise un instant et le cerf tombe pour ne plus se relever. Les deux cuissots sont prestement enlevés et nous avons là de quoi faire quelques excellents repas. Cela nous changera un peu le menu et fera diversion aux poissons de l'Araguaya et aux canards sauvages.

A midi, le campement est tout près de la forêt et nous voyons, perchés sur les grands arbres de la lisière, de magnifiques *araras*, rouges et bleues, dont la queue ne mesure pas moins de soixante-dix à quatre-vingts centimètres de long. C'est pour nous une tentation, mais moins habile tireur que les *barqueiros*, nous mettons des cartouches à plomb dans les deux canons du fusil, et à pas de chasseur, l'arme en main, nous voulons nous approcher de la forêt.

« Non, *Padre*, dit doucement le pilote, n'y allez pas ; tenez-vous à distance du *matto*, il peut y avoir du danger. »

A ces mots, ce que nous avons vu et entendu la veille et pendant la nuit nous revient à l'esprit.

« Voyons, Jéronimo, disons-nous, vous nous cachez quelque chose ; je suis certain que ce n'est point des jaguars que vous avez ainsi peur. Quel est donc ce terrible ennemi contre lequel vous prenez tant de précautions? Dites-nous franchement toute la vérité. Nous sommes, comme vous et vos compagnons, homme de cœur, et nous n'avons peur, grâce à Dieu, ni du danger, ni de la vérité ; de plus nous sommes *Padre* et nous avons le droit de tout connaître.

— *Padre*, nous dit alors le pilote, nous voulions vous le cacher pour ne pas vous effrayer inutilement, mais comme vous l'avez deviné, ce que nous redoutons en ce moment ce ne sont pas les jaguars, non ; vous nous verrez bientôt aux prises avec ces terribles fauves et vous constaterez que nous ne les craignons point. Ce que nous redoutons dans ces parages, ce sont des Peaux-Rouges, autres que les *Karajas*. On les appelle *Chavantes*, mais nul ne sait au sûr ce qu'ils sont. On prétend qu'ils sont anthropophages ; ce qui est certain, c'est que ce sont de terribles ennemis, aussi habiles tireurs que rusés et courageux. Malheur aux voyageurs qui ne font pas bonne garde et les laissent approcher de leur campement à une portée de flèche ; ceux-là peuvent faire un bon acte de contrition, ce sera leur dernier. Sont-ils mangés par ces féroces Peaux-Rouges ? sont-ils simplement jetés en pâture aux crocodiles du fleuve après avoir été proprement scalpés ? La chose est sans importance ; une fois mort, il importe peu de savoir par qui et comment on sera mangé ; l'essentiel est de ne pas tenter l'expérience et c'est pour cela que nous faisons bonne garde. Ni d'aujourd'hui, ni de demain, nous ne nous approcherons pas trop près de la forêt, car de derrière chaque arbre peut surgir un Indien qui nous « flèche » avant que nous ayons eu le temps d'épauler notre carabine ; pendant la nuit, nous veillerons à tour de rôle pour éviter d'être surpris.

— Vous auriez donc tiré cette nuit et vous tirerez encore sur tout Indien que vous apercevrez, sans lui laisser le temps de s'approcher et sans parlementer avec lui pour savoir qui il est et ce qu'il désire ?

— Oh ! oui, *Padre*, je tirerai et de bon cœur, visant bien au cœur, et ce faisant j'accomplirai une belle action dont Dieu me tiendra compte au jour du jugement, car l'Indien de ces parages est *bicho mão* bien plus que le jaguar ou le cascavel, et en purger la terre est une action vertueuse.

— Mais, brave Jéronimo, agir ainsi, tirer sur un homme que vous apercevez au loin et dont les flèches ne peuvent vous atteindre, ce n'est pas très courageux, car les armes ne sont pas égales. Ce n'est pas sûrement le bon moyen de gagner la confiance de ces tribus, d'adoucir leurs mœurs, de les catéchiser et les amener à la religion du Christ Jésus, qui est toute de mansuétude et de bonté. On ne convertit pas à coups de fusil, mais à force de sacrifices et de dévouement.

— Oh ! *Padre*, ce sont là des raisons qui peuvent être bonnes pour des théologiens et de grands savants, mais nous, nous ne sommes que de pauvres ignorants ; sur ce point, cependant, nous en savons plus que vous, car l'expérience est une grande maîtresse et elle nous a appris que l'Indien de ces parages est *bicho mão* et qu'il faut le tuer si on ne veut pas être tué par lui. Un de ces jours, demain peut-être, nous verrons le « Rio das Mortes » (le Fleuve des Morts) sortir du Matto Grosso et se jeter dans l'Araguaya. Savez-vous d'où lui est venu ce nom de Fleuve des Morts ? Tous ceux qui, à diverses époques, ont pénétré dans ces régions pour les explorer ou dresser la carte de délimitation des États sont tombés percés par les flèches de ces Indiens. Le nombre des morts fut si considérable et le fleuve charria tant de cadavres qu'on l'appela le « Rio das Mortes ».

Nous voulons insister encore, mais Jéronimo, caressant toujours la crosse de sa carabine, nous interrompt.

— *Padre*, c'est inutile, n'insistez pas, j'aurais le regret d'avoir à vous désobéir. Ici c'est moi qui suis responsable de votre vie et de celle de mes compagnons ; c'est donc à moi de commander ; au premier *Chavante* que nous voyons, je commande de faire feu et de viser juste, car il vaut mieux tuer le diable que de se laisser tuer par lui. Mon patron, en me recommandant, au moment du départ, de faire bonne garde dans ces parages, me racontait que naguère quelques *garimpeiros* (chercheurs de diamants) s'étant endormis sur ces plages sans avoir pris la précaution de placer des sentinelles et de veiller, furent tous massacrés par ces féroces *Chavantes*. Pendant la nuit, les Indiens s'approchèrent en rampant comme des serpents ; quand ils ne furent plus qu'à une bonne portée de flèche, ils jetèrent le cri de guerre. Réveillés en sursaut, les chercheurs de diamants se dressèrent pour voir ce qui arrivait, mais à peine debout, ils furent tous percés par les flèches empoisonnées de ces sauvages qui n'ont rien de commun avec les *Karajas.*

— Mais comment, hasardons-nous, a-t-on pu connaître tous ces détails, puisque les chercheurs de diamants furent tous victimes des Peaux-Rouges et que nul n'est entré en communication avec ces derniers?

— Cela, *Padre*, je le demanderai à mon patron, quand je serai de retour à Léopoldina, mais pour que je puisse y revenir, il nous faut tenir à distance ces sauvages et faire feu sur le premier qui osera s'approcher, car on nous l'a dit : Il vaut mieux tuer le diable que d'être tué par lui. Vous-même, *Padre*, vous nous recommandez bien de tuer le vieil homme, de tenir l'ennemi du salut, *à distance*, de ne *pas parlementer avec lui*, si nous ne voulons pas être ses victimes ; eh bien, c'est ce que nous faisons. »

Nous sentons que tout raisonnement sera inutile, aussi, sans trop chercher à savoir ce qu'il y a de vrai dans toutes ces histoires de brigands, c'est bien le mot, nous prenons le parti de garder le silence et de laisser le brave pilote et chef de troupe exercer librement son commandement.

Dans la soirée, nous passons près de l'embouchure du Cristallino aux eaux fraîches et limpides comme celles de nos gaves des Pyrénées, mais, hélas ! au lieu de communiquer leurs qualités aux flots chauds et rougeâtres de l'Araguaya, elles prennent vite leur température et leur couleur, tant il est vrai que le mal se communique plus facilement que le bien.

Vers quatre heures et demie, alors que nous pourrions naviguer encore pendant deux heures, nos *barqueiros*, toujours poursuivis par l'idée que les *Chavantes* peuvent nous guetter, décident de ne pas aller plus loin et de profiter, pour le campement de nuit, d'une plage très vaste permettant de surveiller facilement la forêt qui apparaît dans le lointain. Comme la veille, ils mettent douze cartouches à balle dans les carabines qui serviront d'oreiller aux dormeurs pendant que le *barqueiro* de quart fera bonne garde, veillant à la sûreté de tous.

Les moustiques se chargent de nous tenir tous éveillés pendant toute la nuit, et dans l'énervement produit par le bourdonnement et les piqûres de ces *bichos damnados*, l'apparition de quelques Indiens ou d'un jaguar eût été pour nous une bonne fortune.

A six heures, nous étions déjà embarqués et nous descendions l'Araguaya, frottant légèrement avec de la salive les nombreuses piqûres d'insectes qui étaient venues s'ajouter à celles de l'avant-veille, maudissant les moustiques et ne nous doutant guère de la grave détermination qui allait être prise dans la matinée.

CHAPITRE XV

Le mardi 2 mai, nous prîmes de concert avec les
barqueiros une détermination qui devait abréger considérablement le temps du voyage sur l'Araguaya et
nous soustraire pendant la nuit à la piqûre des moustiques. C'était un double gain d'une valeur inappréciable.

Cette décision avait, il est vrai, un mauvais côté,
comme toutes les choses de ce bas monde. Elle nous
exposait au danger continuel de chavirer ou de sombrer pendant la nuit, et de devenir la proie des crocodiles ou autres monstres de l'Araguaya. Cette consi-
dération pesait peu cependant comparée aux avantages : aussi ce fut joyeusement et à l'unanimité que
fut prise la décision de ne plus nous arrêter et de
voyager de nuit comme de jour.

Sur la plage, les moustiques rendaient pendant la

nuit le sommeil et le repos à peu près impossibles, tandis que sur le fleuve, en nous tenant loin des rives, nous serons en sûreté et nous pourrons dormir en paix sans entendre le bourdonnement des *morissocas* et sans craindre leurs dards effilés et souvent porteurs de la fièvre. L'Araguaya a une telle largeur que les moustiques ne se hasardent pas à le traverser et restent prudemment près des rives.

Les *barqueiros* laisseront sans doute pendant la nuit les rames au repos ; mais même pendant le sommeil, le *S^{mo}-Rosario* ira au fil de l'eau, glissant légèrement sur les flots, et les minutes s'ajoutant aux minutes, les lieues aux lieues, nous nous trouverons au lever du soleil avoir parcouru sans fatigue un chemin assez considérable.

Il y a bien un inconvénient et non des moindres à cette manière de voyager sur l'Araguaya. Qu'un tronc d'arbre charrié par les flots et allant à la dérive vienne heurter le *S^{mo}-Rosario* ou que la barque elle-même emportée par le courant aille donner contre un obstacle imprévu, et c'est plus qu'il n'en faut pour nous précipiter au fond du fleuve. Heureux celui qui saura assez bien nager pour regagner la rive et éviter d'être happé par les *jacarès* (crocodiles).

Pour prévenir de pareilles catastrophes, les *barqueiros* feront le quart à tour de rôle pendant la nuit. Le veilleur, se tenant à la barre pour maintenir le *S^{mo}-Rosario* dans la bonne direction et dans le courant, essaiera aussi de percer les ténèbres de la nuit et de deviner plutôt que de voir les obstacles pour les éviter. Ce sera là un travail supplémentaire, et comme tel il mérite bien une récompense ; aussi séance tenante nous promettons cent mille reis de plus au pilote et à chacun des rameurs si, au lieu de n'arriver à Conceição que du 20 au 25 mai, nous y arrivons le 10, fête de saint Antonin.

L'équipage goûte fort cette proposition et le pilote dresse aussitôt l'ordre du jour pour tout le reste du voyage.

« Toi, Domingos, dit-il s'adressant au brave *Karaja*, tu auras aussi ta part de récompense et le *Padre* te donnera un joli *rosario* en perles blanches et roses pour ta sœur ou ta femme quand tu seras marié, et tu auras un second *fação*, mais attention, tu devras pagayer encore plus vite et nous attendre là où je te dirai, avec le poisson *tout préparé* et le *feu allumé*. Nous n'aurons ainsi, ajoute-t-il, qu'à faire cuire le riz ; ce sera l'affaire d'une heure à midi, une heure le soir, et pendant vingt-deux heures bien comptées, le *S^{mo}-Rosario* descendra le fleuve, doublant et parfois triplant les étapes. Chaque soir, en effet, après que nous serons remontés sur la barque et que le soleil sera couché, nous ramerons deux ou trois heures de plus, atteignant la plus grande vitesse sans craindre le danger, malgré l'obscurité, car je connais l'Araguaya et je me charge de tenir la barre.

« Le matin, de trois à quatre heures, nous accosterons pour la célébration de la sainte messe, pendant que les cousins sont encore engourdis par la fraîcheur de la nuit. Est-ce entendu, mes enfants? conclut-il, en s'adressant aux rameurs.

— Oui, oui, c'est entendu, répètent-ils en chœur, nous ramerons le soir après le coucher du soleil, nous veillerons à la barre chacun à notre tour et, Dieu aidant, nous aborderons avant le 10 au soir sur la plage de Conceição do Araguaya. »

Le brave *Karaja* n'a pas tout compris, il s'associe cependant à la joie générale. Il a saisi que s'il pagaye encore plus vite, s'il prend beaucoup de poissons, va à la corvée du bois et prépare le feu pour le moment où nous arriverons, il aura en plus un beau collier et un *fação;* cela suffit. Pour bien moins, on le ferait aller jusqu'au bout du monde.

A midi, Domingos nous attendait avec le poisson vidé, écaillé, lavé, tout comme aurait fait le plus habile cordon bleu; le feu aussi était allumé, il ne restait plus qu'à procéder à la cuisson du riz et du poisson dans la marmite, pendant que rôtirait sur des charbons ardents une partie de cuissot du cerf tué la veille.

Le soir, à cinq heures, le *Karaja* nous attendait encore, fidèle à sa consigne; mais à peine avions-nous abordé qu'avec de grands gestes il nous conduisit à une petite anse formée par les eaux de l'Araguaya. Là, dans une eau dormante, on voyait à vingt mètres de la plage émerger la tête énorme d'un vieux croco-dile. Domingos avait compris que nous serions per-sonnellement heureux de tirer un *jacaré* à bonne portée et il était content de nous offrir ce plaisir.

Le *jacaré*, conscient de sa force, confiant dans sa carapace et qui sait? méditant peut-être dans sa cervelle de faire un excellent repas à nos dépens, n'avait pas l'air de s'émouvoir de notre présence et continuait à rester immobile à la surface de l'eau; seule, sa tête monstrueuse et ses puissantes mâchoires émergeaient hors des flots. De ses yeux allongés en olive, il nous *regardait de travers*, mais *c'est sa manière à lui de regarder.* Tout se prêtait donc, du moins en apparence, à une chasse peu dangereuse. Il faudrait être, en effet, bien maladroit avec des armes comme les nôtres pour ne pas tuer du premier coup, à si pe-tite distance, cet inconscient hydrosaurien qui, dans son immobilité absolue, avait l'air de nous braver et de dire : « Tirez donc, je vous attends et je ne vous crains pas. Approchez, si vous osez, et venez faire connaissance avec mes mâchoires et mes dents. »

Nous avions lu dans les récits des chasses aux

grands fauves d'Afrique, en particulier dans celles du fameux *surhomme* l'ex-président Roosevelt, qu'une balle bien envoyée dans l'œil d'un caïman ou crocodile suffit pour le faire passer de vie à trépas. Partout ailleurs les balles sont inoffensives et glissent sur les écailles de sa carapace ; mais envoyées dans l'œil, elles vont au cerveau et ont un effet foudroyant. Voilà du moins ce que racontent ces fameux chasseurs, et nous n'avions aucune bonne raison de nous défier de leurs récits et de révoquer en doute leurs prouesses.

Aussi, sans prendre la peine de parlementer avec ce monstre, à la façon des héros d'Homère et comme le font encore les plus célèbres toréadors espagnols avant de donner au taureau la suprême estocade, nous mettons un genou à terre pour mieux assurer notre coup. A moins de vingt mètres, nous pensons bien loger la balle dans l'œil ou tout à côté et arriver ainsi droit au cerveau. Nous visons donc quelques secondes, le coup part éveillant les échos lointains de la forêt voisine, le crocodile plonge aussitôt, soulevant les vagues, battant les flots de sa terrible queue et faisant jaillir l'eau jusque sur la plage.

Au bout de quelques instants, il réapparaît à la surface absolument au même endroit, et reprend tranquillement sa position de dormeur ou d'*observateur* immobile tout comme si rien ne s'était passé. Nous restons étonné et quelque peu humilié dans notre amour-propre de chasseur, nous imaginant avoir manqué le but à moins de vingt mètres. Le pilote qui s'y connaît, est d'un autre avis. « Il en tient, dit-il, il en tient, bien touché ; il n'est pas mort, mais il est blessé à mort. »

Il paraît, en effet, que lorsque le crocodile n'est que blessé sans être touché à mort, il plonge et ne reparaît plus, ou bien va réapparaître au loin à trois ou quatre kilomètres. Blessé à mort, il revient à la surface à l'endroit même où il a été frappé ; on dirait que, sentant sa fin prochaine, il veut mourir non obscurément au fond de l'eau, mais à l'air libre, regardant ses ennemis, leur tenant tête et prêt encore, bien que mourant, à les broyer entre ses terribles mâchoires, s'ils commettent l'imprudence de s'approcher de lui.

Nous envoyons notre second coup, visant toujours à l'œil, et le crocodile renouvelle son manège, mais revient à la surface un peu plus tôt et plus loin que la première fois. N'étant plus, à cette distance, aussi sûr de notre coup, nous passons l'arme au pilote ; João prend aussi son winchester et, tous deux tirant ensemble au signal donné, leurs balles vont atteindre le monstre au bon endroit. Le crocodile plonge encore, mais les vagues qu'il soulève sont moins fortes, les coups de queue moins violents. On voit que ses forces diminuent. Il a, du reste, quatre balles dans la cervelle et cela le rend évidemment plus pondéré. Il revient sur l'eau et, à certains signes auxquels nous ne connaissons rien, les *barqueiros* devinent que c'est la fin.

Nous fûmes alors témoins d'une scène que nous hésiterions à croire si nous ne l'avions vue de nos propres yeux. João et le *Karaja* sautent dans l'*ubà*. Le *Karaja* s'assied à l'arrière avec sa pagaie et João se tient debout à l'avant, une longue rame à la main. Contournant vivement la petite anse, ils vont droit au *jacaré* qui se meurt, mais dont un seul coup de dent peut encore donner la mort. Nous voulons les empêcher d'avancer, mais peine perdue, ils n'écoutent que leur folle audace et ne suivent que leur instinct d'intrépides chasseurs. « Ne craignez rien, *Padre*, dit João, nous saurons nous garer des dents du *jacaré*. Il ne faut pas qu'il coule à pic au fond de l'eau, et à coups de rame nous allons l'amener près de la rive. »

UNE DANSE DES KARAJAS

Remarquer les bracelets et l'ornement de la lèvre inférieure
du jeune homme au premier plan à gauche.

CASES DE KARAJAS

Les perroquets ou araras que l'on voit sur la case de droite font office de chiens de garde

Ce disant, il frappe à grands coups de rame à droite et à gauche sur la tête du pauvre crocodile, l'obligeant à virer de bord et à prendre la direction du rivage.

Parfois, le *jacaré*, qui goûte fort peu cette façon d'agir, fouette vigoureusement l'eau avec sa queue, essayant de renverser l'*ubà*; mais le *Karaja* a prévu le coup et sa pagaie a éloigné l'*ubà* au bon moment. D'autres fois, le *jacaré* ouvre une bouche à avaler un bœuf; en effet, ses mâchoires, longues de plus de quatre-vingts centimètres, font un angle formidable, mais en se refermant avec un bruit sinistre, elles ne frappent que l'air, João et le *Karaja* ayant pris leurs précautions et se gardant bien de se laisser happer.

Quand le *jacaré* n'est plus qu'à trois ou quatre mètres de la rive, le pilote lance un câble qui le prend comme dans un lasso, et nous n'avons plus qu'à tirer sur la corde pour l'amener hors de l'eau. Nous sommes là huit hommes et nous n'arrivons qu'à grand'peine à vaincre la résistance du monstre qui ne veut pas avancer et enfonce ses pattes dans le sable. Quand il est bien à sec, nous mettons une cartouche de grosses chevrotines dans un des canons de notre fusil, et, à un mètre environ, nous faisons feu entre les deux yeux. La charge, faisant balle, fait sauter une plaque de crâne comme la main; pour plus de sûreté, le pilote prend notre revolver d'ordonnance et, à bout portant, loge deux balles dans l'œil du *jacaré* qui, après un mouvement convulsif, laisse retomber sa tête et ne bouge plus. C'est la fin, c'est la mort.

En nous aidant des rames, nous retournons le monstre les pattes en l'air et nous le mesurons tranquillement. Il a 8 m. 50, bonne mesure; sa tête, deux fois plus longue que large, a près d'un mètre et nous comptons trente-huit dents formidables à la mâchoire supérieure et presque autant à la mâchoire inférieure. En signe de victoire, João coupe l'extrémité de la queue avec son *fação* et, contents de notre œuvre, nous songeons alors à préparer le repas du soir.

Une heure après, pendant que nous mangions tranquillement le riz, la *carne secca* et le poisson, nous entendons un bruit comme celui d'un corps très lourd tombant sur le sable. Nous regardons et oh! surprise, c'est le *jacaré* qui s'est remis sur ses pattes et essaie d'avancer. Il soulève sa tête monstrueuse de laquelle sort une écume sanguinolente, mais il ne peut la soutenir et elle retombe lourdement sur le sable. Il n'était donc pas mort. Nous étions bien obligés de nous rendre à l'évidence et d'en croire nos yeux.

Nous allons vers lui ; à notre approche, il ouvre une gueule énorme. João, toujours rapide, y passe une rame en travers, les mâchoires se referment, les dents pénètrent de toute leur longueur dans le bois, impossible à João de retirer sa rame. Nous joignons nos efforts aux siens, nous nous y mettons tous, peine perdue, le *jacaré* se laisse traîner sur le sable, mais ne desserre point les dents.

« Eh bien, pauvre João, dit le pilote, où en serions-nous, si, pendant que nous le mesurions et le retournions les pattes en l'air, le vieux *jacaré*, qui n'était point mort, mais simplement évanoui, s'était réveillé et avait happé notre bras ou notre jambe comme il a pris ta rame? Nous serions bien campés et, dans l'impossibilité où nous sommes d'ouvrir la gueule du monstre et de lui faire lâcher prise, il ne nous resterait d'autre ressource, pour délivrer le prisonnier, que de lui couper le bras ou la jambe comme nous allons être obligés de couper la rame pour avoir la pagaie qui la termine et qui nous est nécessaire. »

Pensif, nous réfléchissons et nous tremblons après coup, à l'idée du danger, que nous avons tous couru sans nous en douter. Que faut-il donc, pensions-nous, pour tuer *en réalité* ces monstres qui sont légion dans l'Araguaya? Pour le jaguar, ce roi des forêts du Brésil, une balle bien placée au cœur ou à la tête suffit à le foudroyer. Ici, rien de semblable. Voilà un *jacaré* qui a dans la tête sept balles lancées à petite distance par une arme de guerre ; trois au moins ont pénétré par l'œil dans le cerveau ; la charge de chevrotines, faisant balle, a fait sauter entre les deux yeux une plaque de crâne large comme la main, et malgré cela, il n'est point mort. Où donc réside la vie dans ces hydrosauriens?

Tout ce qui précède est rigoureusement exact ; pas un détail, pas un mot ne sont à côté de la vérité. Quant aux chasseurs qui, d'un seul coup de fusil, font passer de vie à trépas les crocodiles, nous n'avons pas à contrôler leurs affirmations. Nous aimons à penser qu'ils disent vrai ; seulement, les crocodiles d'Afrique ne doivent pas être les mêmes que les crocodiles et les caïmans de l'Araguaya ; puis un crocodile tenant le record de la vie avec les tortues et pouvant vivre trois cents ans, les chasseurs dont nous parlons auront eu affaire probablement à des crocodiles relativement jeunes ; le nôtre était vieux et avait l'âme, nous voulons dire la vie, chevillée au corps, tout comme les vieux chênes ont les racines plus profondément enfoncées dans la terre et faisant corps avec elle.

Quoi qu'il en soit, la leçon sera bonne pour nous, et comme le rat de la fable disait au chat enfariné :

« Rien ne te sert d'être farine,
« Car quand tu serais sac, je n'approcherais pas. »

Ainsi nous nous tiendrons désormais à une distance respectable des crocodiles même mourants, disant nous aussi :

« Rien ne te sert d'être mourant,
« Car quand tu serais mort nous n'approcherions pas. »

Cette chasse ayant retardé notre départ, il était déjà nuit quand nous reprîmes le fleuve. Pour regagner le temps perdu, les *barqueiros* ramèrent vigoureusement jusqu'à dix heures du soir. Après le chant du *Salve Regina* et la bénédiction pour la nuit, nous nous étendons : qui sur une caisse, qui sur un cuir de bœuf, voire même sur le *carne secca*, pour dormir à notre aise ; seul João reste à la barre, veillant à la sûreté de tous jusqu'à une heure du matin. Il doit alors réveiller Manoel qui prendra le quart jusqu'au moment d'aborder pour la célébration de la sainte messe. Pendant notre sommeil, le *S^{mo}-Rosario* descend sans secousse le cours du fleuve et nous fait gagner un temps précieux.

A deux heures du matin, nous nous éveillons. Dès que nous avons repris conscience du monde extérieur, il nous semble que nous sommes au repos et que le *S^{mo}-Rosario* ne bouge point. Pour nous en assurer, nous appelons à voix basse le *barqueiro*.

A la lueur incertaine des étoiles, nous voyons très bien se projeter, à droite et à gauche, la tache sombre des forêts qui bordent l'Araguaya, nous sommes donc au milieu du fleuve ou à peu près. Cependant, il nous semble que nous n'avançons point. Le *S^{mo}-Rosario* filerait-il si doucement qu'il nous fût impossible de percevoir son mouvement? Pour nous en assurer, nous appelons à voix basse le *barqueiro* de quart pour ne pas éveiller ses compagnons : « João ! João ! » pas de réponse. Tout dort dans la forêt, dans le fleuve, sur la barque ; sans la respiration bruyante du *Karaja* et le ronflement de quelques *barqueiros*, on dirait que tout est mort. Nous élevons un peu la voix : « João ! João ! » Cette fois, il a entendu : « *Padre*, qu'y a-t-il? — Mais il me semble que le *S^{mo}-Rosario* est immobile, cependant nous sommes loin des rives du fleuve. »

João s'est vite rendu compte de ce qui arrive :
« Ah ! *Padre*, pardon, je m'étais endormi. » Et il
appelle aussitôt ses compagnons qui, sur un mot de
lui, se jettent à l'eau et remettent à flot la barque
qui, n'étant plus maintenue dans le courant pendant
le sommeil de João, avait été s'échouer sur un banc
de sable. Sous la direction du pilote et l'impulsion
des rameurs, elle fut vite remise dans le courant, et
la nuit s'acheva sans autre accident.

Le matin, vers quatre heures, nous célébrons la
sainte messe sur la plage, profitant de l'engourdisse-
ment des moustiques, et nous reprenons aussitôt le
fleuve.

Vers sept heures, nous apercevons le *rio* das Mortes
qui se jette dans l'Araguaya. Ce *rio* ferait bonne figure
parmi les plus grands fleuves de l'Europe, et cependant, malgré le volume d'eau qu'il apporte à l'Araguaya, celui-ci n'en paraît point sensiblement plus
grand.

Dans la soirée, nous voyons de nouveau les *Karajas*
apparaître sur la plage, c'est le signe que nous ne
sommes plus sur les terres infestées par les *Chavantes*.
Désormais, nous verrons chaque jour des Peaux-
Rouges sur les rives du fleuve, mais ce seront des
Karajas connaissant, aimant, nos Pères de Conceição
et qui viendront à nous pour nous saluer et aussi...
pour recevoir des présents.

A trois heures, nous voyons une *ubá* quitter la rive
et se diriger vers nous. Elle a tôt fait de nous rejoindre. C'est le *capitão Irqué* qui vient avec sa femme
et sa fille pour nous offrir des présents... (???) Comme
nous ne voulons point perdre de temps à parlementer, l'*ubá* est attachée à notre barque et nos visiteurs montent dans le *S^{mo}-Rosario* qui, pendant la
conversation, continuera à descendre le fleuve. Pour
le *capitão*, habitué à pagayer, ce sera un jeu de re-

monter le courant et de revenir à son point de départ.

Ces *Karajas* sont vite familiarisés avec tous et principalement avec le *Padre* qu'ils appellent *Papaï Grande* et dont ils connaissent la bonté. Sans plus de façon, le *capitão Irqué* fait asseoir sa femme à notre droite, sa fille à notre gauche, s'assied lui-même bien en face, ses genoux touchant les nôtres et, avec un geste majestueux, dépose à nos pieds deux ananas et quelques *batatas doces* en prononçant le mot sacramentel *A grado*. Cela veut dire qu'il nous en fait présent.

Oui, c'est un cadeau, mais un cadeau dont il ne tardera pas à nous demander le paiement. Entre lui et nous, la conversation ne peut être bien longue, car nous ne connaissons pas sa langue et il connaît à peine quelques mots de la nôtre, mais ce sont les mots essentiels pour lui, les mots pratiques.

A peine avons-nous fait signe que nous acceptons son cadeau que de sa large main il nous donne familièrement *une tape* sur la cuisse en disant : « *Papaï Grande, fumo.* » Cela veut dire que nous devons lui donner du tabac et que nous devons en donner aussi à sa femme et à sa fille. Pour toutes ces choses, en effet, la communauté n'existe pas chez les *Karajas;* même en famille, chacun acquiert et possède pour son propre compte. Nous donnons en conséquence un bon morceau de corde de tabac au *capitão* d'abord, puis à sa femme et à sa fille qui sont à nos côtés et se serrent de plus en plus contre nous, comme pour nous empêcher de bouger et surtout de nous échapper. Le tabac est vite... non point serré dans les poches absentes, mais déposé à côté afin de laisser les mains libres pour recevoir encore.

Le *capitão Irqué* nous regarde avec béatitude et nous donne une *seconde tape* sur la cuisse : « *Papaï Grande, rapadura;* » et nous donnons à chacun une tablette de *rapadura*.

Ce n'est point fini, car ces *Karajas* sont insatiables et nul ne s'entend à nous *taper* comme ces Indiens. Donc, *troisième tape* plus forte que les précédentes : « *Papaï Grande, camisa.* » Cela veut dire que nous devons lui donner une chemise et toujours en vertu de la non-communauté de biens pour ces objets, une pour lui, une pour sa femme, une pour sa fille.

Les lecteurs ne doivent pas se méprendre sur la vraie signification de ce mot *camisa*, chemise, ou plutôt — car le sens est clair — sur l'usage réel que les *Karajas* veulent en faire. Ils demandent un peu d'étoffe, cotonnade ou indienne, non pour avoir une chemise dont ils ne sentent pas le besoin et qui les embarrasserait plutôt, mais pour fabriquer un ou plusieurs petits sacs à provisions qui leur seront d'un secours inappréciable dans leurs continuelles courses à travers la forêt.

On n'imagine pas, en effet, l'embarras où se trouve un Peau-Rouge pour porter un objet quelconque quand il n'a pour poche et pour tout vêtement qu'un rayon de soleil. Donnez-lui un peu de tabac ou une pincée de sel, une tablette de *rapadura* ou un de ces petits miroirs qu'ils aiment tant, et aussitôt ses mains sont immobilisées ; or, elles doivent rester libres pour manier l'arc et les flèches. Un petit sac, suspendu par une liane aux épaules ou à la ceinture, résout toutes difficultés. Ils se serviront aussi de cette étoffe pour se couvrir les épaules pendant certaines nuits plus fraîches sur les bords de l'Araguaya.

Une troisième fois, nous acquiesçons à la demande du *capitão* et nous lui donnons l'étoffe tant désirée. Elle va vite rejoindre le tabac et la *rapadura* et, de sa main libre, de nouveau, le *capitão* nous donne une *quatrième* et *forte tape* sur la cuisse, disant : « *Papaï Grande...* » Que n'allait-il pas demander encore ? Probablement un petit miroir pour admirer sa beauté et celle de sa femme... mais nous avons peu de miroirs et tenons à les conserver pour les grandes circonstances ; aussi nous l'arrêtons par un geste aussi familier que le sien et nous lui faisons comprendre que c'est assez. Il se résigne facilement, heureux d'avoir déjà tant reçu, et après nous avoir demandé des nouvelles du *capitão Capichao*, de Léopoldina, frère de sa femme, il saute dans l'*ubà* et remonte rapidement le fleuve en compagnie des siens.

Il venait à peine de disparaître à l'horizon, quand nous sommes accostés par de nouvelles *ubãs*. Dans celles-ci il n'y a que des femmes et des enfants. Probablement que les hommes sont à la chasse, et les femmes, nous apercevant au loin, n'auront pas voulu perdre l'occasion de venir nous saluer et aussi — qu'on nous pardonne l'expression — nous *taper* dans tous les sens du mot, comme venait de le faire le *capitão Irqué*. Elles sont donc montées en *ubã*, et maniant la pagaie tout aussi habilement que les hommes, les voilà côte à côte de notre barque. Ici, nous sommes obligés de nous arrêter, car il n'est pas possible d'embarquer avec nous, toutes ces femmes et ces enfants.

Après avoir distribué du tabac et du sel, même aux petits enfants qui, poussés par leurs mères, tendent la main, nous déclarons que nous allons donner *camisa*, c'est-à-dire un morceau d'étoffe, mais uniquement aux enfants pour les préserver de la fraîcheur pendant la nuit.

Nous servons d'abord les plus éloignés pour qu'ils puissent s'en aller et dégager le fleuve. Tout à côté de nous et rangée bord à bord avec le *S^{mo}-Rosario* se trouve une *ubã* plus petite et plus légère que les autres, portant seulement une toute jeune femme *karaja* avec ses deux enfants, qui peuvent bien avoir un ou deux ans tout au plus, mais qui déjà savent se tenir debout dans l'*ubà* sans la faire chavirer. Nous coupons deux petits carrés d'indienne et, les pliant en pointe comme un fichu, nous la plaçons nous-mêmes sur les épaules de ces deux chérubins. Ils étaient vraiment beaux avec leur petit corps aux formes si bien prises et leur couleur bronzée, sous cette indienne aux couleurs voyantes. La pauvre mère ne se tenait pas de joie ; regardant ses petits avec des yeux enflammés, les prenant dans ses bras, les serrant contre son cœur ou bien encore les plantant là debout devant elle, les regardant dans une espèce d'extase d'amour maternel : jamais évidemment elle n'avait rien vu de semblable. Tout d'un coup, avec cette mobilité de physionomie propre aux enfants et aussi aux peuples enfants, nous la voyons passer de la joie à la tristesse. Elle parle, elle gesticule et, avec une incroyable volubilité, nous adresse un discours auquel nous ne comprenons rien. Au mot *menino*, enfant, souvent répété et à ses gestes, nous saisissons cependant qu'elle nous demande encore de l'indienne. Nous lui disons que les *meninos* en ont déjà et que nous ne pouvons plus en donner ; que là-bas nous trouverons encore d'autres *meninos* qui auront froid et pour lesquels nous devons en réserver un peu. Cette explication, qu'elle ne comprend peut-être point, n'a pas le don de la satisfaire et, de plus belle, elle recommence à parler et à gesticuler. Le pilote s'impatiente. « Nous ne pouvons, dit-il, nous éterniser ici, la distribution est faite, nous perdons le temps ; allons, les enfants, prenez les rames et enlevez vivement le *canoa*. » Cette jeune mère n'a sûrement pas compris les paroles, mais elle a vu le geste des *barqueiros* levant les rames et cela lui suffit ; souple, légère, agile comme le *jaguar* des forêts, elle bondit dans notre barque et se trouve à côté de nous avant que les rames soient retombées et aient touché l'eau.

Alorsse passa une scène vraiment touchante et que nous dirons avec toute la simplicité de l'Évangile.

Debout près de nous et du pilote, cette jeune femme nue, criant, gesticulant comme une pythonisse agitée par le démon, n'arrivait pas à nous faire comprendre ce qu'elle désirait. Le cas devenait embarrassant. Que faire? Filer, emportant dans notre barque cette jeune femme, n'était pas possible, c'eût été nous mettre dans un mauvais cas. La prendre à bras-le-corps et la jeter dans le fleuve d'où elle aurait regagné l'*ubà* eût été peut-être le bon moyen de nous débarrasser d'elle. Nous disons peut-être, car dans sa fureur, souple et forte comme une onça du *matto*, elle était bien de taille à se défendre et à entraîner dans l'eau avec elle un ou deux *barqueiros*. Mais c'était là un procédé peu chevaleresque et il ne fallait même pas y songer. Que faire? Pendant que nous délibérons; tout à coup, oh! puissance de l'amour maternel, cette femme a un trait de lumière. D'un geste aussi gracieux et chaste qu'énergique, elle met la main sur son sein et nous fait comprendre que là, sous sa main, il y a encore un troisième *menino* qui verra bientôt le jour, qui aura froid pendant la nuit comme les autres et pour lequel elle réclame aussi de l'étoffe. D'une main tremblante d'émotion, nous coupons une grande, une très grande bande d'indienne sans mesurer, et nous la donnons à cette mère prévoyante. Elle s'en empare et, sautant dans l'*ubà*, elle file à toute vitesse en nous envoyant de loin des remerciements.

Oh! si les bienfaiteurs de la mission, ceux dont la générosité nous permettait d'être généreux à notre tour, avaient été là; s'ils avaient vu la joie, le contentement de cette jeune mère, comme ils auraient été récompensés de tous leurs sacrifices! L'Esprit-Saint l'a dit : « Il y a plus de bonheur à donner qu'à rece-

voir : *Beatius est magis dare quam accipere.* » Donner
est toujours une vraie satisfaction de cœur, mais
donner à une mère et donner pour ses enfants est une
double satisfaction du cœur et de l'âme.

Ce soir-là, on rama jusque vers onze heures et les
barqueiros le firent spontanément, joyeusement, pour
regagner le temps perdu. A onze heures, c'est Julião
qui prend le quart et tous nous nous endormons
promptement, heureux des bienfaits répandus sur
notre passage.

A trois heures du matin, nous sommes réveillés
en sursaut. Un choc violent vient de se produire, les
caisses roulent sous les dormeurs, et les dormeurs
roulent les uns sur les autres pendant que le *S^{mo}-
Rosario* a l'air de danser une ronde. Les *barqueiros*,
plus alertes et plus expérimentés que nous, sont les
premiers debout, la rame à la main. « Qu'y a-t-il?
demandons-nous à moitié rassurés? — *Padre*, ne
craignez rien, il n'y a pas de danger, » crie le pilote
qui a déjà saisi la barre.

Le veilleur s'était encore endormi et le *S^{mo}-Rosario*,
déviant, s'était trop approché d'une rive escarpée
et avait heurté un amas de broussailles accumulées
par le courant contre un gigantesque tronc d'arbre.
Heureusement les broussailles avaient amorti le choc
et nous n'avions point d'avarie.

Quelques instants après, nous abordons sur une
des plus belles plages que nous ayons encore vues.
Pendant que nous préparons l'autel, nous causons
avec le pilote, qui ne paraît pas autrement troublé
de voir ses hommes s'endormir régulièrement chaque
nuit, au lieu de veiller à la barre comme c'était convenu pour tenir la barque dans la bonne direction
et éviter, prévenir les dangers. Comme nous en faisons la remarque, Jéronimo s'enhardit à nous dire
franchement la vérité.

« Voyez-vous, *Padre*, nos hommes ne sont à la barre que pour la forme : ils ne peuvent ramer pendant tout le jour, faire le soir un fort supplément de travail et ne pas dormir la nuit, ils n'y tiendraient pas. — Mais alors, c'est par principe et volontairement qu'ils ne veillent point ? — Oui, *Padre*. —Nous voguons donc toute la nuit au hasard, au petit bonheur, exposés à toutes les pannes et à tous les chocs ? — Oui, *Padre*, mais ne craignez rien. La Très Sainte Vierge veille sur nous et il ne nous arrivera très certainement rien de fâcheux. Avec tous les patrons nous agissons ainsi, car nous ne pouvons travailler le jour et veiller la nuit, et il est bien rare qu'il nous arrive quelque grave accident. Cette fois, ce n'est pas un patron ordinaire que nous conduisons, c'est un *Padre*, un missionnaire de la Très Sainte Vierge, que pouvons-nous craindre ? »

Cette foi, si vive et si simple, la piété si humble et si confiante de cet enfant du Sertão nous font honte à nous-même, et nous nous reprochons d'avoir douté.

Après la messe et une double ration de café, nous remontons sur le *S^mo-Rosario* et nous faisons force rames vers Conceição do Araguaya.

C'était le jeudi 4 mai.

CHAPITRE XVI

La journée du jeudi 4 mai nous procure de faire
plus ample connaissance avec les *Karajas*, et nous
pourrions bien l'appeler « la journée des Peaux-
Rouges ».

De grand matin, le fleuve paraît s'animer plus que
de coutume, et nous voyons plusieurs *ubàs* remplies
de femmes et d'enfants filer à toute allure vers ce
qu'on nous dit être l'aldeïa du *capitão João*. Toutes
ces *ubàs* font pourtant un détour pour accoster le
S^{mo}-Rosario, saluer le *Papaï Grande* et lui demander
des présents ; en particulier de la farine de manioc
et de la *rapadura*.

Nous apprenons alors la cause de ce mouvement
inaccoutumé sur le fleuve, et qui ressemble fort à une
émigration.

Un certain V..., Peau-Rouge d'une tribu autre que
celle des *Karajas*, prétendant avoir à venger la mort

de son petit enfant, a tué d'un coup de fusil un enfant *karaja* appartenant à une famille vivant isolée sur la plage. De là, grand émoi dans le camp *karaja*.

Ce Peau-Rouge V... est, nous dit-on, fort intelligent, instruit même, mais plus méchant encore qu'instruit et intelligent. Il se prétend civilisé. Au lieu d'aller vêtu d'un simple rayon de soleil, il a endossé tout un vêtement de *Sertanejo;* l'arc et les flèches ont été remplacés par un bon fusil à longue portée et des cartouches à balle, dont il se sert encore plus, contre les *Karajas* que contre les fauves du Matto. Qu'y a-t-il de vrai dans tout cela? Il nous répugne de croire que ce fait et bien d'autres donnent raison à la trop fameuse théorie de Jean-Jacques Rousseau, et que la civilisation n'a abouti qu'à pervertir cet homme.

Ne serait-ce point là, cependant, le résultat assez piquant d'une civilisation basée sur d'autres principes que ceux de la religion et du christianisme? Nous avons eu l'occasion de remarquer trop souvent, hélas! que le contact avec les Européens est loin de rendre meilleurs les Peaux-Rouges, quand on ne commence point par en faire de vrais chrétiens.

Dans la circonstance, les *Karajas,* vivant isolés sur la plage, commencent à mettre en sûreté femmes et enfants dans l'aldeïa du *capitão João,* puis ils se procureront, eux aussi, des fusils et rendront coup pour coup, car, disent-ils, les *Karajas* sont les rois du fleuve et de la forêt, et ils ne craignent personne. « Cependant, ajoutent-ils, nous ne demandons qu'à vivre en paix; vous qui êtes le *Papaï Grande,* vous pourriez bien dire à ce méchant de rester chez lui et de ne pas venir tuer nos enfants pendant notre absence. »

Nous acceptons volontiers cette mission pacifique, dont nous ne pouvons nous acquitter par nous-même, mais que nous confierons à nos religieux de Conceição, partout connus, aimés et respectés. Nous devons noter ici que, de fait, les Pères de Conceição réussirent à éviter l'effusion du sang et à pacifier les esprits.

Ce qui nous frappe le plus en voyant ces *ubàs* pleines de femmes et d'enfants, c'est la profonde, l'incroyable misère de ces populations. Voilà des femmes, des mères de famille qui émigrent, emportant tout ce qu'elles ont de plus précieux au monde, tout ce qu'elles possèdent. Leurs enfants d'abord, puis quelques *batatas doces*, un ou deux régimes de *bananas*, deux moitiés de calebasse pour puiser et conserver l'eau ; et c'est tout. La famille ne possède pas autre chose. Il faut voir de quelle façon ces femmes regardent notre sac plein de farine de manioc. Elles s'approchent et, retenant leur respiration pour paraître plus *minces* (*oh! non point par vanité*, c'est le contraire dont elles seraient vaniteuses), elles posent la main sur l'estomac, en disant : *Ignore*, ce qui signifie *ventre petit*, ce qui revient à dire ventre vide, ventre affamé. Nous donnons à chaque *ubà* une ration de farine de manioc, une poignée de sel ; et toutes ces familles s'en vont heureuses, bénissant dans leur cœur le *Papaï Grande* et par le *Papaï Grande* tous les bienfaiteurs de la mission.

Un peu plus loin, nous voyons venir à nous une *ubà* remplie de guerriers avec leurs flèches et leurs massues ; elle remonte le courant, et pourtant on dirait qu'elle vole sur les flots. Ces hommes veulent évidemment nous donner une haute idée de leur force et de leur adresse. Il n'est que juste de dire qu'ils y réussissent. C'est le capitaine Tamanaco ; il parle couramment le brésilien et est le grand ami de nos Pères, qu'il a souvent accompagnés et qu'il serait prêt à défendre au péril de sa vie.

Nous lui faisons des présents en rapport avec son grade, son amitié et son dévouement : du tabac pour chacun de ses hommes, une provision de farine de manioc pour tous ; de plus, un *Rosario* à gros grains en verre ; ce sera un beau collier pour son fils. Ce jeune homme, qui paraît avoir vingt-cinq ans, se tient debout à l'arrière de l'*ubà*, dirigeant la manœuvre. Il est fièrement campé et il serait difficile de trouver un plus beau type de jeune homme. On dirait l'Apollon du Belvédère. Il est simplement regrettable que, pour la circonstance, il ait cru devoir se peinturlurer en rouge, au lieu de conserver sa belle couleur de bronze. A Tamanaco lui-même, nous donnons un petit miroir et un beau *fação*, « *cabo de arame* », comme ils disent, c'est-à-dire dont la poignée est entourée d'un fil de cuivre reluisant au soleil.

Tamanaco, à son tour, va nous faire un présent et ce sera un cadeau vraiment royal. Ce ne sera pas la fameuse ceinture de Norodom, car qu'est-ce que nous pourrions bien en faire sur l'Araguaya? Ici, le côté immédiatement pratique prime tous les autres. Ce cadeau, vraiment digne d'un chef tel que Tamanaco et du *Papaï Grande*, sera..., devinez quoi? Tamanaco se penche vers le fond de l'*ubà* et en retire un énorme... *caméléon* mort depuis deux jours, empestant l'atmosphère et sous la carapace duquel grouille déjà une armée de vermine. Heureusement que le pilote, ayant d'abord aperçu ou plutôt flairé le caméléon mort, nous avait averti que c'était un mets très recherché et que Tamanaco nous l'offrirait probablement, croyant nous faire plaisir et honneur. Sans cet avertissement charitable, nous aurions reculé d'horreur et peiné le brave *capitão* Tamanaco.

Nous acceptons donc de bonne grâce et avec force remerciements. Tamanaco nous serre alors la main à nous faire crier et son *ubà* s'éloigne légère et rapide comme une mouette rasant les flots.

Au repas de midi, à notre grand étonnement, nous voyons les *barqueiros* dépecer le caméléon, enlever sommairement les vers qui le dévorent et se mettre en train de le faire cuire.

« Mais alors, Jéronimo, vous parliez sérieusement quand vous me disiez que le caméléon est un mets recherché ?

— Mais oui, *Padre*, et vous allez en juger par vous-même ; la chair du caméléon, surtout de celui qui est *faisandé* comme le nôtre, est meilleure que celle d'un cerf. »

Nous confessons bien humblement que, malgré toutes les protestations de Jéronimo, nous ne voulûmes pas tenter l'expérience. La seule idée que c'était de la chair de serpent, les vers que nous avions vus grouiller un peu partout sur cette chair corrompue, l'odeur insupportable qu'elle répandait, tout cela nous causait une répugnance invincible. Les *barqueiros* firent leur part plus grande et tout fut dévoré par eux à belles dents.

Le *Karaja*, se sentant presque humilié par notre refus, veut se rattraper et nous offrir un autre mets de Peau-Rouge. Il court au fleuve, « flèche » un magnifique poisson, et nous le montrant, s'agitant encore entre ses mains, il a l'air de nous dire : « Au moins celui-ci ne sent pas, et vous le mangerez bien. Vous allez voir comme je vais vous le préparer à ma façon. » Sur ce, il jette le poisson tel que sur les charbons ardents, et le retourne de temps en temps pour le rôtir méthodiquement. Mon pauvre garçon, pensions-nous, si tu crois que nous allons manger de ce gros poisson que *tu n'as pas vidé*, que tu n'as pas écaillé et qui traîne ainsi sur la cendre, tu es loin de la vérité ! Quand Domingos juge que le poisson est rôti à point, — et ma foi, l'odeur qu'il exhalait était plutôt appétissante, — il le prend par la tête avec sa main gauche et, avec une incroyable dextérité, du pouce et de l'index de sa main droite, tirant de haut en bas, il enlève deux magnifiques tranches de poisson qu'il dépose sur une large feuille de *banana*. Toutes les arêtes sont restées dans sa main ; quant aux écailles souillées par la cendre, elles sont sur la feuille de banane. Seules apparaissent ces belles tranches de poisson rôties à point, et elles sont assez épaisses pour qu'on puisse faire un bon repas, sans arriver aux écailles. Jamais nous n'avions mangé d'aussi bon poisson. On appelle cela du poisson à la *karaja* ou à l'indienne, car les *Karajas* ne sont pas seuls à user de ce procédé.

Les lectrices de ces pages et les bonnes sœurs pourraient essayer la recette, et nous ne doutons point qu'avec l'habileté et l'adresse qui les distinguent, elles ne réussissent vite et mieux même que notre *Karaja*. Deux seules choses sont indispensables pour tenter l'expérience avec un plein succès. Un gros poisson bien frais venant d'être pris dans la rivière ou dans la mer et ayant au moins dix centimètres d'épaisseur, pour avoir de bonnes tranches et de parfaites aiguillettes, puis un grand feu avec de bonnes bûches de chêne ou de hêtre donnant des charbons bien consistants et de première qualité.

A cinq heures, nous accostons pour le repas du soir. Domingos est à son poste sur la plage et avec lui une dizaine de jeunes gens *karajas* qui nous attendent pour nous saluer et avoir des présents. Comment ont-ils su que nous descendions le fleuve? Ils viennent de loin et Domingos n'a pu les prévenir, il n'a fait que leur indiquer l'endroit de la plage où nous devions faire une courte halte. Nous avons souvent été frappés au cours de ce voyage de la rapidité avec laquelle les nouvelles se répandent dans le Sertão, la forêt et le désert. Il n'y a cependant ni poste, ni courrier, ni communications régulièrement organisées. Nous serions tentés de croire qu'il y a une télégraphie sans fil universelle, non comme nous l'entendons avec des postes transmetteurs et récepteurs que la science elle-même n'établit qu'à grands frais, mais une télégraphie sans fil qu'on pourrait appeler la télégraphie des âmes.

Ces dix jeunes *Karajas* ont tous au-dessous du genou de larges jarretières, tressées avec de fines lianes ou de l'écorce d'arbre, elles sont nouées sur le devant et les extrémités effilochées retombent gracieusement jusqu'à mi-jambe. C'est le signe que ces jeunes gens ne sont pas encore mariés. Les jeunes filles portent le même ornement jusqu'au jour de leur mariage. Devenues veuves, elles le reprennent bientôt, à moins qu'elles ne reprennent plus vite encore un nouveau mari. En France, ce sont les personnes mariées qui portent un anneau au doigt ; ici, ce sont les jeunes gens et les jeunes filles qui portent un ornement signe de leur liberté. Quelle est la coutume la plus rationnelle ? Les opinions sont libres. Nous inclinerions volontiers à donner la préférence à la coutume *karaja*. Le signe est plus visible et constitue un gracieux ornement.

Pendant notre repas, ces jeunes gens nous donnent une représentation de lutte *karaja*. Ils n'ont sûrement pas reçu de leçons d'un professeur anglais, français ou allemand ; et cependant on retrouve chez eux la même manière de procéder, les mêmes principes des lutteurs de profession qu'on voit sur les champs de foire. Tout comme dans la lutte classique, les deux épaules du vaincu doivent toucher simultanément la terre. Il faut les voir à l'œuvre pour se faire une idée de leur agilité, de leur souplesse et de leur force. Au moment où l'on croit que c'est fini et que les épaules vont toucher terre, le lutteur se tord comme un serpent, glisse entre les mains de son adversaire et se retrouve debout, prêt à recommencer. Les *Karajas* aiment passionnément la lutte, ils s'y exercent dès leur plus tendre enfance, et tous les jours, pendant de longues heures quand ils ne sont pas à la chasse ou à la pêche. Aussi ils deviennent d'une force et d'une habileté consommées.

Comme récompense et présent, nous donnons à chacun un bon morceau de corde de tabac, quelques tablettes de *rapadura*, et les voilà contents et heureux : c'est tout ce qu'ils désiraient. Nous leur offrons de prendre avec nous une *chicara* de café et leur joie devient si exubérante qu'ils renversent la cafetière que Patricio ne tient pas assez solidement dans ses mains, et nous sommes obligés de refaire le café.

Nous reprenons le fleuve à la tombée de la nuit et les *barqueiros* rament jusqu'à dix heures du soir. Nous récitons le *Salve Regina* et les trois invocations à l'Étoile des mers, confiant à Elle seule, le soin de veiller sur la barque pendant notre sommeil, et nous nous endormons paisiblement.

Au milieu de la nuit nous sommes tous éveillés par un bruit sinistre qu'on jurerait être celui d'un grand oiseau de proie. Dans la solitude, le silence et l'obscurité, l'écho lointain des forêts le répète d'une manière impressionnante. L'écho avait à peine cessé, que le même cri se fait entendre de nouveau, mais cette fois à ne pas s'y méprendre : il vient de notre propre barque dans laquelle pourtant rien d'anormal n'a l'air de se passer. C'est le *Karaja* qui l'a poussé. Plusieurs cris semblables lui répondent de la plage où nous voyons remuer de grandes ombres. « Ce sont des *Karajas*, nous dit le pilote. Domingos, les apercevant malgré les ténèbres ou plutôt les « flairant », les a appelés, et ils viennent à nous montés sur leurs *ubàs*. » Le bon Jéronimo dit cela très simplement sans paraître y attacher d'importance et il ne se doute même pas de l'impression que ses paroles nous produisent.

Nous l'avouons, en effet, peu familiarisé encore avec les Peaux-Rouges, la tête toute remplie de ce que nous avions lu dans les récits de grands explorateurs « en chambre », nous n'étions pas autrement rassuré et volontiers nous nous serions passé de cette visite nocturne.

Se trouver seul perdu dans l'immensité, au milieu des ténèbres de la nuit, sur un fleuve de plusieurs kilomètres de large, hanté par des crocodiles, et voir venir à soi trente gaillards — non baptisés — ressemblant dans l'obscurité, avec leurs peintures rouges, plutôt à des démons qu'à des hommes, n'est guère rassurant. Évidemment, nous sommes à leur merci. Qui sait si nous ne sommes pas trahis par notre *Karaja*? Domingos est depuis quelques jours avec nous, il a partagé notre vie et sait tout ce qui se trouve dans notre barque : du tabac et de la farine de manioc en abondance, du riz, du sel, des couteaux, de l'étoffe, des miroirs et des *rosarios* aux beaux grains en verre pour servir de collier. Pour lui et pour les siens ce sont des richesses inappréciables, bien capables de tenter leur convoitise ; c'est plus que la fortune de tout un royaume. Qui donc, à cette heure de la nuit et dans ces immenses solitudes, peut empêcher ces *Karajas* de nous jeter dans le fleuve en pâture aux crocodiles et aux *piranhas*, et de s'emparer ensuite de toutes ces richesses?

Qui saura jamais ce qui est arrivé?

Plus tard, si on interroge, et comment d'ailleurs interroger des gens qu'on ne connaît pas, dont on ignore la langue et qui sont essentiellement nomades? mais enfin, si on interroge, les *Karajas* n'auront qu'à répondre que, voyageant de nuit, nous avons été les victimes d'un accident et tout sera dit, l'incident sera clos. Personne n'y pensera plus, si ce n'est pour blâmer notre imprudence et redire une fois de plus : *A quoi cela sert-il d'aller si vite? Qui va piano, va sano. Requiescat in pace.*

Pour une cervelle européenne, fût-ce la cervelle d'un *Padre*, il n'y a là rien que de très plausible, et toutes ces pensées se pressent à la fois dans notre esprit nous donnant froid au cœur, bien que nous tenions le Rosaire fortement serré contre notre poitrine, disant tout bas, mais de toute notre âme, les *Ave Maria.*

Mais voici les *ubàs* qui accostent le *S^{mo}-Rosario* où, pour la circonstance, Jéronimo a allumé deux petits bouts de bougie ou plus exactement de *rolo*, rat de cave, dont la faible lumière éclairant un tout petit point, semble rendre à côté, les ténèbres plus épaisses. Les *Karajas* sautent aussitôt de leurs *ubàs* dans notre barque se serrant les uns contre les autres. Il en monte tant que la *canoa* peut en contenir et c'est à peine si, pressés de tous côtés par ces nouveaux arrivants, nous pouvons faire un mouvement. Ils parlent tous à la fois, sans qu'il nous soit possible de comprendre ce qu'ils disent ; mais à leur physionomie, à leur rire bon enfant, nous comprenons vite que nous n'avons rien à craindre, que ces Peaux-Rouges sont de vrais amis pour le *Papaï Grande*, et qu'ils seraient au besoin ses défenseurs.

Nous distribuons du tabac et de la farine de manioc pour chacun, ajoutant pour le *capitão* un joli miroir et un *fação*, et les voilà contents. Ils voient bien qu'il reste beaucoup de tabac et de farine dans les sacs ouverts ; il leur serait facile, dans le désordre momentané où tout se trouve sur la barque, d'en prendre quelques poignées de plus sans être aperçus, mais ils se contentent de ce qui leur a été donné. Quels hommes ! et quels chrétiens ils feront quand on aura pu méthodiquement les évangéliser !

Le chef, apprenant par Domingos que si nous voyageons de nuit, c'est pour arriver plus vite à Conceição, attache son *ubà* à notre barque et, pendant que ses compagnons retournent sur la plage, il s'installe à la barre, fait prendre les rames par six de ses hommes les plus vigoureux, et voilà le *Smo-Rosario* filant sur l'Araguaya avec une vitesse dont nous ne l'aurions pas cru capable ; on eût dit une chaloupe à vapeur.

A quatre heures, nous accostons sur la plage, près de l'embouchure du Rio Tapirapé.

Les *Karajas* assistent à la messe, debout, appuyés sur leur arc ; on dirait des soldats montant la garde. Oh ! comme nous regrettons de ne point connaître leur langue pour leur expliquer nos saints mystères.

A cinq heures, les *Karajas* remontent dans l'*ubà* pour regagner leur *aldeia*. Autant nous les avions vus s'approcher avec crainte, autant et plus, nous les voyons s'éloigner avec regret et nous inscrivons à notre propre adresse dans le carnet de voyage ce verset du Psalmiste : *Trepidaverunt timore ubi non erat timor*. Traduisant au singulier et à la première personne : J'ai tremblé de peur là où il n'y avait aucune crainte à avoir.

Vers midi, nous abordons à l'*aldeia* du *capitão* Alfred. Comme Tamanaco, ce chef parle assez couramment le brésilien, connaît et aime les Pères de Conceição do Araguaya. A un tel chef, il faut offrir des présents dignes de lui, et nous n'hésitons pas à le combler. Tabac, farine de manioc, sel, *rapadura*, nous allions dire *emplissent vite ses poches* au détriment de nos sacs, mais ce serait là une expression très impropre, car le *capitão* tout *capitão* qu'il est, n'a pas plus de poches que ses hommes ; le soleil est son vêtement.

Pendant que nous causons avec lui, nous entendons du côté de l'*aldeia* des cris perçants et lugubres, puis des sanglots à fendre le cœur. Aux cris et aux sanglots, qui peuvent bien durer une demi-minute, succède une espèce de mélopée funèbre, des chants rythmés et plaintifs comme ceux d'une pleureuse antique ; cela dure deux ou trois minutes, puis tout rentre dans l'ordre et le silence.

Le *capitão* Alfred nous explique que c'est une jeune mère qui pleure son enfant victime d'une *arraya* sur cette même plage où nous sommes. Du lever au coucher du soleil, cette mère éplorée chantera ainsi à intervalles réguliers le deuil de son enfant, et cela durera six ou huit mois et même davantage. Pendant tout ce temps, la mère ne prendra aucune part à la vie et à la joie communes. Si par hasard une barque descend le fleuve, comme c'est le cas aujourd'hui, toute la petite *aldeia* sera vite sur pied pour venir saluer le passant et recevoir des présents. Seule, la pleureuse restera loin, occupée de ses cris et de ses pleurs. Nous avons cru comprendre qu'il y avait cependant là, plus de convention et de parade que de vraie douleur, car si la grand'mère par exemple chante le deuil de l'enfant mort, la mère s'en dispensera volontiers et prendra part à la joie commune. L'essentiel, c'est que quelqu'un chante le deuil. Nous disons chanter, mais quel chant?... Cela ne ressemble guère ni au *Requiem* de Mozart, ni à la *Marche funèbre* de Chopin. Ce sont toujours les femmes qui chantent ces mélopées, jamais les hommes.

Mais que dit cette mère? demandons-nous au *capitão*. Comme ce doivent être à peu près les mêmes phrases pour tous, il nous traduit sans même écouter la phrase lointaine : « Mon pauvre enfant, tu ne prendras plus ces beaux poissons dans le fleuve...Mon pauvre enfant, tu ne suivras plus tes frères à la chasse et au combat... Mon pauvre enfant, tu ne mangeras plus ce mets si bien apprêté par ta mère, etc., etc. »

Le temps du deuil n'est pas essentiellement le même, il varie selon les personnes et les circonstances et est proportionné à l'amour qu'on avait pour le trépassé. En général, c'est la mère qui pleure le plus longtemps son enfant. Pour un père, une mère, un époux, le temps du chant de deuil est beaucoup plus court. Il y a même *des épouses* qui ne *chantent qu'un jour le deuil de leur mari*, et se consolent bien vite en lui donnant un successeur. Sans avoir lu La Fontaine, elles pensent avec lui que : « Mieux vaut goujat debout qu'empereur enterré. »

Après le repas, nous quittons l'*aldeia* du *capitão* Alfred. En nous disant adieu, il recommande aux *barqueiros* de faire bonne garde, car ces parages sont infestés par les jaguars. Aucune nouvelle ne pouvait être plus agréable à nos rameurs, qui ne désirent rien tant que de rencontrer ces terribles fauves pour nous montrer qu'ils n'en ont point peur et se livrer à une chasse fructueuse, car la peau du jaguar est une des plus belles fourrures qui se puissent voir, et elle se vend fort cher, même au Brésil.

Dans l'espoir d'apercevoir quelqu'un de ces fauves, les *barqueiros* ne tiennent plus le milieu du fleuve, mais se rapprochent du rivage. Cela les oblige à ramer plus vigoureusement, mais l'amour de la chasse l'emporte chez eux sur l'amour du repos.

Nous côtoyons ainsi une très belle plage qui a son histoire, histoire très authentique, bien qu'elle semble tenir beaucoup plus du roman que de l'histoire.

Donc sur cette plage vivait, il y a environ quarante ans (le fait initial se serait passé en 1880), un fameux *capitão karaja* du nom de Cabararo-Oaman, qui veut dire Cœur-de-Crocodile (*cabararo*, caïman, et *Oaman*, cœur). Fameux, ce *Karaja* l'était, surtout par son audace et par sa cruauté, et, comme il arrive toujours en pareil cas, la renommée renchérissant encore sur ses exploits trop réels, inspirait la terreur aux plus braves et nul n'osait se mesurer avec lui.

Un jour, apercevant une *canoa* qui descendait l'Araguaya avec toute une famille blanche et de précieuses marchandises, le *capitão* appelle ses hommes et, montés sur de légères *ubàs*, ils rejoignent bientôt la *canoa*. Les passagers, sans méfiance, les laissent s'approcher et, quand ils s'aperçoivent des intentions hostiles de ces Peaux-Rouges, il est trop tard. Les flèches empoisonnées les immolent sans pitié. Seule, une jeune fille de vingt ans fut épargnée. Hélas ! pour elle, mieux eût valu cent fois la mort que la captivité. Elle ne fut épargnée que pour devenir l'épouse forcée du féroce Peau-Rouge *Cœur-de-Caïman*.

Depuis ce jour, les rares civilisés qui traversèrent ces parages purent lire sur le sable des plages de l'Araguaya des lignes entières écrites de la main de cette jeune femme blanche prisonnière des *Karajas* et épouse du chef des Peaux-Rouges. En termes touchants, elle racontait son histoire et les souffrances atroces de son cœur de chrétienne, suppliant au nom de Dieu qu'on allât la délivrer.

Quelque temps après, ce fameux chef fut tué dans un combat contre une autre tribu de Peaux-Rouges. Quant à la jeune fille blanche, on n'en a plus entendu parler, et le sable des plages de l'Araguaya n'a plus raconté son histoire et révélé sa présence. Sera-t-elle devenue l'épouse d'un autre chef de Peaux-Rouges qui l'aura emmenée bien loin de ces parages? ou bien, trompant la surveillance de ses gardes, aura-t-elle pu s'enfoncer seule dans la forêt où un jaguar l'aura simplement dévorée et mis fin à ses tortures? Il nous a été impossible de le savoir. En tout cas, il paraît difficile qu'elle vive encore. Aussi, debout et découvert, ainsi que tout l'équipage du *Smo-Rosario*, nous donnons la bénédiction au fleuve et à la forêt en récitant un *De profundis* pour cette jeune femme. *Requiescat in pace*. Qu'elle repose en paix !

A trois heures du soir, au moment où le soleil est le plus ardent et où nous nous abritons soigneusement sous la *tolda* de feuilles de palmier, le pilote, dont les regards ne cessent de sonder l'horizon, examinant tour à tour le fleuve, la plage et la forêt, parle tout bas aux *barqueiros* qui, sans mot dire, rament plus vigoureusement encore que d'habitude.

— Qu'est-ce, demandons-nous, qu'y a-t-il ?

— Un *bicho*, répond à voix basse Jéronimo ; *Padre*, gardez le silence ou parlez tout bas.

Des yeux nous suivons la direction indiquée par le bras du pilote et nous voyons, en effet, à quelques centaines de mètres de la barque comme une tête d'animal qui émerge à peine au-dessus des flots ; mais, à cette distance, il est impossible de distinguer ce que c'est.

L'animal, quel qu'il soit, est un parfait nageur et la traversée de ce fleuve ne lui fait point peur ; il va de la rive droite, c'est-à-dire de l'île de Bananal, à la rive gauche, où poussent des forêts vierges qui n'ont pour limites que l'infini.

Le pilote manœuvre de manière à arriver à temps pour lui barrer le passage et le tuer à bonne portée ; mais l'animal, devinant instinctivement cette manœuvre qui va le perdre, fait volte-face et s'en retourne vers la rive d'où il est parti. C'est alors une course ou un concours de vitesse pour savoir qui arrivera le premier sur la plage ; mais les *barqueiros* ont beau faire des efforts, il devient vite évident que l'animal gagne sur nous ; non seulement nous ne conservons pas les distances, mais nous les perdons. Jéronimo nous fait alors tenir la barre à sa place, dans la direction indiquée et, prenant son winchester il se tient prêt à tout événement. Il n'était que temps. Dès que l'animal a pu, dans l'eau peu profonde, toucher le sable avec ses pattes, il fait un bond formidable et apparaît hors du fleuve.

— *Uma onça* (un jaguar), s'écrient à la fois les *barqueiros*.

Le pilote fait feu, mais il manque le fauve, et lance un gros mot qui ne répare point sa maladresse. Le jaguar retourne la tête comme pour voir d'où vient le coup et le danger; ce mouvement de curiosité, cette seconde d'hésitation le perd, car Jéronimo a eu le temps d'assurer son arme et de mieux viser; sa seconde balle atteint le fauve au défaut de l'épaule et le couche sur le sable. Quand nous sommes sur la plage, la vie de ce roi des forêts s'est échappée avec le sang; le jaguar est mort. Le *Karaja* s'approche alors du fauve, lui montre le poing, lui adresse un discours qu'il scande avec de grands éclats de voix et des gestes passionnés. Que lui dit-il? Nous n'en savons rien. Le pilote, mettant alors son pied sur la tête du monstre, nous dit avec emphase :

— *Padre*, nous vous l'avons bien dit; avec nos armes à répétition et à longue portée, nous n'avons peur ni du jaguar ni d'aucun des hôtes de la forêt et du fleuve; mes compagnons et moi sommes heureux de vous offrir cette peau de jaguar que vous emporterez dans votre pays en souvenir de nous.

On ne saurait être plus aimable; nous acceptons, mais les *barqueiros* ne perdront rien à ce cadeau.

Une demi-heure leur suffit pour enlever proprement la peau et la mettre à sécher sur la *tolda* du *Smo-Rosario*. Nous l'avons rapportée en France, veillant sur elle avec un soin jaloux dans un voyage de plus de

5 000 kilomètres faits à dos de mulet à travers le Sertão et les forêts. Un des premiers fourreurs de Toulouse l'a parfaitement naturalisée et exposée pendant quelque temps à sa vitrine. Les curieux qui venaient l'admirer ne se doutaient guère de sa provenance et étaient loin de supposer qu'elle avait été rapportée en France par des missionnaires dominicains.

La Mission du Brésil l'a offerte au R^{me} P. Cormier, fils de la province de Toulouse et maître général de l'Ordre, comme hommage de pieuse reconnaissance, et elle orne aujourd'hui à Rome, avec d'autres souvenirs du désert, le musée du Collège international de l'Angelico.

CHAPITRE XVII

OU LES BARQUEIROS NE SONT PAS DE L'AVIS DE SAINT THOMAS D'AQUIN. — LES JAGUARS RÉPONDENT DANS LA NUIT AUX APPELS DE JOÃO. — RENCONTRE DU PÈRE MARIE-JOSEPH AUDRIN; SA CONNAISSANCE DU FLEUVE ET SES PRÉCIEUX CONSEILS. — « TRAVESSAO » ET RAPIDE DE SANTA MARIA VELHA. — ARRIVÉE A CONCEIÇÃO.

La nuit du vendredi au samedi 6 mai se passa sans fâcheux accidents.

Malgré les émotions et les fatigues du jour qui venait de finir, les *barqueiros* avaient tenu à ramer plus tard que d'habitude afin de regagner le temps perdu dans l'*aldeia* du *capitão* Alfred et à la capture du jaguar. Il était plus de cinq heures quand nous nous réveillâmes. Le temps d'aborder, de préparer l'autel et il est six heures quand nous commençons à célébrer la sainte messe. Le soleil empourpre déjà l'horizon et nous nous demandons avec terreur si nous n'allons pas être attaqués... par des nuées de moustiques. Heureusement qu'il n'en est rien, la plage est, par exception, vierge de *morissocas*. A midi, nous touchons à la fin de l'Ilha do Bananal et les deux parties de l'Araguaya se rejoignent. Heureuses de se retrouver, elles mêlent leurs eaux doucement, sans heurt, sans fracas de vagues. On dirait deux sœurs qui, se revoyant après une longue séparation, s'embrassent avec tendresse et effusion. La rive gauche, sur laquelle nous avons navigué, a reçu le tribut de plusieurs grands fleuves ; la rive droite, bien que dans de moindres proportions, en a fait autant de son côté, et cependant l'Araguaya ne paraît pas plus large ou plus profond qu'au-dessous de Santa Léopoldina.

A trois heures, nous nous heurtons à une difficulté ou plutôt à une incertitude qui peut nous faire perdre plusieurs heures. Dans l'Araguaya, il y a souvent ce qu'on appelle un *estirão;* le fleuve s'allonge sur de grands espaces, sans qu'il soit possible d'apercevoir dans le lointain une courbe quelconque ; la vue se perd dans l'immensité du fleuve, comme dans l'océan. Il arrive parfois, en pareil cas, que les forêts bordant les rives semblent au loin, bien loin, barrer d'une ligne de verdure le cours du fleuve qu'on prendrait alors pour un grand lac. D'autres fois, quand les eaux commencent à descendre, il se forme de grandes îles de sable qu'il faut avoir soin d'éviter, si l'on ne veut pas perdre un temps considérable et s'exposer à bien d'autres dangers. Il faut aussi savoir, dans ce cas, choisir le bon côté de cette île pour ne pas s'ensabler et n'être point obligé à revenir en arrière et à contourner l'île, pour prendre l'autre côté.

Nous nous trouvons dans ce dernier cas. Le pilote, malgré toute son habileté et la connaissance du fleuve, ne sait quel côté sera le meilleur. Jéronimo interroge João et les autres *barqueiros,* mais ils en savent encore moins que lui, et ils ont beau sonder l'horizon, ils ne voient nulle part un signe révélateur.

Le pilote interroge alors Domingos. Après avoir bien compris qu'on lui demande, si là-bas, au loin, bien loin, l'eau est assez profonde pour livrer passage au *S^mo-Rosario,* le *Karaja,* avec l'agilité d'un singe, grimpe sur la *tolda* de la barque, jette un rapide regard à droite et à gauche, examinant plutôt les rives que le fleuve lui-même, et, redescendant, il frappe du plat de sa main sur son genou en disant : « Là-bas, il y a de l'eau jusque-là. — C'est plus que suffisant, dit Jéronimo, mais attention, *Karaja*, en es-tu bien sûr? Si tu te trompes, gare à toi ; tu n'auras plus ni tabac, ni farine... » Le *Karaja* l'arrête : « Oh ! moi très sûr, eau jusque-là. » Et il montre son genou. De fait, il disait vrai et ne se trompait pas de cinq centimètres ; le *S^mo-Rosario* passa librement aux endroits les plus bas. Comment et à quoi Domingos avait-il connu la profondeur de l'eau? A des signes imperceptibles à tout autre qu'à un *Karaja*. Ils aiment à s'appeler les fils du fleuve et le père n'a rien de caché ou de secret pour ses enfants.

La nuit du samedi au dimanche fut une des plus belles et des plus agréables de toute la traversée. A neuf heures du soir, nous entendons à plusieurs reprises, venant de la forêt, comme un beuglement de taureau. Nous interrogeons les *barqueiros*. « C'est, disent-ils, le rugissement des grands jaguars de la forêt ; il doit y en avoir plusieurs et ils s'appellent dans la nuit. Tenez, *Padre*, vous allez voir comme je vais les faire répondre, dit João. » Et, prenant la *buzina* (corne de bœuf), il en tire un son assez semblable au rugissement du jaguar. Aussitôt d'autres rugissements se font entendre au loin. João corne de nouveau, les rugissements de la forêt se rapprochent, et bientôt nous voyons briller sur la plage deux points brillants comme des escarboucles. Jéronimo, prenant son arme, tire deux ou trois coups au hasard, mais les balles se perdent dans le vide et tout rentre dans l'ombre et le silence de la nuit.

Le dimanche matin, avant le lever du soleil, nous passons près de l'embouchure du Rio « Coco ». Le site serait ravissant et le décor merveilleux pour la célébration de la sainte messe. Le Rio « Coco » coule à pleins bords entre deux forêts de gigantesques palmiers à coco qui lui donnant son nom. La forêt commence à s'éveiller aux premières lueurs de l'aube ; des légions de singes, attirés sans doute par le fruit de ces palmiers, se poursuivent de branche en branche, descendent, montent, puis redescendent encore avec des bonds fantastiques, sautent d'un palmier à un autre tout comme s'ils avaient des ailes. Ils font entendre des cris aigus et perçants qui n'ont rien de bien musical, mais à leur façon, ils rendent gloire au Créateur ; c'est leur prière du matin. Des milliers d'oiseaux au brillant plumage font, eux aussi, leur prière du matin. Ils ne chantent point comme nos oiseaux de France, mais ils compensent par leur plumage ce qui manque à leur ramage. Les oiseaux du Brésil ont, en effet, des couleurs à rendre jaloux le paon et l'oiseau du paradis, mais le charme de la voix leur manque. Il en est de même en France où les oiseaux dont les plumes sont les plus belles ne sont pas précisément ceux qui ont la voix la plus mélodieuse, et c'est ce dont le paon se plaignait fort injustement à Junon. « Tout animal n'a pas toutes propriétés. » Le divin Créateur répartit ses biens et ses dons comme il l'entend et nous n'avons pas à juger et à critiquer son œuvre.

Malgré toute la beauté de cette plage nous continuons à descendre le fleuve sans nous arrêter pour la célébration de la sainte messe. Le pilote nous a avertis que vers huit heures nous serions à la hauteur de « Barreira do Campo », où se trouvent quelques Brésiliens, et nous savons qu'ils seront heureux de faire leurs devoirs religieux et d'entendre la sainte messe.

A huit heures, comme l'avait prévu Jéronimo, nous abordons à Barreira do Campo, et les chrétiens qui ont reconnu de loin la blanche robe du missionnaire sont là à nous attendre. Il y en a environ une douzaine, en comptant femmes et enfants. Presque tous se confessent avant la messe, tous y assistent dévotement et ceux qui sont encore à jeun font la sainte communion. Il y avait bien un mariage à bénir ; mais l'un des époux est *absent*, ce qui rend la chose difficile, car on ne sait où aller le chercher. Heureusement que Barreira do Campo n'est pas très loin de Conceição. Les fiancés et leurs témoins y descendront en *ubá* un de ces jours pour aller trouver les *Pères* et ce sera par anticipation leur voyage de noces.

La journée se passa sans accident notable. La nuit est aussi belle que la précédente, mais nous sommes moins heureux. Pendant le sommeil des *barqueiros*, le *Smo-Rosario* va donner de l'avant contre un banc de sable et on a toutes les peines du monde à le dégager et à le remettre dans le courant. Un peu plus loin, nous heurtons violemment nous ne savons quoi, mais l'eau rejaillissant retombe en cascade sur les dormeurs qui s'éveillent en sursaut et se demandent ce qui arrive. Ce n'est rien, car le *Smo-Rosario* redescend paisiblement le cours du fleuve et cette douche inattendue ne nous empêche pas de nous rendormir presque aussitôt.

A quatre heures nous apercevons dans le lointain et sur notre droite la grande tache sombre formée par les forêts du milieu desquelles sort le Rio Cayapos venant apporter à l'Araguaya le tribut de ses eaux et de ses poissons. La sainte messe est aussitôt célébrée, non pas cependant sur cette rive droite, mais sur la rive gauche, qui nous paraît plus accessible, et à cinq heures nous voguions de nouveau vers Conceição.

A sept heures le pilote a une minute d'hésitation. Une île de sable commence à poindre à l'horizon. De quel côté passer ? La chose paraît indifférente car, cette fois, il y aura suffisamment d'eau dans chaque bras du fleuve. Au hasard, ou plutôt non, car ce mot de hasard est bien profane et n'existe que pour la courte vue de l'homme, donc à la Providence divine qui dirige toutes choses, nous prenons la rive gauche, celle de Conceição. C'est évidemment la main de l'Immaculée Vierge Marie qui dirige le *S^mo-Rosario* de ce côté ; en effet, vers les neuf heures nous apercevons au loin quelque chose comme une minuscule voile blanche. Cela doit être une erreur, car sur l'Araguaya, les embarcations vont à la rame, à la pagaie, à la *vara*, mais pas à la voile. Cependant ce point blanc se rapproche rapidement, remonte le fleuve ; nous le descendons, et la distance diminue des deux côtés à la fois. Encore quelques bons coups de rames et nous voyons que ce que nous avions pris pour unevoile minuscule est la silhouette d'un homme vêtu de blanc se tenant debout sur l'embarcation et agitant à bout de bras un mouchoir blanc. Il nous a aperçus, reconnus et il corne joyeusement dans la *buzina*. C'est le jeune et vaillant P. Marie-Joseph Audrin, de Conceição do Araguaya, qui vient à notre rencontre.

C'est donc l'Immaculée Vierge Marie qui a dirigé notre choix et nous a fait prendre à gauche de cette île de sable, car passant à droite, nous n'aurions rien aperçu et le Père aurait continué à remonter le fleuve pendant que nous le descendions.

Mais comment les chers, les bien-aimés religieux de Conceição ont-ils pu connaître notre arrivée, qu'il ne nous avait pas été possible de leur annoncer faute de courrier? Leur bon cœur la leur a fait deviner, car si « le cœur a des raisons que la raison ne comprend pas », il a aussi des intuitions que la raison ne peut expliquer, des intuitions dont lui seul a le secret et qui ne le trompent jamais.

Embarqué sur une *montaria* avec un seul rameur pour pagayer et un grand sac caoutchouté rempli de provisions, le jeune P. Audrin a été envoyé en éclaireur avec mission de remonter rapidement l'Araguaya jusqu'à ce qu'il nous rencontre. Sa *montaria* est petite comme une noix de coco ; légère comme une mouette, elle effleure à peine les flots, mais aussi il faut s'y tenir immobile comme une borne, sous peine de la faire chavirer et de prendre un bain dans le fleuve. Nos Pères de Conceição n'y regardent pas de si près, ils sont habitués à tous les dangers du fleuve et de la forêt et ils n'y font même pas attention.

Mais le bon Père a déjà sauté sur le *S^{mo}-Rosario* et nous voilà enlacés dans une étreinte fraternelle pendant que l'émotion emplit nos yeux de douces larmes. C'est donc bien vrai ; nous sommes près de Conceição, et demain nous toucherons à cette terre bénie arrosée par les sueurs de nos Pères, fécondée par leurs sacrifices, même par celui de leur vie.

Dans leur pauvreté, ces chers Pères ont pensé à tout et ils nous ont envoyé des bananes de *leurs bananiers* que nous trouvons bien meilleures que les autres et de *petits gâteaux* de manioc dans lesquels les *bonnes Sœurs dominicaines de Conceição* ont mis non pas seulement toute leur habileté, mais tout leur cœur.

Le Père, en homme entendu, prend aussitôt la direction du *S^{mo}-Rosario*, c'est-à-dire que sans tenir la barre toujours confiée au pilote, c'est lui qui marquera les étapes et le lieu du campement sur ces rives qui lui sont familières.

A midi, nous nous arrêtons à Barreira de Santa Anna. Le souvenir du P. Gil Villanova y est toujours présent et sa mémoire en bénédiction. Le P. Audrin distribue force médailles aux enfants, dit un mot aimable à chacun, et après le repas règle l'ordre du jour.

Avant d'arriver à Conceição nous rencontrerons sur le fleuve des passages difficiles, des *cachoëiras*, ou plus exactement des *travessoes*, c'est-à-dire des bancs de rochers qui barrent le fleuve tout comme le ferait une digue construite de main d'homme. Ces *travessoes* produisent, on le conçoit, des dénivellements parfois considérables, des remous en forme d'entonnoir capables d'aspirer les embarcations et de les couler à pic. Ce sont ici le *Travessão das tres Portas*, le *Travessão* ou *rebojo do Caldeirao* et le *Travessão* de *Santa Maria Velha*.

Selon les instructions du Père, le pilote devra manœuvrer de manière à n'arriver que de jour à ces *cachoeiras*. A cet effet, vers une heure du matin, nous ferons halte à l'endroit désigné, et repartant à six heures, après le saint sacrifice de la messe, nous arriverons vers les neuf heures à hauteur de Santa Maria Velha. Le pilote devra veiller à ce que les rameurs soient bien en forme et donnent au *Padre* visiteur, une haute idée des *barqueiros* de l'Araguaya.

« Quant à moi, ajoute le P. Audrin, voguant toute la nuit et grâce à la rapidité de ma petite embarcation, je serai de grand matin à Conceição pour annoncer votre arrivée. »

Cela dit, il saute sur la *montaria* qui, légère et gracieuse comme un oiseau de mer, file à toute vitesse et disparaît bientôt à l'horizon.

Nous filons plus lentement, bien décidés à suivre à la lettre toutes les instructions du bon Père.

Un léger coup de vent, quelques nuages au ciel nous empêchent de le faire et nous exposent à être *dévorés vivants* par deux énormes caïmans.

A onze heures du soir, en effet, le vent commence à souffler, soulevant de petites vagues et empêchant le *S^{mo}-Rosario* d'obéir au gouvernail. Les *barqueiros*, déjà fatigués, sont donc obligés de reprendre les rames. Pour comble de malheur, des nuages cachent bientôt les étoiles. Aucune lueur ne descendant plus du ciel, il est impossible d'avancer sans s'exposer à un danger sérieux.

A la hâte, nous abordons sur une plage découverte et l'embarcation est solidement attachée à une rame enfoncée profondément dans le sable. Il est onze heures et demie, la nuit est noire, impossible de rien distinguer ; au juger, la forêt paraît assez éloignée, il n'y a que deux ou trois heures à attendre ; le plus simple est de nous étendre côte à côte sur la plage et d'attendre que les nuages se dissipent. C'est ce que nous faisons, et le *Salve Regina* récité dans les ténèbres, nous ne tardons pas à nous endormir d'un profond sommeil.

A deux heures, nous nous réveillons ; le vent a cessé de souffler, on n'entend plus le bruit des arbres de la forêt, mais seulement la forte respiration des *barqueiros* et du *Karaja* ; les nuages ont aussi complètement disparu, les étoiles brillent au ciel, la lune commence à se lever, argentant de ses rayons le sable de la plage et les flots de l'Araguaya.

Tout à côté de nous, nous percevons comme un léger clapotement ; on dirait le bruit des vagues se brisant doucement contre l'embarcation, mais chose singulière ! d'abord il n'y a pas de vagues dans l'Araguaya, et puis le clapotis semble venir du côté opposé à notre barque.

Sans trop nous rendre compte, nous nous levons en nous frottant les yeux et que voyons-nous ?... *Horresco referens.....* Deux énormes crocodiles qui s'avançaient tranquillement ; ils n'étaient plus qu'à quelques mètres de João et de Patricio. Encore dix secondes, et c'en était fait des dormeurs qui ne se seraient réveillés que broyés par les terribles mâchoires de ces monstres, à qui il eût été impossible de faire lâcher prise.

Jeter un cri d'alarme, réveiller tout le monde et

courir à la *canoa* pour prendre les armes fut l'affaire d'un instant; mais cet instant suffit aux crocodiles pour regagner le fleuve et disparaître sous l'eau, où nos balles ne purent plus les atteindre et leur faire payer cher leur audace.

Nous nous apercevons alors à notre grande frayeur, que trompés par l'obscurité de la nuit, nous avons abordé dans une petite anse aux eaux dormantes, vrai nid de crocodiles. Nous nous sommes endormis sur la plage, sans feu, sans armes, tout à côté du repaire de ces monstres. C'est un vrai miracle qu'ils ne se soient pas aperçus plus tôt de notre présence, et ne nous aient point visités pendant notre premier sommeil.

Après cette alerte, il était inutile de songer à nous rendormir. Nous dressons l'autel pour la sainte messe et à six heures nous descendons à nouveau l'Araguaya, laissant aller le *S^mo-Rosario* au fil de l'eau pour ménager les forces des rameurs.

Bientôt nous entendons le bruit lointain du Travessão das tres Portas. Ce sont les eaux du fleuve qui viennent se briser contre les rochers du *travessão* avec un fracas de tonnerre.

Nous avons entendu le bruit des eaux de nos gaves des Pyrénées, descendant avec impétuosité du haut des montagnes et se brisant contre les rochers. A Gavarnie, c'est d'une hauteur de plus de quatre cents mètres que la nappe d'eau se précipite dans le vide et se brise sur la pointe des rochers au fond du gouffre. Mais qu'est cela comparé à cette masse d'eau de l'Araguaya, venant sur une largeur de plusieurs kilomètres se briser contre la digue de granit du *travessão* ? Le fracas de cent tonnerres grondant dans les airs, le bruit de cent canons tonnant à la fois, passerait ici inaperçu et serait couvert par la voix du fleuve.

A mesure que nous avançons, ce grondement lointain devient plus impressionnant et a de quoi effrayer les plus intrépides. Le courant devient aussi plus rapide, c'est signe que nous approchons de la chute.

A un kilomètre environ du *travessão*, le pilote oblique à droite et aborde sur la plage, pour permettre à ses hommes de se reposer quelques instants en fumant une cigarette. Lui-même profite de cet instant de repos pour vérifier le gouvernail, les rames, leurs attaches et donner les dernières instructions à ses hommes pour le moment suprême où sa voix ne sera plus entendue dans le tumulte des flots. Il leur distribue une bonne ration de café et un petit verre de *cachaça* qui leur donnera du cœur et des nerfs. Tout à l'heure, en effet, il leur faudra ramer de manière à imprimer à la lourde embarcation la rapidité d'une flèche. C'est pour nous une question de vie ou de mort.

Le *travessão*, nous l'avons déjà dit, est une digue de rochers barrant le cours du fleuve et produisant un dénivellement et des courants des plus dangereux. Avant la chute, les eaux se précipitent avec une rapiditié à laquelle rien ne résiste ; après la chute, elles forment de terribles remous et parfois de gigantesques entonnoirs capables d'aspirer les embarcations les plus lourdes et de les couler à pic au fond du gouffre d'où rien ne remonte à la surface. C'est l'affaire du pilote de veiller, de prévoir, de choisir le bon endroit, sans précipitation, mais aussi avec promptitude et décision, car une seule seconde d'hésitation suffirait à tout compromettre.

A distance et avant d'être saisi par le courant, il doit juger de la hauteur d'eau au-dessus de la digue, à l'endroit précis où il a résolu de passer ; en effet, dès qu'il sera emporté par le courant, il lui sera impossible de s'arrêter ou de changer la manœuvre. Si par malheur il se trompe et si la pointe d'un roc donne au passage un baiser perfide à l'embarcation, la coque se déchire ; c'est toujours le naufrage et souvent la mort.

Les *barqueiros* doivent, de leur côté, ramer de manière à imprimer à la barque un mouvement plus rapide que celui du courant ; ce n'est qu'à cette condition qu'elle obéit au gouvernail, passe à l'endroit précis choisi par le pilote et présente la proue au *travessão*, de manière à faire le saut dans le vide dans les meilleures conditions. Quand la barque a exécuté en bonne forme ce saut dans le fleuve, tout danger n'est pas conjuré. Elle peut être saisie par les remous et engloutie au fond de ces gouffres, que les eaux tournant en spirale ne cessent de former au-dessous du barrage. Ici encore le pilote doit avoir de l'œil et de la décision, les rameurs du biceps pour enlever, nous pourrions dire faire voler, la barque au-dessus de ces gouffres béants toujours avides de nouvelles proies.

Après ces quelques instants de repos, le pilote et les rameurs enlèvent la chemisette qui pourrait gêner leurs mouvements, ne conservant qu'un léger pantalon solidement sanglé autour des reins et les voilà à leur poste, prêts à la manœuvre. Le pilote nous fait accroupir au fond de la barque, nous recommandant de ne pas avoir peur et de nous tenir solidement cramponnés aux traverses de l'embarcation, pour éviter d'être trop ballottés ou même projetés dans le fleuve.

Pendant quelques minutes, les *barqueiros* rament en silence et à une allure très modérée, mais les voici qui, sur un mot du pilote, font le signe de la croix, humectent leurs doigts avec de la salive pour les rendre plus préhensifs, et, saisissant les avirons à pleines mains, rament de toute la force de leurs bras vigoureux. A chaque coup d'aviron, la barque gémit sous l'effort, bondit au-dessus des flots, on dirait qu'elle vole ; la flèche d'un *Karaja* ne la devancerait point. A 100 mètres environ du *travessão* nous sommes saisis par le terrible courant ; à cet instant précis d'où dépend le salut, pilote et rameurs redoublent d'efforts et, tous ensemble, comme pour s'exciter, jettent les cris de *rapaziada* familiers aux *barqueiros* et que nous pourrions ainsi traduire en français : Hardi les gars, du cœur et du biceps, hardi les gars... Pour nous, confiant dans l'adresse et la force de nos hommes et plus encore dans la protection de Marie-Immaculée, nous tenons solidement d'une main la traverse de la barque et de l'autre le Rosaire et disons lentement, mais de tout cœur : *Ave Maria gratia plena Dominus tecum.* Nous n'achevons pas, car les *barqueiros*, lâchant les rames, crient joyeusement : *Viva Nossa Senhora da Conceição!* Vive le S^mo-*Rosario!* Les passes dangereuses sont franchies et l'Araguaya a retrouvé son calme et sa majesté. A partir du moment où nous avons été saisis par les rapides, douze secondes ont suffi pour franchir le *travessão*, mais pendant ces douze secondes, vingt fois nous pouvions être brisés contre les rochers ou engloutis au fond de ces gouffres d'où l'on ne revient pas.

« *Padre*, dit Jéronimo, nous l'avions bien dit : Avec une barque telle que le S^mo-*Rosario* et des hommes comme nous, il n'y avait rien à craindre. Dans moins de deux heures, nous serons à Conceição do Araguaya, ayant mis pas tout à fait quatorze jours pour aller de Santa Léopoldina à Conceição, et c'est une course qui comptera dans les annales de l'Araguaya. »

Bientôt nous apercevons au loin, sur la rive droite du fleuve, les coquettes maisons blanches de Porto Franco. C'est une charmante petite ville, sise sur le territoire de l'État de Goyaz dont la fortune et la raison d'être viennent de Conceição. Sa vue ne nous dit pas grand chose ; notre pensée et notre cœur sont ailleurs.

Voici que sur les hauteurs de la rive gauche, nous apercevons un peu plus loin, non plus, il faut bien le dire, de coquettes maisons blanches, mais des habitations basses, à couleur sombre, couvertes pour la plupart en feuilles de burity, et cependant, cette seule vue suffit à nous causer un tressaillement inexprimable. Nous avons deviné Conceição do Araguaya, et Conceição est pour nous la Terre Promise.

Certes, il n'y coule pas des ruisseaux de lait et de miel comme dans la terre promise aux enfants d'Israël, mais qu'importe : *Trahit sua quemque voluptas.* Aux Juifs, Dieu promettait les biens de ce monde et les jouissances terrestres ; aux *Fils de saint Dominique,* apôtres de ces vastes et sauvages régions, Dieu promet des souffrances et des âmes à sauver. C'est plus qu'il n'en faut pour les attirer et les faire aller joyeusement au-devant des privations, des dangers et de la mort.

A onze heures, nous abordons sur la plage où les religieux et le peuple nous reçoivent avec des démonstrations de joie, de respect et d'amour qui nous émeuvent jusqu'aux larmes. Pendant que de joyeuses salves de *foguetes* crépitent dans les airs, nous nous rendons à l'église, pour remercier le Seigneur et chanter le *Magnificat.*

Quatre murs en terre, fendillés et branlants, une mauvaise toiture laissant passer le soleil et le pluie, un sol sablonneux et inégal, voilà toute la cathédrale de Conceição do Araguaya. Sa pauvreté rappelle celle de Bethléem, mais ici, comme à Bethléem, la ferveur et l'amour sont en raison directe de la pauvreté et du dénuement. Nulle part nous n'avons vu le peuple prier avec autant de foi et d'amour.

Notre seconde visite est pour les chères Sœurs dominicaines qui n'ont pas hésité à faire le sacrifice de leur vie pour venir sur ces plages lointaines partager les dangers, les fatigues, mais aussi les mérites et la gloire de leurs Frères en saint Dominique.

Quand on les vit partir pour cette Catéchèse des Peaux-Rouges, où il n'y avait d'assuré que les privations et les dangers de toutes sortes, qui était si loin et d'un accès si difficile, qu'il était *douteux qu'on pût y arriver*, mais *certain* qu'on n'en *reviendrait pas*, et qu'on ne pourrait en cas de danger recevoir des secours *que du Ciel*, les Prudents et les Sages crièrent à la folie. Oui, humainement parlant, c'était folie d'exposer ces saintes filles à des dangers dont le moins terrible était la mort, mais c'était folie de la Croix. Dieu a montré qu'Il sait garder ses Épouses et ses Vierges et faire fleurir les roses et les lis au milieu du désert.

Dans la soirée, les *barqueiros*, qui ont fait un brin de toilette, viennent prendre congé de nous. Selon l'usage, ils nous demandent pardon de tout ce qu'il peut y avoir eu de défectueux dans leur service ; mais nous n'avons aucun pardon à accorder car il n'y a eu aucune faute. Le travail, la vigilance, le dévouement et la délicatesse de ces braves jeunes gens ont été parfaits. Nous les remercions encore une fois, et après les avoir bénis et leur avoir donné des médailles pour leurs parents et amis, nous les embrassons une dernière fois, non sans une profonde émotion.

Sur la légère *ubá* du pilote ils remonteront rapidement l'Araguaya et reviendront à Santa Léopoldina raconter leurs exploits, heureux d'avoir rendu service aux *Padres* et gagné quelques centaines de milreis.

Pour nous, nous resterons un mois à Conceição do Araguaya, pour bien voir cette cité toute dominicaine, cette terre des merveilles et faire plus ample connaissance avec les Peaux-Rouges.

CHAPITRE XVIII

Dès mon arrivée à Conceição, les Pères m'avaient vivement engagé à faire une excursion à leur *fazenda* de Santa Rosa. Là est parqué un important troupeau de gros bétail dont la chair et le cuir sont leurs seules ressources assurées.

Chemin faisant, je devais m'arrêter à l'*aldeia* des Peaux-Rouges (Kayapos) pour donner à ces indigènes un témoignage d'intérêt, étudier leurs mœurs et me rendre compte de l'avenir de cette œuvre.

Une circonstance imprévue vint hâter l'exécution de ce projet.

Un beau matin, une jeune femme kayapo arriva avec son mari apportant aux Sœurs leur fillette, une enfant d'un an à peine, que couvrait, des pieds à la tête, une carapace de croûtes purulentes ressemblant assez à la petite vérole.

L'homme s'installa chez les *Padres;* la femme chez les Sœurs, avec l'intention bien évidente de rester jusqu'à complète guérison de leur progéniture. Quand je dis que ce ménage peau-rouge *s'installa*, c'est une façon de parler. Cela veut dire qu'ils venaient demander à manger aux Pères et aux Sœurs. Ils passaient le reste du temps sur la plage ou dans les bois à contempler le fleuve et le grand horizon. Quant à les occuper à un travail manuel quelconque, il ne fallait pas y songer. Ces deux Peaux-Rouges étaient encore païens, et seule la religion est capable de dompter leur fougueuse nature et de discipliner leurs sauvages instincts.

Leur *aldeia* se trouve à mi-chemin de Conceição à Santa Rosa, et par eux nous apprîmes ce qui venait de se passer à la *fazenda* des Pères.

Nous étions au mois de mai. Or, l'année dernière, au mois d'août, une grande fête avait eu lieu à Santa Rosa. On y avait célébré pompeusement le premier mariage chrétien entre Kayapos convertis.

Un jeune homme, Katuru, ancien élève des Pères, avait épousé Karieti, Indienne instruite de notre sainte religion par les Sœurs. Les *Padres* avaient fait les choses princièrement. Le repas avait rappelé les noces de Gamache. On put même craindre un moment que les jeunes païens, amis et compagnons de Katuru, ne voulussent, eux aussi, se marier ou se remarier religieusement sans instruction préalable à seule fin de bénéficier d'un pareil festin.

Comme dot, les missionnaires avaient gratifié les nouveaux époux de sommaires vêtements et d'une petite maison.

Dans toute la région, ce premier mariage entre Peaux-Rouges convertis avait été un grand événement, et sans être optimiste à outrance, on pouvait y voir le commencement d'une ère nouvelle.

Or, les deux Kayapos arrivés à Conceição racontèrent à sœur Denise, qui, seule, comprenait ou plutôt, croyait comprendre leur idiome, que la jeune mariée de Santa Rosa avait donné le jour à un charmant nouveau-né.

Vite, la bonne religieuse vient nous faire part de l'heureux événement. Elle pense au baptême et au trousseau du petit ange... Nous trouvons qu'elle se laisse un peu trop entraîner par son imagination.

— Êtes-vous sûre d'avoir bien compris ?

Notre doute la peine.

— Certes, oui, j'ai bien compris. Vous pouvez avoir confiance en moi.

Et la voilà qui entre dans les détails, spécifie même qu'on lui a dit que c'est une petite fille et qu'on doit l'appeler Rosa de Lima. Ce nom lui portera bonheur. Qui sait si elle ne sera pas un jour la première sainte des Peaux-Rouges de l'Araguaya, comme sainte Rose fut la première sainte du Nouveau Monde ?

Nous nous rendons à l'évidence et il est convenu que, deux jours après, nous partirons pour Santa Rosa afin de baptiser la fille de Katuru. L'administration de ce premier baptême sera pour nous un grand honneur et une douce consolation.

En toute hâte, les bonnes sœurs préparent le trousseau du nouveau-né. Toutes y travaillent, chacune veut y donner son point, et elles le font avec autant d'art que de cœur. En quelques heures, de leurs mains habiles et ingénieuses, sortent, comme par enchantement, une layette en belle cotonnade blanche, une longue robe d'indienne aux couleurs voyantes et variées, enfin une capeline à fond blanc.

En écrivant ces lignes, il me semble encore voir ce dernier article, vrai chef-d'œuvre d'art et de bon goût. Une belle broderie rouge et jaune au point lancé court sur les bords inférieurs ; une guirlande bleu et or encadre le capuchon, et de cette guirlande naissent trois roses symboliques aux couleurs du Rosaire, qui semblent négligemment se pencher en avant avec grâce, comme pour regarder la figure du petit ange et se mirer dans ses yeux.

En nous confiant ces trésors, les religieuses nous recommandent bien de ne point froisser dentelles et broderies, « car, vous autres hommes, ajoutent-elles timidement, vous avez les mains rudes et ces objets doivent être maniés avec une grande délicatesse.

Nous promettons de faire de notre mieux.

De leur côté, les Pères préparent les ustensiles, équipement et provisions de route indispensables. Ce n'est ni long ni compliqué, car je voyage avec le minimum de bagages possible.

Le futur évêque, alors simple supérieur de Conceição, le R. P. Dominique Carrérot, et le jeune P. Marie-Joseph Audrin, m'accompagneront pour me faire les honneurs de la *fazenda*, et un des amis du couvent, Eloy, jeune homme de vingt ans, excellent cuisinier et encore meilleur cavalier, se joindra à nous comme camarada.

Chacun de nous emportera en croupe son hamac et sa couverture pour la nuit. Nous n'emmènerons qu'un mulet de charge pour la chapelle portative, le trousseau de la petite Rosa, le tabac et les autres présents à offrir aux Kayapos, enfin une petite batterie de cuisine indispensable pour préparer le café, cuire le riz et la *carne secca*. Avec un mulet de rechange en cas d'accident, cela fera en tout six mulets.

Le lundi 15 mai, à sept heures du matin, nous disons adieu au couvent de Conceição. Les RR. PP. Carrérot et Audrin, Éloy et moi, nous voilà tous en selle et trottant à belle allure dans la direction de Santa Rosa.

La mule que je monte est pleine de qualités et veut justifier son beau nom de *Duquêza* (duchesse). Jeune encore, très sensible à l'éperon, elle rue ou se cabre

LE CAPITAO ALFRED, CHEF KARAJA

GROUPE DE KAYAPOS ACHEVANT LES RESTES DU REPAS DES MISSIONNAIRES

dès qu'on la touche par mégarde. Un peu déshabitué de l'équitation par le long voyage en canot que je venais de faire, je m'accrochais instinctivement de la main gauche à la selle dès que mon coursier regimbait tant soit peu, ce qui n'était pas sans exciter le sourire de mes compagnons, parfaits cavaliers.

Du reste, j'eus vite regagné mon aplomb et ne tardai pas à connaître les habitudes de ma monture. Dès lors, je chevauchai sans crainte, devançant même tous les autres, car *Duquêza* avait cela de bon ou de mauvais : elle voulait marcher en tête, et, au besoin, elle jouait des pieds et des dents pour maintenir sa prééminence.

Notre première étape s'accomplit en d'excellentes conditions. Plein d'entrain, nous chevauchons durant cinq heures, favorisés par un temps magnifique.

A midi, nous faisons une courte halte près d'un cours d'eau pour manger un poulet froid, rôti et enfariné, que les bonnes sœurs nous ont donné au départ, en y ajoutant des bananes, des oranges et des gâteaux de manioc.

Vers quatre heures, nous arrivons en face de l'Arrayas, un des principaux affluents de l'Araguaya. Ce fleuve majestueux, qui ferait bonne figure près du Rhône ou du Danube, coule lentement et à pleins bords entre deux forêts vierges d'arbres gigantesques.

A l'endroit où nous atteignons sa rive, se trouve d'ordinaire un *passador* qui transborde les voyageurs de l'autre côté du cours d'eau, moyennant une minime rétribution. Mais les touristes sont rares en ces parages, et des mois entiers s'écoulent sans que le pauvre passeur entende d'autre voix que celle des araras et des macaques de la forêt. Il est surtout grand pêcheur de poissons et grand chasseur devant l'Éternel et les exigences de cette double occupation l'éloignent assez souvent de son habitation.

16

C'est précisément le mécompte qui nous attendait. Le passeur n'est pas à son poste et sa nacelle se trouve amarrée sur la rive opposée. Arrivera-t-il avant la fin du jour? Nous faudra-t-il camper sur la berge et attendre le lendemain? Nous ne le savons pas.

Tous ensemble et à pleins poumons, nous crions, tournés vers le fleuve : « *Passador! Passador!!!* » Mais seuls les échos de la forêt répondent à notre voix. Pendant plus d'une heure, toutes les trois minutes, nous renouvelons cet appel pressant : « *Passador! Passador!!!* » Nous tirons en l'air des coups de fusil. Tout cela en pure perte.

Nous commencions à désespérer lorsque, enfin, nous apercevons notre homme qui sort de la forêt, son fusil sur l'épaule. Sans se presser, il s'approche du rivage, détache son embarcation, et le voilà pagayant vers nous en droite ligne malgré le courant.

Sa nacelle est très petite et ne peut contenir que deux passagers (le canotier et un voyageur). Il faudra donc faire autant de traversées que nous sommes de voyageurs.

Quant aux mulets, même libres de toute charge et de tout lien, le fleuve est trop large pour qu'on puisse les abandonner à eux-mêmes ; ils seraient entraînés par le courant et à bout de forces, avant d'arriver à destination. Chacun de nous devra donc, en prenant place à bord de la nacelle, tenir sa monture en laisse avec le licol, prêt à lui soulever légèrement la tête pour l'empêcher de trop boire. Les mulets étant par nature excellents nageurs, il suffit d'un peu de sang-froid et d'adresse pour leur maintenir la bouche hors de l'eau et leur faciliter la traversée.

Mes compagnons, très habitués à ce genre de sport, n'éprouvent ni crainte, ni difficulté, et le bon P. Dominique Carrérot m'offre gracieusement de faire deux fois la traversée pour passer sa mule et la mienne. Un sentiment d'amour-propre vraiment bien déplacé m'empêche de céder à ses instances. J'affirme que j'ai assez voyagé sur l'Araguaya pour être à même de m'acquitter honorablement de la manœuvre indiquée. Je faillis payer cher ma témérité.

Le *passador* se tenant à l'arrière pour pagayer, je pris place à l'avant, restant bien immobile et surveillant mon coursier de manière à pouvoir, si besoin était, lui maintenir les naseaux au-dessus du niveau liquide, tout en l'empêchant de trop s'approcher de la barque dont l'équilibre était si instable qu'un rien aurait suffi à la faire chavirer.

Tout alla bien jusque vers le milieu du fleuve. Ma petite *Duquêza* paraissait aussi habile à la nage qu'à la marche. Mais, soudain, elle fit mine de s'enfoncer, renifla fortement et commença à avaler de l'eau.

— Soulevez-lui la tête ! me crie le *passador*.

J'essaie, je déploie toutes mes forces ; mais l'habitude me manque et mon énergie s'épuise en vain.

Guidée par son instinct, la bête s'approche vivement du canot afin d'appuyer sa mâchoire sur le rebord. C'est plus qu'il n'en faut pour le faire retourner sens dessus dessous et nous précipiter au fond du fleuve. Je le vois bien ; mais ma main a beau repousser la mule, je ne parviens pas à arrêter son mouvement progressif.

Encore deux ou trois secondes et c'en est fait : nous coulerons à pic.

La rive n'est pas loin ; on me repêchera sans doute... Mais n'importe, un tel plongeon à l'improviste n'a rien d'agréable.

Heureusement le *passador* vient à mon secours. Un coup de pagaye, habilement asséné, contraint *Duquêza* à battre en retraite. Se ressaisissant vigoureusement, elle fait un généreux effort et, peu après, nous atterrissons sans accident.

Aucun de mes compagnons ne s'était aperçu du danger que nous avait fait courir ma maladresse, et le *passador* eut la charité de n'en rien dire. La leçon avait été bonne et je me promis d'être plus humble et plus méfiant à l'avenir.

Le passage de l'Arrayas avait pris un temps considérable et, lorsqu'il fut achevé, le soleil était bien près de l'horizon. Il n'y avait pas de temps à perdre pour atteindre l'endroit où nous devions passer la nuit.

Les animaux sont prestement resellés et, derechef, nous voilà en route. Mais en ces régions si voisines de l'Équateur, la nuit vient vite et sans crépuscule. De plus, la traversée du fleuve à la nage a beaucoup fatigué nos montures ; elles n'avancent que lentement ; aussi l'obscurité complète nous surprend-elle à une grande distance du campement.

Les ténèbres empêchent le R. P. Dominique et Eloy de s'orienter. Le P. Audrin, qui connaît le chemin pour avoir été plusieurs fois à Santa Rosa, pousse une pointe par côté pour essayer de trouver la bonne piste ; mais en vain. Nous ne réussissons qu'à nous séparer les uns des autres et à nous égarer davantage. Dans la nuit, nous nous appelons et nous essayons de nous réunir de nouveau ; mais, dans l'obscurité et sous bois, ce n'est pas chose facile.

Les arbres auxquels nous nous heurtons à chaque instant et les énormes lianes obstruant la place libre nous obligent à des détours qui nous éloignent au lieu de nous rapprocher.

Enfin, après une heure de cris et de circuits exténuants, nous nous trouvons groupés dans une petite clairière où, à l'unanimité, nous décidons de passer la nuit.

A tâtons, les mulets sont déchargés, débridés, entravés et lâchés dans la forêt.

Quant à nous, après les fatigues de cette journée, une bonne tasse de café, à défaut de souper, nous serait bien nécessaire. Mais où trouver de l'eau?... Il faut donc y renoncer.

L'un de nous a perdu, dans la bagarre de tout à l'heure, le hamac et la couverture qu'il portait en croupe. Ils auront été accrochés par quelque branche d'arbre, et le cavalier ne s'en est pas même aperçu... Que faire? Un missionnaire n'est pas embarrassé pour si peu. En se serrant fraternellement les uns contre les autres, le matériel de couchage restant préservera suffisamment tout le monde de la fraîcheur et de la rosée nocturnes.

Après avoir récité un fervent *Salve Regina*, nous nous étendons côte à côte et nous essayons de dormir.

Le sommeil commençait à appesantir nos paupières, lorsqu'il nous sembla percevoir un léger bruit venant de la forêt. Des feuilles mortes criaient et des branches se brisaient sous les pas de quelqu'un ou d'un animal. Est-ce un serpent? un jaguar? un inoffensif tatou? Impossible de le savoir.

Notre attente n'est pas longue, heureusement.

— Ne craignez rien ! crie une voix connue et amie. C'est moi, Eloy, et j'apporte assez d'eau pour faire le café.

Le brave garçon n'avait pu prendre son parti de nous voir ainsi passer la nuit sans avoir ni bu ni mangé, et il était allé à la recherche.

Son flair d'Indien l'avait mis sur la voie d'un petit marécage et, à l'aide d'une grande feuille d'arbre, il y avait puisé assez d'eau pour emplir une cafetière.

Sans doute cette eau était pleine de microbes et d'impuretés de toute espèce ; mais les ténèbres empêchaient de les voir, puis le feu et l'ébullition allaient tout purifier. Jamais tasse de moka ne nous parut aussi délicieuse.

Quelques instants après, nous nous endormions paisiblement.

Le lendemain mardi 16 mai, l'autel est dressé au pied d'un arbre gigantesque et nos trois messes sont célébrées de grand matin.

Pendant ce temps, Eloy va à la recherche des mulets. Il ne revient que vers huit heures et avec cinq seulement. Le sixième est resté introuvable. C'est celui qui était chargé de la chapelle portative, de la batterie de cuisine et des objets que nous voulions offrir en cadeaux aux Kayapos. Humilié probablement, et blessé, dans tous les sens du mot, d'avoir ces fardeaux sur sa noble échine, il avait donné la veille, pendant toute la journée, des signes non équivoques de mécontentement.

Sans doute il avait voulu se soustraire à cette pénible corvée et s'était caché dans quelque fourré impénétrable. Immobile, l'oreille au guet, il y resterait jusqu'à ce que sa cervelle de *burro* eût compris que tout risque était passé et qu'il pouvait paître en toute liberté. C'est là une des mille ruses de ces malins animaux pour s'épargner le travail qui leur déplaît.

Il nous en coûte, sans doute, de laisser ainsi dans la forêt un mulet qui a de la valeur. Mais nous ne pouvons nous attarder davantage et il faut nous résoudre à partir.

Pour nous consoler, Eloy nous dit que cet accident arrive fréquemment, et que les récalcitrants sont toujours retrouvés tôt ou tard, à moins que le jaguar ne les mange ou qu'un crocodile ne les tue.

— J'ai idée, nous dit-il, que le nôtre, qui paraît intelligent, sortira de sa cachette dès qu'il nous jugera assez loin et reviendra rôder près des bords du fleuve. Il attirera l'attention du *passador* qui le gardera jusqu'à notre retour.

C'est, en effet, ce qui devait arriver.

Nous nous mettons donc en route et nous nous dirigeons, à bonne allure, vers l'endroit où, d'après ce que nous avaient dit les Kayapos venus à Conceição, devaient être alors campés leurs compatriotes. Notre intention était de faire halte dans leur *aldeia* et d'y passer au moins une journée.

Nous pensions arriver à leur campement vers dix heures.

Hélas ! toute la matinée nous errâmes à l'aventure, trouvant partout des traces non équivoques du passage de ces indigènes, mais n'en rencontrant aucun.

Vers onze heures, nous fûmes arrêtés par un cours d'eau peu large, mais très profond et très rapide.

Nous dûmes décharger les mulets pour leur permettre de passer à la nage.

Quant à nous, nous mîmes à profit un mauvais tronc d'arbre jeté à même d'une rive à l'autre. Les indigènes appellent ces passerelles branlantes et glissantes, *uma boa ponte* (un bon pont). Évidemment, cela vaut mieux que rien ; mais il faut être un équilibriste de premier ordre pour en opérer le parcours sans accident. Afin de diminuer les chances de dégringolade, nous enlevons nos grandes bottes et avançons avec mille précautions. Bref, sans trop de difficultés, nous atteignons l'autre bord.

Là, il nous faut reprendre les mulets qui ne cherchent qu'à fuir et les seller de nouveau.

Midi arrive. Le campement des Kayapos est introuvable. Évidemment nous nous sommes égarés.

Le plus simple est donc d'aller à Santa Rosa. Nous y trouverons quelques Peaux-Rouges et nous les prierons d'inviter toute la tribu à venir nous rendre visite pour recevoir des présents. C'est un argument auquel les Indiens ne résistent jamais. Ainsi en est-il décidé.

Mais où sommes-nous exactement? Quels sont les *campos* qui s'étendent devant nous? Quelle direction prendre?

Le *Padre* Domingos part en éclaireur. Quelques heures plus tard, il revient au grand trot.

— Nous sommes dans la bonne voie, nous dit-il. J'ai aperçu dans le lointain la ligne de grands arbres qui bordent le Gro-Tão. Mais hâtons-nous afin d'atteindre ce cours d'eau pendant qu'il fait encore jour.

Le Gro-Tão est un de ces grands *rios* si nombreux dans le nord du Brésil, qui, à sec, ou peu s'en faut, pendant les derniers mois de l'été, roulent torrentiellement un volume d'eau considérable à la fin de la saison pluvieuse.

Les pluies ont été tardives cette année et le Gro-Tão, large de trente à trente-cinq mètres, coule à pleins bords entre deux rives escarpées.

Un *bôa ponte* est bien là encore ; mais il consiste toujours en un tronc d'arbre gigantesque jeté d'une rive à l'autre. Malheureusement, sur cette portée considérable, il s'est infléchi et il dessine un arc de cercle dont la partie la plus basse n'est qu'à quelques doigts du torrent qui coule impétueusement au-dessous. Sur cette pente rapide, il est extrêmement difficile de garder l'équilibre ; il faudra nécessairement descendre cette partie au pas de course, et, avec le vertige que donne l'abîme, nous ne nous sentons pas de taille à exécuter ce tour de force.

Pour nous donner l'exemple, le P. Dominique, excellent nageur et équilibriste consommé, passe le premier. Il nous engage à le suivre ; mais plus nous regardons l'abîme et plus nous nous sentons attiré par lui ; nous n'aurons pas fait trois pas que nous serons déjà tombé dans le torrent. Le jeune P. Joseph opine comme moi ; il n'ose se hasarder.

La nécessité rend ingénieux ; elle nous suggère un

moyen sûr. Nous nous mettons à cheval sur ce tronc d'arbre, le serrant fortement entre les jambes pour ne pas glisser ; puis, nous aidant des genoux et des mains, nous avançons petit à petit en rampant comme un cul-de-jatte. Nos pantalons de cavalier sont d'étoffe solide et, subiraient-ils quelque avarie, le mal serait moindre qu'un plongeon dans le torrent.

Lorsque j'arrive au milieu, l'arbre oscille sous les mouvements que je lui imprime. Il fait entendre de sinistres craquements ; des morceaux d'écorce se détachent et je me demande avec terreur s'il ne va pas céder sous le poids. Il n'en est rien heureusement et j'arrive sans accident sur la terre ferme. Le P. Audrin passe, lui aussi, à califourchon.

Quant à Eloy, c'est debout, parlant, riant et portant sur ses épaules selles et harnais, qu'il effectue le dangereux trajet. Les mulets, eux, passent le Gro-Tão à la nage.

A la nuit tombante, nous arrivons à la *fazenda* de Rufino.

La *fazenda* de Rufino est une exploitation prospère. Des centaines de vaches y sont élevées ; mais elles errent en liberté dans les *campos* sans fin, et il nous est impossible d'avoir même un verre de lait.

Pour notre souper, le fermier abat d'un coup de fusil deux superbes coqs, déjà perchés, côte à côte, sur un arbre.

Les *Padres* demandent qu'on les prépare, non à la brésilienne (moitié bouillis, moitié rôtis, nageant dans une sauce *sui generis*), mais rôtis à la française, sur des charbons ardents. La broche fait défaut ; on les empale au bout d'une branche verte qui ne craint point le feu et tout est dit.

Après le repas, la conversation continue, roulant toujours sur ce qui intéresse ce brave fermier : veaux, vaches, bœufs, taureaux, juments. Ayant rarement l'occasion de parler, il ne demanderait pas mieux que de causer toute la nuit ; mais nous devons partir de grand matin. Aussi, à dix heures, nous coupons court à l'entretien. Dès lors, le silence est fidèlement observé, du moins par nous, car, après minuit, les coqs font un tapage infernal.

A quatre heures, nous sommes debout pour la sainte messe, et à cinq, nous nous mettons en route, guidés par l'excellent *vaqueiro*, qui veut nous faire éviter les passages difficiles ou nous aider à les franchir sans accident.

Entre six et sept heures, nous sommes arrêtés par un cours d'eau peu large mais très profond. Là se présente encore *uma boa ponte*. Il consiste en un mince tronc d'arbre, si étroit qu'il offre tout juste de quoi poser le pied. Mais un *cipo* (liane), placé à hauteur convenable entre les deux rives, sert de main courante et permet de garder l'équilibre.

A première vue, ledit *cipo*, vieux, desséché, fendillé, menaçant de se briser et de céder au premier effort, nous inspire médiocre confiance. Nous en faisons la remarque et demandons qu'on le remplace par un plus solide. Le *vaqueiro* se récrie : il l'a placé lui-même l'an dernier ; il affirme qu'on peut s'y appuyer sans crainte :

— J'en réponds, ajoute-t-il, et tenez, vous allez voir !

Joignant l'action à la parole, il passe le premier.

Familiarisé avec ces passerelles primitives, il n'a personnellement aucun besoin de main courante ; mais, pour nous prouver qu'il a raison, il se penche par côté et, tenant la liane de sa main droite, fait porter sur elle tout le poids de son corps.

Patatras ! Elle se brise et le trop confiant indigène fait un plongeon de premier ordre. Il revient bientôt à la surface et en quelques brassées il regagne la rive.

Il est le premier à rire de sa mésaventure. Elle est sans conséquence fâcheuse, car le soleil du Brésil aura vite séché ses vêtements sommaires.

De bonne grâce, il coupe un *cipo* vert, l'attache solidement aux deux rives et nous passons sans autre fâcheux accident.

Bientôt se présente un endroit difficile et dangereux entre tous. C'est l'*Atoleiro*, sorte de bourbier sans fond, très redouté des voyageurs brésiliens. Il est souvent impossible de distinguer un *atoleiro* d'un simple terrain marécageux.

Quand il n'a qu'un mètre de profondeur et qu'au-dessous s'offre un terrain ferme et solide sur lequel les mulets peuvent prendre pied, il n'y a point de danger. Même à cette profondeur, ils avancent hardiment. Il leur arrive bien de glisser, de tomber; mais ils se relèvent toujours. Le cavalier n'a qu'à rester ferme sur les étriers sans prendre peur.

Il en va tout autrement quand c'est un véritable *atoleiro*. Dans ce cas, le pauvre *burro* s'enlise peu à peu, et les efforts qu'il fait pour se dégager, ne servent qu'à l'enfoncer davantage. Malheur au cavalier imprudent qui s'est laissé entraîner dans ces gouffres sans fond !

Certains *burros* devinent d'instinct ou sentent les *atoleiros*. Arrivés sur le bord, ils s'arrêtent, flairent la boue, tout comme un chien de chasse flairerait la piste du gibier et, en certains cas, rien ne saurait les faire avancer. Le cavalier a beau les presser, les cravacher, les éperonner ; ils se cabrent, font un bond par côté ou un tête à queue ; mais ils n'avancent point, et, comme l'ânesse de Balaam, ils sauvent malgré lui leur cavalier.

Le *Padre* Domingos qui connaît le terrain et, en particulier le marécage qui s'étend devant nous, s'arrête, assume avec plus d'autorité la direction de notre petite troupe :

— Attention, dit-il, j'ai failli rester ici avec mon meilleur mulet, il y a deux ans. Il y a une bande étroite sur laquelle on peut cheminer en sécurité. Il s'agit de ne pas nous en écarter. J'ai placé des points de repère et, Dieu aidant, j'espère bien les retrouver. Je me risque le premier en éclaireur ; vous n'aurez qu'à me suivre, à la plus courte distance possible, sans dévier ni à droite ni à gauche.

Cela dit, il presse sa mule qui s'élance, enfonçant dans la vase jusqu'au poitrail, mais prenant bientôt pied sur un terrain solide.

Duquêza emboîte le pas à sa compagne et s'avance à son tour, faisant jaillir l'eau et la boue dans tous les sens. Les autres *burros* suivent à la file indienne et nous voilà bientôt sur la terre ferme. Mais, mon Dieu, dans quel état? Couverts de fange des pieds à la tête sans en excepter la figure et les yeux.

Puis, au moment où nous sommes réunis en groupe et échangeons nos impressions, tout à coup une pluie de boue putride s'abat de tous côtés sur nous et nous fouette le visage comme poussée par un vent violent. Nous en avons sur la tête, dans le nez, sur les oreilles, les yeux et même la bouche... Que se passe-t-il donc? Une chose bien simple. Pendant la traversée du marécage, la longue queue de nos *burros* a traîné dans la fange et s'en est copieusement imprégnée. Maintenant, en signe de victoire, ou pour mieux la sécher, les braves bêtes l'agitent violemment dans tous les sens, nous aspergeant ainsi avec une eau lustrale qui n'a rien de parfumé ni d'agréable.

Enfin, nous apercevons Santa Rosa dans le lointain et à midi nous mettons pied à terre dans la cour de la ferme.

Nous voilà donc arrivés à destination. Les bons *vaqueiros* ne nous attendaient point de sitôt. Ils ne savent que faire pour bien nous recevoir.

Pendant qu'ils déchargent nos animaux et s'occupent de les faire boire, le *Padre* Domingos entre en pourparlers avec un Kayapo qui est là par hasard. Il s'efforce de lui faire comprendre que nous voulons entrer en relations avec les gens de son *aldeia* et que nos recherches pour les découvrir n'ont pas abouti :

— Toi à qui aucun chemin n'est inconnu, ajoute-t-il, va donc les trouver immédiatement et dis-leur de venir ici. Nous leur ferons fête ; nous tuerons un bœuf pour les régaler et il y aura pour tous du tabac et du sel. Toi, pour ta peine, tu auras ce miroir.

Et une petite glace de deux sous est exhibée.

Le bon Indien n'écoute plus. Ses yeux rayonnent d'une joie enfantine à la seule vue de ce miroir qui lui appartiendra, où il pourra se regarder tout le jour et s'admirer sans réserve.

De la main, montrant l'horizon, il nous fait comprendre qu'avant le coucher du soleil, il sera à l'*aldeia*. Puis, un flot de paroles s'échappe de ses lèvres. Sans doute, elles veulent dire : « Demain matin, tous les Kayapos de ma tribu viendront ici pour vous voir, car les Kayapos aiment beaucoup Papaï Grande ; ils aiment aussi beaucoup les fêtes, le bœuf et le tabac. »

Il dit et, rejetant sur son épaule son arc et ses flèches, il part comme un trait dans la direction de l'*aldeia*.

Rassurés désormais de ce côté, nous nous mettons à table sous la *varanda* ouverte, où sont suspendus les harnais des *burros* (mulets), les défroques des *vaqueiros*, des peaux de bœufs et d'autres animaux, en train de sécher.

Tout cet étalage inélégant et malodorant n'empêchera pas ladite *varanda* de nous servir de salle à manger, de salon de réception et de chambre à coucher.

A peine assis, nous apercevons, à cinquante centimètres de notre tête et tout près de l'attache de notre hamac, un nid de *maribondos* (guêpes) d'une espèce géante. Avec un bourdonnement effrayant, elles vont et viennent de leurs alvéoles aux dépouilles des bêtes fraîchement écorchées et en détachent les débris de viande avec leurs puissantes mandibules.

Nos yeux inquiets ne cessent de suivre dans leur procession incessante, ces terribles voisines. On nous dit que nous ne courons aucun danger : il suffit, assure-t-on, de ne point faire de mouvement violent capable de les effaroucher, et le plus simple est de ne pas même faire attention à elles. Elles sont là depuis longtemps et n'ont jamais fait de mal à personne.

Toutes ces affirmations n'arrivent pas à nous persuader. Si les venimeux insectes allaient se tromper et prendre pour le revers d'un cuir décharné notre crâne dénudé de cheveux et reluisant au soleil !

Finalement, on prend en pitié nos appréhensions et nos nerfs. S'armant d'une espèce de torchon, un des *vaqueiros* encapuchonne le nid et les guêpes, les emporte et va brûler le tout en pleine cour.

Entre temps, la maîtresse de maison avait improvisé un repas très convenable : du riz, du *feijão* cuit de la veille avec de la *carne secca* bien mijotée, une belle tranche de *veado* (cerf), des patates, des bananes, des oranges et un café exquis. Que pourrait-on désirer de plus ?

Femme du premier *vaqueiro*, elle est heureuse de nous faire plaisir, heureuse aussi de voir que nous apprécions ses talents culinaires. Elle nous promet, pour le lendemain, un plat de sa façon, avec force piments, dont nous garderons, dit-elle, un éternel souvenir.

Elle va, vient, se multiplie, car elle est seule dans la maison et doit tout surveiller avec une jalouse sollicitude. Son embonpoint remarquable ne l'empêche pas d'aller vivement et de servir avec une parfaite aisance,

Elle est puissante dans tous les sens du mot. On l'appelle Junon. C'est là, croyons-nous, un sobriquet donné par quelque malin. En tout cas, si elle ressemble par sa tournure à l'épouse de Jupiter, elle n'en a ni l'orgueil, ni l'humeur tracassière et jalouse. Se dépenser pour les autres, faire plaisir à tous, voilà son bonheur.

Demain, quand les Kayapos seront arrivés de l'*aldeia*, sa *varanda* sera envahie ; sa cuisine elle-même ne sera pas respectée. Tout ce qui traînera à portée de la main sera prestement recueilli et disparaîtra dans l'estomac des Peaux-Rouges. N'importe, la brave femme ne témoignera pas la moindre mauvaise humeur. Les *Padres* aiment les Kayapos, ils veulent les bien recevoir ; cela lui suffit, elle se montrera généreuse pour tous.

Après le repas, nous demandons à voir la jeune mère et le petit enfant que nous sommes venus baptiser. Nous avons hâte de voir ce cher petit ange, le premier fruit d'un mariage chrétien chez les Kayapos. Nous voulons bien vite étaler sous le regard ému de sa mère les richesses envoyées par les religieuses de Conceição.

La bonne sœur Denise, on s'en souvient, avait appris des deux Indiens venus à la mission catholique, que leurs compatriotes, le brave Katuru et la jeune Karieti, convertis tous deux à notre sainte religion et mariés solennellement à Santa Rosa, au mois d'août précédent, avaient vu leur union bénie par le Dieu des Patriarches. Un enfant leur était né et, pour lui conférer au plus tôt le sacrement régénérateur, nous avions précipité notre départ.

Pendant qu'on va chercher Katuru et son épouse, nous ouvrons la corbeille contenant le précieux trousseau.

Nous en retirons la layette blanche, la robe d'indienne aux couleurs voyantes, la capeline à fond blanc avec ses brillantes broderies bleu et or. Tout est en parfait état de conservation, rien n'est froissé et nous jouissons à l'avance de l'admiration et de la joie de la jeune mère à qui nous allons offrir ce royal présent.

Katuru se trouvant alors à la chasse, c'est *Karieti* (Petite Étoile) qui arrive la première. Elle n'a guère que quatorze ou quinze ans. Petite, replète, avec le type plutôt japonais qu'indien, comme c'est le fait pour un grand nombre de ses congénères. Nous sommes étonnés de ne pas lui voir son enfant dans les bras.

Notre entrée en conversation est laborieuse. Mais, avec le peu qu'elle sait de brésilien et avec le peu de kayapo que les PP. Domingos et José possèdent, on finit par s'entendre :

« — Où est ton enfant? Va le chercher, nous voulons le voir, le bénir, et lui offrir des présents. Endormi ou éveillé, apporte-le vite ici. »

Karieti n'a pas l'air de comprendre et ne bouge pas.

La question est répétée plus lentement et, avec des gestes expressifs, qui traduisent la pensée tout aussi bien que la parole.

Cette fois, Petite Étoile a compris. Elle ouvre de grands yeux, nous regarde avec étonnement et reste clouée sur place.

Surpris à notre tour, nous la regardons mieux et tout s'explique. Il est évident, pour l'œil le moins exercé, que l'enfant n'est pas encore venu au monde.

La bonne sœur Denise, qui croyait bien connaître le dialecte kayapo, a commis une erreur. Elle a pris le *futur* pour le *passé*. Elle a compris que l'enfant était déjà né, quand on lui disait simplement qu'il naîtrait bientôt.

LA DISTRIBUTION DE TABAC AUX KAYAPOS

L'AUTEUR EN VISITE CHEZ LES KAYAPOS

LES KAYAPOS ADMIRANT LES BŒUFS DU FESTIN

Grosse déception pour nous tous, car nous avions projeté de faire les choses en grand, afin de frapper fortement l'imagination des indigènes par les cérémonies solennelles du baptême.

Le *Padre* Domingos interroge la jeune femme.

« Faudra-t-il attendre longtemps?... Quand l'enfant viendra-t-il?... Le sais-tu? »

Petite Étoile comprend la demande ; mais elle ne sait pas compter par mois et par jours comme nous. La numération des Kayapos — nous aurons à l'expliquer — est ce qu'il y a de plus primitif.

Karieti se recueille un instant, puis, lentement, étendant le bras et montrant à l'horizon le point où le ciel semble se confondre avec la terre, elle dit en souriant :

— Si Dieu le veut, ce sera quand la lune sera là.

Cela veut dire : quand la lune se lèvera à ce point de l'horizon, ou bien à la nouvelle lune.

Le moins qu'il y ait à attendre, ce serait une quinzaine de jours. Nous ne pouvons rester tout ce temps à Santa Rosa.

Nous donnons à Karieti le trousseau du futur nouveau-né.

— « Voilà pour ton enfant ! Les *Padres* reviendront pour le baptiser ou bien tu le porteras à Conceição, et ce sera grande fête. Tu pourras rester chez les sœurs et y manger tant que tu voudras. »

CHAPITRE XIX

La soirée du 17 mai se passe en conversation avec les vaqueiros. A les entendre, *Santa Rosa* serait la première fazenda du Nord. Avant la nuit, les hamacs sont suspendus sous deux grands arbres, et il ne nous reste plus qu'à prendre une bonne nuit de repos en attendant l'arrivée des Kayapos.

Le matin, un peu avant quatre heures, nous nous éveillons et, relevant les bords de notre béret blanc, nous apercevons, à la vague clarté des étoiles, une trentaine de grandes ombres qui rôdent silencieusement autour de nous.

En nous voyant remuer, quelques-unes s'approchent, arrivent jusqu'à nous, se penchant même sur nos hamacs comme pour mieux se rendre compte de ce que nous faisons.

Encore à moitié endormis, nous nous frottons les yeux, nous demandant si nous ne sommes point le jouet d'un mauvais rêve ou d'une illusion.

Toutes les ombres alors s'agitent et, avec des cris perçants, esquissent une ronde endiablée autour de nous.

C'est l'avant-garde des Kayapos. Ils ont voyagé toute la nuit pour être les premiers à nous saluer. Arrivés en pleines ténèbres, ils ont gardé le plus profond silence afin de respecter notre sommeil. Mais maintenant, rien ne les retient plus, et ils se livrent aux démonstrations les plus bruyantes.

Nous sautons à terre, enfilons prestement nos grandes bottes, et nous voilà au milieu de cette bande joyeuse. Les Pères Dominique et Marie-Joseph font comprendre à ces braves gens que toute la journée sera pour eux, mais que, en attendant, ils doivent rester bien sages, afin que nous puissions célébrer en paix la sainte messe.

Depuis la veille, deux autels avaient été préparés dans la maison des *vaqueiros*. Le Saint Sacrifice est offert sans retard, et, à sept heures, nous sommes tous libres pour recevoir le gros des Kayapos, qui ne peut tarder à arriver.

En effet, vers huit heures, les voilà qui débouchent de la forêt par bandes joyeuses, gesticulant, gambadant, criant.

Mes deux confrères, qui habitent depuis longtemps déjà Conceição do Araguaya, connaissent la plupart d'entre eux. Ils adressent un mot aimable à chacun, leur serrent fortement la main ou frappent familièrement sur leurs épaules. Puis ils me présentent, disant que je suis venu de très loin, par-delà le fleuve et les forêts, pour les voir et leur apporter des cadeaux. Mon nom — Hilaire — est vite indianisé par eux : je deviens le *Padre Hirary*.

La connaissance est bientôt faite. Les chefs m'entourent et me regardent curieusement. Les enfants me tiraillent, sautent sur mes épaules ou fouillent dans mes poches. Les femmes elles-mêmes s'enhardissent même jusqu'à toucher et tirer ma longue barbe, dont la blancheur contraste avec celles des Pères de Conceição encore toute noire.

Depuis le commencement de mon voyage, j'avais déjà vu bien des Peaux-Rouges le long de l'Araguaya ; mais jamais je n'avais été entouré par une multitude semblable.

Toute la grande *aldeia* des Kayapos, hommes, femmes et enfants, est là. Leur vêtement est celui de nos premiers parents dans le Paradis terrestre. L'effet que produit sur moi la vue de tous ces êtres humains ainsi « costumés » n'est ni facile ni même possible à décrire. Il y a des choses qui se sentent, mais qui ne peuvent se dire, encore moins s'écrire.

Le R. P. Carrérot, créateur et propriétaire de la *fazenda*, envoie les *vaqueiros* en campagne avec ordre de ramener un certain nombre de vaches et de bœufs parmi lesquels on choisira les victimes destinées au banquet des Kayapos.

Ce n'est point chose aisée que de capturer ces bêtes à cornes qui vivent à l'état sauvage dans l'immensité des *campos*. A la *fazenda* Santa Rosa, il y en a des centaines ; mais les plus rapprochées sont à plusieurs kilomètres de l'habitation. Il faut d'abord les rejoindre.

Armés d'une pique ressemblant à celles des *picadores* espagnols et montés sur leurs étalons, les *vaqueiros* partent à la recherche de la proie convoitée. Ils ne s'arrêtent point aux premiers bovidés qu'ils rencontrent ; ils poussent plus avant, passant comme un éclair au milieu des groupes, qui paissent tranquillement dans la prairie ou ruminent philosophiquement à l'ombre des arbres.

Quand ils jugent qu'ils ont derrière eux une quantité suffisante de bétail, ils s'arrêtent, font volte-face, jettent de grands cris et, distribuant généreusement des coups à droite et à gauche, ils poussent devant eux tout le troupeau dans la direction de la *fazenda*. L'essentiel, pour réussir cette opération délicate, est de ne pas laisser aux animaux un moment de répit : il faut les maintenir réunis en groupe et les obliger à fuir au grand trot et, pour cela, galoper incessamment sur les flancs du troupeau.

Un seul instant d'arrêt suffirait pour qu'il se dispersât et rentrât sous bois. L'expédition serait manquée. Il faudrait la recommencer sur un autre point de la *fazenda* avec de moindres chances de succès, car les chevaux commenceraient à être fatigués et n'apporteraient plus la même ardeur à la poursuite.

Dès que les Kayapos voient les *vaqueiros* en selle, prêts à partir, ils poussent des hourrahs, car ils savent qu'il y aura grand festin à leur retour. En attendant que les cavaliers ramènent les bêtes qui en feront les frais, ils prennent patience, assurés que les missionnaires feront bien les choses et que le banquet en perspective ne le cédera en rien à celui des noces de Katuru, dont ils n'ont pas encore perdu le souvenir.

Pendant que les *vaqueiros* vont chercher le menu du festin, nous mettons à profit les loisirs de l'attente pour entrer en communication plus intime avec les bons Kayapos.

Je m'approche d'un groupe d'adolescents qui s'exercent à tirer de l'arc. Flattés de mon attention, ils s'efforcent de rivaliser d'adresse.

Leur arc est fait d'une tige d'arbre très flexible. La corde se compose de minces lianes tressées ensemble, et il faut la regarder de très près et avec beaucoup d'attention pour s'apercevoir que ce sont des fils de liane et non de vraies cordes de chanvre.

La flèche elle-même n'est autre chose qu'une tige de roseau de l'épaisseur du petit doigt. A l'une des extrémités se trouvent quelques plumes d'oiseau qui assurent la direction ; à l'autre est adapté soit un os effilé comme une pointe de poignard, soit une arête de poisson. Os ou arête sont généralement barbelés afin que la flèche, après avoir pénétré dans les chairs, ne puisse plus tomber ou être arrachée sans faire une déchirure inguérissable.

Ces terribles pointes sont fixées au roseau par des fils de liane recouverts eux-mêmes d'une composition agglutinante dont les Peaux-Rouges ont le secret, et qu'on pourrait véritablement appeler « colle de fer », car elle offre une résistance extraordinaire : nous en avons fait l'expérience à nos dépens, comme nous aurons à le raconter dans la suite.

Les Kayapos empoisonnent-ils leurs flèches? Il est certain que celles employées à la chasse ou à la pêche ne le sont point ; malgré cela, on fera bien de ne les manier qu'avec d'infinies précautions, car les blessures qu'elles font, même de simples égratignures, sont toujours très dangereuses.

Dès leur plus tendre enfance, les Kayapos s'exercent au maniement de l'arc et des flèches. Cet exercice quotidien s'ajoutant à des dispositions naturelles exceptionnelles, fait d'eux des tireurs de tout premier ordre. Un enfant de douze ans, de taille et de force moyennes, bande facilement un arc que, malgré tous nos efforts, nous n'arrivons pas à tendre nous-mêmes.

Un tireur de force moyenne peut blesser mortellement un homme ou un fauve à une soixantaine de mètres. A plus grandes distances, la flèche devient le *telum imbelle sine ictu* du poète. Aussi, quand il leur faut lutter contre un gros animal, les Peaux-Rouges le laissent s'approcher à une dizaine de mètres et lui envoient alors une flèche qui l'atteint au cœur ou le transperce de part en part, l'arrêtant net dans son élan aussi sûrement que pourrait le faire la balle d'un fusil Lebel.

A l'arc et aux flèches, les Kayapos ajoutent encore, comme armes, la lance et la massue.

La lance n'est autre chose qu'un bambou ou une branche de deux mètres à deux mètres cinquante de long. A l'une des extrémités est fixé un os très effilé, de dix à quinze centimètres de long, ou bien une de ces terribles arêtes de poisson dures comme l'acier. La lance des chefs et des plus vaillants est ornée de brillantes plumes d'oiseau et, maniée par une main forte et habile, constitue une arme redoutable.

La massue est simplement un gros et solide bâton d'environ un mètre cinquante de long, peu épais à la partie qu'empoigne la main, allant en grossissant jusqu'à l'extrémité opposée, destinée à frapper. On y incruste parfois de petits silex formant saillie qui la rendent encore plus solide et plus terrible. Un seul coup suffit à fendre le crâne et à faire jaillir au loin la cervelle.

Les jeunes gens se prêtèrent avec la meilleure grâce du monde à nous donner une répétition de tous leurs exercices de chasse et de guerre.

Parmi eux se trouvait un beau jeune homme d'une vingtaine d'années, *très instruit* pour un Kayapo, et qui n'avait, pour tout vêtement, qu'un joli ruban rouge au cou.

On me raconta son histoire, vraiment peu banale. Il avait été confié, tout jeune encore, aux Pères, qui l'avaient élevé avec les autres enfants de Conceição. Singulièrement doué pour l'étude, il avait vite appris à lire et à écrire. Il savait par cœur le catéchisme, et se montrait d'une piété et d'une vertu exemplaires. Il fut baptisé et fit sa première communion. Associé aux excursions apostoliques des missionnaires, il leur avait donné en toute circonstance, complète satisfaction. Tout allait pour le mieux, et mes confrères songeaient à l'établir, lorsqu'il fut soudain repris par la nostalgie de la forêt et du grand air. Toutes les instances pour le retenir furent inutiles et, un beau matin, on ne retrouva plus dans son hamac que ses vêtements (veston et pantalon). Il avait laissé ces signes de la civilisation que les Peaux-Rouges considèrent comme une livrée de servitude, et il avait rejoint les Kayapos dans leur campement. Depuis, à plusieurs reprises, il était revenu à Conceição, et il entretenait les meilleures relations avec les *Padres*.

Il est là devant nous, et le P. Audrin, qui l'affectionnait particulièrement, lui explique comment il doit observer les préceptes de notre sainte religion, même dans l'*aldeia*, et donner à tous le bon exemple.

Du groupe des jeunes gens, je vais aux hommes faits. Assis par terre, les coudes appuyés sur les genoux, ils semblent méditer. A quoi pensent-ils? Il serait difficile de le dire. A rien, peut-être.

Les femmes vont, viennent, empressées : elles préparent tout ce qui sera nécessaire pour le festin. Elles sont allées à la corvée de bois ; elles ont rempli d'eau de grandes calebasses prêtées par le fermier, et sont en train de creuser de grands trous pour cuire les morceaux de viande.

Les plus jeunes font un brin de toilette : avec un morceau de bois plat, où sont plantées de grosses épines, elles peignent leur longue chevelure. Ces épines, étant assez espacées, démêlent les cheveux, mais sont impuissantes à en expulser la vermine, quand il y en a, et le cas ne doit pas être rare. Alors une compagne charitable rend ce service, à charge de revanche.

Voici, précisément, un groupe occupé à ce soin. Quatre femmes d'un âge indécis sont assises par terre et, sur leurs genoux, s'appuient des têtes où leurs longs doigts cherchent dans la chevelure les parasites qui y ont élu domicile et, quand elles les ont trouvés, elles les portent délicatement à leur bouche, les tuent d'un coup de dent et les avalent tout comme s'il s'agissait d'une groseille ou d'une noisette. C'est évidemment contraire à nos usages ; mais c'est un moyen sûr et rapide de destruction.

Je suis surpris de ne remarquer aucune jeune fille dans toute cette population ; des femmes et des petits enfants, des vieillards, des hommes, des adolescents, et c'est tout.

Où donc sont les jeunes filles ? seraient-elles restées à l'*aldeia* résistant au désir d'assister à une fête et à un festin ? La vraie raison, les *Padres* nous la donnent, c'est que, chez les Peaux-Rouges, il y a des femmes et des enfants, mais pas de jeunes filles. Toutes se marient très jeunes, souvent avant même leur douzième année. Or, dès qu'elles ont subi l'épreuve de la maternité, elles se flétrissent et paraissent avancées en âge.

Mais les heures passent et les *vaqueiros* ne reviennent point.

Pour tromper les longues heures de l'attente, nous distribuons quelques présents.

Nous donnons d'abord du fil, qui servira à enfiler des grains de chapelet en verre et à en composer de jolis colliers que femmes et jeunes gens sont fiers de porter.

Chacun reçoit ensuite une poignée de sel. Comme nous l'avons déjà dit, les Indiens du Brésil n'ayant point de poche pour serrer les menus objets, sont fort embarrassés dès qu'on leur donne quelque chose. Comment vont-ils s'y prendre pour avoir les mains libres, garder ce sel et le porter à l'*aldeia* ?

La nécessité rend ingénieux. Un des chefs présents a, dans une de ses visites à Conceição, été gratifié d'un pantalon qu'il porte en ce moment. Entendons-nous bien ! il le porte, non pas à ses jambes (il n'en

éprouve pas le besoin, et cela le gênerait singulièrement pour la marche), mais il l'arbore triomphalement à son cou en forme de besace. Il lie avec une liane
l'extrémité des deux jambes, et voilà façonnés deux
longs sacs où s'engouffrent le sel et les autres provisions de bouche. Le pantalon est devenu garde-manger.

Une des choses dont les indigènes, hommes, femmes
et enfants, sont le plus avides, c'est le tabac. Dans le
Sertão, les feuilles de tabac sont tressées de manière
à former comme une grosse corde. Habituellement, les
Padres donnent à chaque Peau-Rouge un tout petit
morceau long à peine d'un ou deux travers de doigt.
Pour la circonstance, les morceaux avaient été faits
beaucoup plus grands.

Coupés et préparés à l'avance, ils avaient été placés
dans un grand sac, et l'on m'avait réservé la satisfaction d'en faire la distribution à chaque Kayapo.
Hommes, femmes et enfants avaient été rangés sur
une seule ligne avec ordre de ne pas bouger. Je devais
passer devant ce front de bataille et donner à chacun
selon son mérite et son grade.

Tout alla bien d'abord. Les hommes restèrent immobiles à leur poste comme des guerriers sous les
armes. Mais, lorsque j'arrivai aux femmes, dès qu'elles
virent les grands morceaux de tabac, une flamme
de convoitise s'alluma dans leurs yeux et elles ne
purent tenir en place. Rompant les rangs, elles se
précipitèrent sur moi, chacune voulant être la première et la mieux servie. Elles m'entouraient de tous
les côtés à la fois, criant, gesticulant, se démenant
comme des furies et me serrant à m'étouffer. J'es-
sayai bien de me dégager, en les repoussant, même
un peu brutalement ; mais mes mains glissaient sur
leur corps huileux et je fus obligé finalement d'appeler
au secours. Mes confrères accoururent en riant aux
éclats, et l'ordre se rétablit.

Pour que pareil accident ne se reproduise point, je poursuis la distribution, assisté, d'un côté par le P. Dominique, de l'autre par un chef indigène, dont la poigne solide se charge de maintenir dans l'ordre et à leur place les trop entreprenantes amazones.

Bientôt, cependant, je m'aperçois que je suis victime de fraudes très habiles. Des mains vides qui continuent à se tendre ont déjà — j'en suis sûr — reçu leur appoint. Où donc est-il passé? C'est pour moi un mystère, car il n'y a là, ni poches, ni sac, et les morceaux sont trop grands pour être cachés dans la bouche. Je finis par remarquer que, d'un mouvement rapide et presque imperceptible, le morceau de tabac aussitôt reçu est logé sous l'aisselle, ce qui n'empêche point les receleuses de continuer à gesticuler avec la plus grande aisance.

Un riche *fazendeiro* de Goyaz, à qui je faisais part de cette supercherie, me raconta un tour analogue qu'on lui avait joué.

Descendant un jour l'Araguaya, il avait fait halte un peu en aval de Leopoldina. Quelques Karajas vinrent le saluer. Il les reçut avec bonté et les invita à partager son riz, sa *carne secca* et du tabac ordinaire. Il réservait pour lui un paquet de cigares achetés à Rio de Janeiro. Il eut l'imprudence de les montrer et, après en avoir pris un, de laisser les autres sur le sable de la plage tout à côté de lui.

Les Karajas, vêtus, comme on sait, d'un simple rayon de soleil, *s'assirent près du fazendeiro*, et, sans qu'il s'en aperçût, trouvèrent le moyen d'épuiser la provision en un clin d'œil. Chacun d'eux en emporta un échantillon caché dans quelque repli de son corps. Le volé ne s'aperçut du larcin que lorsque les voleurs étaient déjà bien loin. Il se promit d'être plus méfiant et plus circonspect à l'avenir.

La distribution du tabac est terminée, et les *va-*

queiros n'arrivent pas encore. Les Kayapos commencent à trouver l'attente un peu longue. Les enfants, toujours plus pressés, grimpent sur un arbre et regardent au loin dans la plaine.

Quelques femmes se dirigent du côté de la cuisine de dame Junon :

— Ventre petit ! ventre petit ! lui disent-elles en posant la main sur leur estomac, ce qui signifie ventre vide. Nous vide, nous avons faim, donnez-nous quelque chose à manger.

La noble matrone se plaint de voir que son domicile est envahi et que les plats préparés pour les *Padres* courent quelque danger.

Rejetant d'un vigoureux coup de tête sa noire chevelure en arrière, elle se retourne, courroucée, prête à faire face aux assaillants et cache complètement de sa large carrure les quatre grands coqs qui rôtissent sur les charbons. Mais nous l'avons dit, dame Junon a un bon naturel et sa commisération reprend vite le dessus. Elle donne aux affamées de la farine de manioc et de la *rapadura*, leur recommandant de n'en rien dire pour que d'autres ne viennent point en demander à leur tour.

CHAPITRE XX

Enfin, de joyeuses clameurs se font entendre au loin : ce sont les chasseurs qui reviennent. Bientôt l'on perçoit comme le galop d'un escadron de grosse cavalerie, et d'un pli de terrain débouchent vaches, bœufs, taureaux, poussés vigoureusement par les cris et les piques des *vaqueiros*.

Il y a là, tout près de la ferme, un immense *curral* (parc) clôturé avec de gros pieux ou troncs d'arbres solidement enfoncés dans le sol. Les portes en sont grandes ouvertes, c'est-à-dire que les deux barres transversales qui en ferment l'entrée ont été enlevées. C'est là qu'il s'agit de faire entrer le bétail, et ce ne sera pas commode.

Les Kayapos, que nous aurions crus plus braves, se montrent prudents. Les grandes cornes des rumi-nants sauvages leur inspirent quelque appréhension, et ils rentrent dans la *casa* ou montent lestement sur les arbres.

Les *vaqueiros*, eux, sont intrépides et expérimentés.

En quelques instants, tout le troupeau est emprisonné dans le *curral*, les barres transversales sont replacées et, parmi les bêtes captives, on n'aura plus que l'embarras du choix. Ce sera, de fait, un véritable embarras, comme nous allons le voir.

Dès que les sauvages quadrupèdes sont enfermés dans le *curral*, les Kayapos sortent de la *casa* où descendent des arbres et viennent se percher sur la haute palissade du parc d'où ils peuvent sans danger les contempler.

Les enfants et les jeunes gens s'enhardissent vite, et, d'abord de la voix et du geste, puis en leur jetant des pierres, ils excitent les taureaux. Furieux, ceux-ci se ruent contre la palissade, qu'ils frappent de leur tête puissante et de leurs grandes cornes. Mais, aussitôt, les *vaqueiros* interviennent, car, sous cette formidable poussée, la clôture pourrait bien céder. Ce serait un désastre à tous les points de vue : les ruminants regagneraient bien vite la forêt, non sans avoir auparavant mis à mal quelques-uns de leurs agresseurs.

Nous avions promis aux Kayapos de tuer un bœuf et de le partager. Mais ils sont venus plus nombreux que nous ne le présumions, et un bœuf, si grand fût-il, aurait été insuffisant pour une telle foule et pour de pareils appétits.

Le *Padre* Domingos décide que l'on abattra deux bœufs et un taureau. Jusque-là, tout va bien. Les difficultés commencent quand il doit choisir les victimes à sacrifier.

Le brave supérieur de Conceição do Araguaya aime les Kayapos, comme un père aime ses enfants. Il voit en eux des âmes qu'il faut attirer au bon Dieu et sauver à tout prix et, pour cela, il s'efforce de leur être agréable. Une faveur à laquelle ils seront particulièrement sensibles, c'est le festin qui leur a été promis.

Mais, d'autre part, créateur de la *fazenda*, il sait ce que lui a coûté la formation du troupeau dont il est justement fier. Il connaît, pour ainsi dire, par leur nom, tous les individus qui le composent et il ne peut se résoudre à porter contre aucun d'eux un arrêt de mort.

Celui-ci est nécessaire pour donner le signal du départ, quand il faut changer de quartier au moment des pluies ou de la *secca*. Celui-là a l'instinct d'un chien de berger ; il connaît les limites de la *fazenda* et y maintient ses compagnons. Un troisième a une robe blanche et feu si belle et si soyeuse, qu'il serait vraiment dommage de l'abattre. Quant aux taureaux, ils sont tous plus précieux les uns que les autres. L'un est le plus beau reproducteur d'une espèce qu'on a eu beaucoup de peine à acclimater ; un autre est encorné si superbement et a une telle vaillance que sa seule présence suffit à éloigner les fauves...

Bref, ne sachant à quoi se résoudre, le *Padre* finit par se récuser et s'en remet aux *vaqueiros* du soin de désigner les trois têtes à abattre.

Eux, peu accessibles aux considérations sentimentales, ont vite jeté leur dévolu sur deux grands bœufs et un taureau.

Pris au lazzo et emmenés hors du *curral*, les « condamnés » sont promptement abattus et partagés entre les divers groupes d'indigènes.

La préparation n'est ni compliquée ni difficile. De grands feux ont été disposés à l'avance. D'énormes quartiers de bœuf sont jetés dans le feu et cuisent à même sur les charbons ardents, se rissolant tout naturellement. Ils seront bien quelque peu saupoudrés de braise ; mais ce leur sera un assaisonnement.

Nous ne savons pourquoi la tête est le morceau préféré, et on se le dispute âprement. Hélas ! il n'y en avait que trois, et on ne put faire que trois heureux, parmi les chefs naturellement.

Voici comment sont préparés les morceaux de choix.

Après avoir creusé un trou dans le sol, on y allume un grand feu, dans lequel on jette des pierres grandes et petites qui sont vite portées à une température élevée. Quand ce four d'un nouveau genre est suffisamment chaud, on retire la braise, les charbons, les pierres, et on les remplace par le morceau qu'on veut faire rôtir, en ayant la précaution de l'envelopper soigneusement dans des feuilles de bananier.

On replace par-dessus les pierres et de la braise, laissant ainsi la viande cuire à l'étouffée.

Au bout d'un temps plus ou moins long selon l'intensité du feu et l'épaisseur du morceau, on retire celui-ci et les convives l'empoignent à pleines mains pour le dévorer à belles dents.

Chaque groupe a été gratifié d'une bonne portion de farine de manioc.

C'est un vrai plaisir de voir les mâchoires manœuvrer et d'entendre les os craquer sous les dents blanches des Kayapos.

Malgré la grande quantité de viande produite par le débit des trois gros ruminants, ce ne fut point comme dans l'Évangile, où, après que la multitude eut été miraculeusement nourrie et rassasiée, les apôtres recueillirent douze grandes corbeilles de restes. Ici, il n'y eut rien de superflu ; tout fut consommé. Il est, d'ailleurs, inouï qu'à la suite d'un festin de Peaux-Rouges, il y ait eu jamais quoi que ce soit à glaner.

— Vous les avez vus, me disaient les Pères de Conceição à l'issue du repas pantagruélique, ils viennent de manger trois bœufs. Eh bien ! vous leur en donneriez trois autres tout de suite que, bien certainement, il n'en resterait rien d'ici ce soir.

La pensée de garder quelque chose ne leur viendrait même pas. Ils ne se demandent pas avec le poète :

De quoi demain sera-t-il fait?

Demain se suffira à lui-même. Ils le prendront tel qu'il arrivera. S'il ne suffit point, ils jeûneront, et tout sera dit. Ils n'en deviendront ni plus sages ni plus prévoyants.

Après cette franche lippée, les Kayapos s'étendirent, les uns au soleil, les autres à l'ombre, et restèrent sans bouger jusqu'au soir.

Mais, dès que la nuit fut venue et que la lune commença à briller à l'horizon, ils se levèrent tous et m'annoncèrent qu'ils voulaient organiser à mon intention une grande fête, leur danse nationale exécutée par les vaillants de l'*aldeia*.

A cette annonce, je ne fus pas sans quelque appréhension en jetant les yeux sur les coryphées du bal. Ce n'était plus, en effet, un clair rayon de soleil, mais un pâle rayon de lune, qui formait tout leur vêtement, et cette lueur blafarde donnait à leur corps bronzé et peinturluré en rouge quelque chose d'étrange et de sinistre. « Que sera-ce, me disais-je, quand toutes les ombres seront enlacées dans la nuit et emportées dans un tourbillon effréné? » Mais j'ai hâte de rassurer le lecteur ; mes craintes étaient chimériques et, dans cette sauterie sauvage, tout se passa avec infiniment plus de modestie et de pudeur que dans les divertissements parisiens modernes. Les Peaux-Rouges peuvent donner sur ce point une bonne leçon de décence et de respect aux danseurs et danseuses du *tango* et autres exercices chorégraphiques à la mode.

La danse kayapo est absolument inoffensive. Ceux qui y prennent part ne se touchent jamais, même du bout des doigts.

Hommes et femmes alternant se mettent à la file indienne à une distance d'environ cinquante centimètres et, décrivant une circonférence plus ou moins grande, selon le nombre des partenaires, la ronde commence. A un mouvement saccadé des coudes et de l'avant-bras venant battre les flancs, succède un vigoureux coup de pied frappant le sol en cadence.

Ici, nul instrument de musique, pas même un simple tam-tam. Chaque danseur est son propre musicien, et tous ensemble exécutent un chant qui n'a rien d'harmonieux. Ce sont plutôt des cris stridents ou des hurlements plaintifs qu'un vrai chant

Le mouvement, d'abord assez lent, va s'accélérant peu à peu, jusqu'à devenir à la fin une ronde infernale à donner le vertige.

Les femmes, plus encore que les hommes, nous ont paru passionnées pour cet exercice. Il y en avait qui y prenaient part, ayant leur petit enfant à califourchon sur leur hanche et le retenant d'un bras. L'une d'elles, connaissant deux ou trois mots de brésilien, se retournait en passant près de moi pour dire sur un ton convaincu et le regard illuminé : « Joli..., très joli ! » Je ne pouvais faire autrement que d'approuver et de trouver cela « joli ! très joli ! »

J'aurais bien voulu, cependant, imiter mes confrères qui, sans rien dire, s'étaient retirés de bonne heure dans la *casa* de Raymondo où se trouvaient suspendus leurs hamacs.

Mais je craignais de manquer de politesse et de contrister ces braves gens. Noblesse oblige. C'est à mon intention surtout et pour me montrer ce qu'ils savent faire, qu'ils avaient organisé cette fête nocturne. Je ne pouvais, par conséquent, m'y dérober et filer à l'anglaise.

A la fin, cependant, assourdi par les cris sauvages, frappé presque de vertige par l'incessant tournoiement des ombres, vaincu par la fatigue et le sommeil, je m'éclipsai subrepticement et j'allai m'étendre dans mon hamac, où je ne tardai pas à m'endormir malgré le vacarme.

Combien de temps dura encore la ronde fantastique? Je ne saurais le dire.

Le lendemain matin, quand je me réveillai, il faisait grand jour.

Beaucoup de Kayapos étaient déjà repartis pour l'*aldeia*. Les autres, probablement les plus intrépides danseurs, ayant tourné et chanté jusqu'à complet épuisement de leurs forces, étaient maintenant étendus par terre à côté de mon hamac et dormaient à poings fermés.

Malgré leur fatigue, ils avaient cependant pris la précaution de joncher le sol de feuilles de bananier. En effet, les Kayapos ne couchent jamais sur la terre nue; « seuls, les chiens, disent-ils, avec mépris, agissent ainsi. »

Pour aller célébrer la sainte messe dans la *casa* de Raymondo, je devais me frayer un chemin au milieu des dormeurs, et ce n'était point chose facile que d'enjamber tous ces corps étendus dans les positions les plus bizarres.

La peur d'un moindre mal nous jette dans un pire !

Voulant éviter de fouler avec mes grandes bottes les mains ou les pieds, je heurte les têtes ; puis, trébuchant contre je ne sais quoi et perdant l'équilibre, je finis par choir sur les dormeurs qui ouvrant un œil et voyant que ce n'est que le *Padre* qui passe, se replongent dans leur sommeil interrompu.

Après la messe, dame Junon m'apporta une grande cafetière de ce moka incomparable du Brésil, qu'on trouve encore meilleur dans la forêt. Mais elle n'avait pas plus tôt commencé à remplir la tasse que je fus témoin d'un curieux spectacle.

Les Kayapos, qui, tout à l'heure encore, prostrés sur le sol, goûtaient un sommeil si profond, que rien n'avait pu les réveiller, se lèvent tous ensemble d'un mouvement rapide, et, sans hésitation aucune, accourent se ranger près de nous, sous la véranda, en dévorant des yeux mon café et la cafetière.

Rien d'anormal cependant ne s'était passé ; aucun bruit ne s'était fait entendre ; nul ne les avait appelés. Mais l'infusion de dame Junon avait répandu son odeur exquise : il n'en avait pas fallu davantage pour réveiller tous les dormeurs, comme un coup de clairon réveille les soldats en campagne. L'odorat, l'ouïe et la vue des Peaux-Rouges ont une finesse et une acuité extraordinaires.

Il fallut évidemment donner du café à chacun et la bonne fermière le fit volontiers.

Aux rasades de moka, j'ajoutai quelques présents.

Pour cet instant suprême, j'avais réservé le cadeau qui séduit le plus ces grands enfants : un miroir !.., un de ces petits miroirs ronds des bazars à dix centimes. Cela leur suffit.

Il fallait voir avec quelle satisfaction tous se contemplèrent en riant, en tirant la langue, en faisant mille contorsions, se trouvant sûrement très beaux et s'admirant sans réserve.

Certains imitent le mouvement gracieux des jeunes chats qui, se voyant dans une glace, s'imaginent être en présence d'un de leurs congénères, se précipitent, allongent vivement la patte par derrière et sont très surpris de ne trouver que le vide.

Nous mettons le comble à la joie des indigènes en attachant à leur cou un joli rosaire à grains de verre, blancs et rouges.

Peu après, jetant leur arc et leurs flèches sur leurs

épaules, tous s'éloignèrent d'un pas agile, non sans nous avoir promis de venir nous voir à Conceição.

Pendant qu'ils s'en retournent ainsi joyeux à leur *aldeia*, donnons au lecteur quelques renseignements sur cette intéressante tribu.

J'ai longtemps frayé avec les Karajas de l'Araguaya et les Kayapos des plaines et des forêts ; j'ai beaucoup conversé avec les Pères qui, depuis plusieurs années, vivent familièrement avec eux, et, cependant, il m'est difficile d'avoir une juste idée de beaucoup de choses concernant ces Peaux-Rouges. Il m'est impossible d'en parler avec l'assurance des romanciers et des voyageurs, qui n'ont jamais vu que les Peaux-Rouges des foires.

La plupart des choses que j'ai pu constater ne ressemblent en rien à ce que j'ai lu dans des auteurs réputés sérieux et faisant autorité. Mon intention n'est point, cependant, de m'ériger en censeur. Je prétends raconter tout simplement ce que j'ai vu ou appris directement.

En fait de vêtements, les hommes n'en ont, je l'ai dit, aucun. Seules, les femmes karajas ont un semblant de quelque chose ; les femmes kayapos, elles, n'ont rien.

Cependant la moralité des unes et des autres est parfaite. Jamais je n'ai surpris un regard ou un geste qui pût blesser la modestie. La vertu est plus en sûreté au milieu de ces tribus qu'au milieu du luxe indécent et provocateur de nos grandes Babylones.

L'épiderme de tous les indigènes, soit Kayapos, soit Karajas, est, à la fois, tanné et bronzé naturellement par le soleil ; mais ils se plaisent à se peindre le corps en rouge avec de l'*urucu*.

Les Kayapos, tout comme les Karajas, se percent la lèvre inférieure et y introduisent un morceau de bois d'environ trois centimètres de large, sur huit à dix centimètres de long. Mais les premiers n'ont point au-dessous des yeux les deux petits cercles tracés au fer et au feu qui distinguent les Karajas.

Leurs cheveux, longs et fins, sont coupés à la chien ou même rasés sur le devant de la tête, les autres retombent sur le cou et les épaules. Tous sont imberbes et pas un poil sur le corps.

Les jeunes gens et les jeunes filles portent, au-dessous du genou, des jarretières retombant le long de la jambe ; c'est, en même temps qu'un ornement, l'indice de leur état de célibataire, de même que l'anneau placé au doigt est, chez nous, le signe du mariage.

Une des constatations qui me surprirent le plus, dans les commencements, c'est le grand nombre de Kayapos adultes qui ont perdu un œil. Chose extraordinaire, cette infirmité ne provient pas d'un accident et n'est pas non plus de naissance. Les petits Kayapos, enfants ou adolescents, ont des yeux généralement beaux, brillants et expressifs. A l'âge adulte, l'un des deux, assez généralement le droit, commence à blanchir sans cause apparente ; bientôt il devient tout à fait blanc et ne voit plus rien. Quelle en est la cause ? Je l'ignore et je signale simplement ce fait indéniable en laissant aux savants le soin de l'étudier et de conclure.

Kayapos et Karajas ont les doigts du pied préhensiles. Jamais, par exemple, ils ne se baissent pour ramasser un objet ; ils le saisissent avec les doigts du pied et le portent à la hauteur de la main. Leurs orteils ne sont cependant pas anatomiquement différents des nôtres, ni même plus développés ; c'est simple affaire d'éducation et d'habitude.

Les Kayapos n'ont pas tous le même type. Bon nombre ressemblent à s'y méprendre à des Japonais ; les enfants surtout, vêtus d'une vareuse et coiffés d'une casquette de marin, donnent absolument l'illusion de petits Asiatiques nés dans l'archipel du Soleil Levant.

C'est même un des arguments dont se servent, pour prouver leur thèse, ceux qui prétendent que, en des temps très reculés, ce que nous appelons le Nouveau Monde aurait été peuplé par des familles chinoises ou japonaises, qu'une tempête aurait jetées par-delà le détroit de Béring. Moins heureuses que Robinson, elles n'auraient pu sauver du naufrage rien qui leur permît de construire une autre embarcation, et seraient restées ainsi isolées du reste du monde jusqu'à Christophe Colomb. Les jaunes populations de l'Extrême-Orient seraient ainsi les ancêtres des Peaux-Rouges brésiliens.

Que vaut cette thèse? Nous laissons au lecteur le soin de l'apprécier.

Parlons maintenant de la langue de nos indigènes.

Quand on essaye de converser avec les Kayapos ou les Karajas, on peut, malgré toutes les précautions prises et de la meilleure foi du monde, être trompé ou se tromper grossièrement. Nos Pères nous ont raconté à ce sujet des méprises et des aventures phénoménales. Vous posez une question et votre interlocuteur, comprenant mal ce que vous demandez, répond à côté, et ce que vous enregistrez est un affreux *pataquès*. D'autres fois, c'est celui qui interroge qui comprend mal ce qu'on lui dit et prend un mot pour un autre.

Comment, d'ailleurs, quand il s'agit du kayapo ou du karaja, traduire avec notre alphabet ces sons qui ne ressemblent à rien de ce qu'on a entendu jusqu'alors? Où commence et où finit le mot? Mystère ! On dirait parfois qu'une phrase ne forme qu'un seul mot. Une simple différence dans l'intonation suffit, d'ailleurs, à en changer le sens.

La langue varie non seulement de tribu à tribu,

mais dans la même tribu, elle change selon les *aldeias*, et parfois selon les divers petits groupes d'une même *aldeia* échelonnés le long du fleuve. Bien plus, chez les Karajas, les femmes ne parlent pas la même langue que les hommes ; elles placent avant chaque diphtongue, même dans le corps du mot, un son correspondant à notre *k* ou *ka*, ce qui, pour nos oreilles, change complètement le son et le mot.

En ces dernières années, deux savants français, qui ont eu des relations avec les missionnaires de Conceição, ont essayé de représenter avec notre alphabet les sons ou termes karajas exprimant certains objets usuels.

Le premier, M. Coudreau, ingénieur français, avait reçu de l'État du Para la mission de remonter le Tocantins et l'Araguaya jusqu'au Tapiré. Le second, dont le vrai nom est resté un mystère, se faisait appeler Paul Berthelot. C'était un jeune homme des plus distingués, brillant professeur, muni de tous les grades universitaires, très versé dans l'*esperanto*, mais aigri et dévoyé, anarchiste militant, compromis dans les émeutes de Montevideo et de Buenos-Ayres. Touché par la grâce de Dieu, il mourut dans d'admirables sentiments de résignation, de foi et de piété au couvent de Conceição, dont les Pères, dans son malheur, l'avaient accueilli à bras ouverts.

Ces deux savants ont procédé, pour composer leur petit travail, avec ordre, méthode et beaucoup de conscience ; mais ils sont loin d'être arrivés à des résultats identiques. Cela n'est point fait pour nous surprendre.

Mes confrères de Conceição procèdent moins scientifiquement peut-être, mais d'une manière plus pratique. Ils élèvent chez eux de petits enfants auxquels ils enseignent le brésilien, et ils ont en eux d'excellents interprètes. En outre, il y a chez les sœurs deux jeunes filles kayapos ayant fini par apprendre suffisamment de brésilien. Elles sont très au courant de la langue et des coutumes de la tribu.

Il semble donc que, grâce à elles et aux petits Kayapos, on puisse être exactement renseigné sur les événements de l'*aldeia*. Eh bien ! non. D'une manière générale, nos « sauvages » n'aiment pas à raconter ce qui se passe chez eux, et, quand ils en parlent pour répondre aux questions qui leur sont posées, on ne peut se fier à ce qu'ils disent, la dissimulation étant un des défauts inhérents à leur nature.

Ce qui paraît certain, c'est que les Karajas et Kayapos n'ont de termes que pour exprimer les choses sensibles. Les idées universelles sont chez eux à l'état rudimentaire.

Pour la numération, par exemple, les Karajas n'ont de mots que jusqu'à vingt, et, pour compter, ils se servent des doigts des mains et des pieds. Après vingt, le Karaja ne compte plus ; il dit : « beaucoup ! beaucoup ! » qu'il s'agisse de vingt-cinq, de cinquante ou de cent.

Et même, dans cette numération jusqu'à vingt, que de difficultés ! J'ai eu communication, à Conceição do Araguaya, des notes prises par M. Paul Berthelot, et j'ai fidèlement transcrit sur mon carnet ce qu'il a écrit par rapport à ces nombres. A l'heure présente, j'ai sous les yeux la même numération transcrite par M. Coudreau, et je suis stupéfait de la différence. Jusqu'à quatre, ce sont bien les mêmes mots ou à peu près ; mais ensuite, il n'y a même pas de ressemblance. Par exemple, pour exprimer le nombre six, M. Paul Berthelot écrit en Karaja : *debosoodi*, et M. Coudreau écrit : *leirouoma*.

Les Kayapos savent encore moins compter que les Karajas ; ils n'ont de mots que jusqu'à sept. Le R. P. Dominique a eu la bonté de me donner par écrit cette numération primitive. Je la trouve conforme en tous points à ce qu'a écrit M. Coudreau d'après ses observations personnelles et celles de Couto de Magalhaës.

Bien que ne comptant que jusqu'à sept, les Kayapos n'ont pas un mot différent pour chacun de ces sept nombres ; en réalité, ils n'ont que trois mots, car c'est le même qui, répété avec une légère addition, exprime divers nombres.

Je crois intéresser le lecteur en notant ici cette numération :

Un...........	*Poudi.*
Deux.........	*Amaïcrout.*
Trois........	*Amaïcrout ikicket.*
Quatre......	*Amaïcrout amaïcrout.*
Cinq........	*Amaïcrout amaïcrout kickret.*
Six..........	*Amaïc-amaëc-amaïc.*
Sept........	*Amaïc-amaïc-amaïc ikiet.*
Beaucoup....	*Atchoué couret, atchoué crampti.*

Au-dessus de sept, pour dix aussi bien que pour cent ou mille, on emploie la même expression *atchoué couret, atchoué crampti.*

De cette numération par trop rudimentaire, il ne faudrait pas conclure, cependant, que les Kayapos sont dépourvus d'intelligence et sont des dégénérés. Non ! s'ils ne savent pas compter, c'est que personne ne le leur a enseigné. Un sourd de naissance est généralement muet, non que les organes de la parole lui manquent, mais il ne peut apprendre à s'en servir et les développer par l'usage.

Ce qui prouve que ces races ne sont point dépourvues d'intelligence, c'est que les petits Kayapos élevés à Conceição, en savent vite autant que les petits Européens de leur âge. Laissés dans leur *aldeia*, ils n'auraient su compter que jusqu'à sept.

La science médicale des Kayapos est juste à la hauteur de leur arithmétique.

Quand ils sont brûlés par les ardeurs de la fièvre, ils ne trouvent rien de mieux à faire que de se plonger dans le fleuve. Aujourd'hui, cependant, ayant, en pareil cas, éprouvé les bons effets de la quinine, ils n'hésitent pas à venir nous en demander.

Leur moralité n'est pas ce qu'on pourrait supposer dans un pareil milieu. Je l'ai déjà dit, jamais je n'ai aperçu rien qui pût blesser la modestie. Généralement, les hommes n'ont qu'une épouse. Ils en changent bien parfois ; mais les divorces sont, hélas ! plus fréquents à l'heure actuelle dans nos grandes villes d'Europe que ces changements chez les Kayapos.

Dès qu'il y a un enfant dans la famille, — et il y en a vite un, — la famille est fondée.

Les cas de séparation sont rares, et, à ce qu'on m'a affirmé, généralement dus à la mère de l'épouse, qui se mêle de ce qui ne la regarde point.

Un grave défaut de tous ces indigènes, c'est leur humeur vindicative. Ils ne peuvent vivre longtemps en paix. L'état de guerre ouverte et générale de tribu à tribu est cependant assez rare. Mais si un Karaja rencontre un Kayapo, il le tuera sans scrupule, et le Kayapo agira de même vis-à-vis du Karaja, s'il trouve une occasion favorable.

Un autre de leurs travers, c'est l'inclination au vol. Mais ils ne commettent de larcin que dans certaines conditions.

Si le Père a une boîte *pleine* de tabac ou de petits gâteaux de farine de manioc, il peut dormir tranquille, sa boîte ne sera ni enlevée ni entamée. Mais, s'il l'ouvre et prélève une partie du contenu, il fera bien de serrer soigneusement le reste, car les Kayapos ne se feraient pas alors scrupule de s'en emparer ; ils agiraient ainsi avec une intention très droite, proba-

blement, par exemple, pour que rien ne se gâte ou ne
se perde.

Quelle est la religion des Kayapos et des Karajas?
Demandons-nous plutôt s'ils en ont une?

A dire vrai, je n'ai jamais remarqué chez eux aucun
signe de culte. Le P. Villanova, qui fut leur premier
missionnaire, et qui était un professeur de théologie
des plus distingués, m'avouait n'avoir lui-même rien
saisi à ce sujet. Mais ce n'est qu'un argument négatif
sur lequel on ne peut bâtir une thèse solide, car, de
ce que nous n'avons rien remarqué, il ne s'ensuit pas
qu'il n'existe rien. Sur ce chapitre, comme sur celui
de leurs usages et coutumes, les Peaux-Rouges sont
très réservés ; ils n'aiment pas à être interrogés, et
on ne doit pas se fier absolument à leurs réponses.

J'ai bien vu dans quelques *aldéias* ce qu'on appelle
la *casa do bicho* (la maison de l'animal ou du mauvais). Ne faut-il pas conclure de là à quelque superstition? Peut-être.

Ce qu'il y a de certain, c'est que l'évangélisation
des sauvages du Brésil est très facile ; on n'est pas,
comme en tant d'autres pays infidèles, obligé de dé-
blayer et de détruire avant d'édifier. Quand on veut
convertir un Chinois ou un mahométan, il faut montrer d'abord au catéchumène la fausseté des dogmes
auxquels il a cru dès son enfance, afin de les extirper
de son esprit, et ce n'est pas toujours facile. Ici, le
travail préliminaire n'est point à faire. Le missionnaire peut commencer par l'enseignement de la vérité, tout comme on le fait en France pour les enfants
du catéchisme.

Trouve-t-on, du moins, chez ces peuplades quelques
vestiges de la grande révélation primitive et des tra-
ditions rappelant les origines de l'humanité?

Le P. Gallais, qui était, comme le P. Villanova,
une intelligence d'élite et un grand théologien, s'est

posé la question et il répond que, sur ce point, il n'y a pas grand'chose à recueillir chez les Kayapos de Conceição. Il ajoute, cependant, qu'il n'en est pas de même dans toutes les tribus, et qu'on trouve, en d'anciennes relations de missionnaires et de voyageurs, des légendes indiennes très curieuses. Il en rapporte une des plus gracieuses que nous citons d'après lui, sans y rien changer.

Il y a de longues années, vivait, au sein d'une tribu sauvage, une jeune fille remarquable par son innocence et sa vertu, plus encore que par sa beauté.

Quand elle fut en âge de se marier, on lui choisit pour époux le plus beau jeune homme de la tribu, le plus adroit à la chasse, le plus brave à la guerre. Mais, à la surprise générale, elle le refusa et déclara qu'elle voulait rester vierge. Les Indiens, de même que les anciens Juifs, voyant dans le célibat un état contre nature, insistèrent pour qu'elle épousât l'un d'eux. Elle s'obstina dans son refus et, de guerre lasse, on la laissa en paix.

Cependant, au bout de quelque temps, elle présenta tous les signes de la grossesse. Grand scandale ! Les chefs sommèrent la jeune fille de s'expliquer. Alors elle déclara qu'elle n'avait point conçu à la manière des autres femmes et que l'enfant qu'elle mettrait au monde serait un jour le salut de sa nation. On ne savait trop s'il fallait l'en croire sur parole ; mais ne pouvant s'entendre sur ce qu'il convenait de faire, on se décida à laisser les choses suivre leur cours.

Quelques mois plus tard, la jeune fille mit au jour un enfant qui, arrivé à l'âge d'homme, possédait à un degré supérieur les plus belles qualités intellectuelles et morales.

Or, en ce temps-là, les Indiens eurent à subir toutes espèces de disgrâces : la famine, des guerres malheureuses, des épidémies. L'un des chefs émit l'avis que tous ces maux étaient un châtiment du ciel et qu'il fallait en attribuer la cause au jeune homme dont la naissance avait été si mystérieuse. Il conclut en opinant qu'il fallait le mettre à mort.

Tous se rangèrent à ce sentiment, et on fit comparaître le fils de la vierge pour lui signifier sa sentence. Il ne se défendit point. On lui infligea les plus cruels tourments et, après qu'il fut mort, sa mère l'enterra.

Au bout de quelque temps, on vit pousser sur sa tombe une plante inconnue. Les chefs firent venir la mère :

— Quelle graine as-tu donc semée sur la tombe de ton fils? lui demandèrent-ils.

— Je n'ai rien semé, répondit-elle ; la tombe ne renferme pas d'autre germe que le corps de votre victime. Mais, attendez, vous finirez par avoir l'explication du mystère.

Lorsque la plante eut atteint toute sa croissance, et arriva à maturité, on ouvrit la fosse, et, à la place du cadavre, on trouva un tubercule blanc comme neige.

C'était le *manioc*.

Alors, s'adressant à tous les hommes de la tribu, la vierge-mère leur dit :

— Voilà ce qui sera désormais notre nourriture. Il ne tiendra qu'à vous dorénavant de ne plus jamais souffrir de la famine, car cette plante, vous pouvez la multiplier autant qu'il vous plaira, sans travail, et elle vous fournira un aliment sain et substantiel qui vous donnera force et vigueur pour combattre nos ennemis.

Ne pourrait-on discerner dans cette légende quelque indice ou souvenir lointain de l'Incarnation, de la Rédemption et de l'Eucharistie?

Les Kayapos, ayant quitté Santa Rosa pour retourner à l'*aldeia*, il ne me restait plus qu'à revenir d'abord à Conceição do Araguaya, puis à Uberaba et à Rio de Janeiro.

De ce retour, fertile en péripéties, que j'aurai peut-être à raconter un jour, je ne dirai rien ici.

Claudite jam rivos pueri, sat prata biberunt.

Je dirai simplement qu'après la dernière étape à dos de mulet, arrivé à la gare d'Araguary, au moment de me séparer des mulets, une forte émotion me serra le cœur.

Dans l'infini du désert et le mystère des forêts vierges, il s'établit entre l'homme et les mulets de la caravane une sorte de camaraderie, j'allais dire d'intimité. Abandonnés à eux-mêmes, les mulets deviendraient la proie des fauves et des grands serpents, et l'homme, sans les mulets, serait voué à une mort certaine. Il y a donc entre l'homme et les mulets une solidarité dont l'homme apprécie les bienfaits et que les mulets semblent comprendre.

C'est peut-être un effet d'imagination, mais il me semble que ma mule de selle, la brave, la fidèle *Africana*, comprend comme moi que la séparation va être définitive. Toute triste, elle refuse le sel et reste insensible aux caresses ; puis, quand le train s'ébranle et disparaît, à un tournant, elle jette un long hennissement. Est-ce un adieu ?... est-ce une plainte ?... Je ne sais.

Puissent ces *Feuilles de route* faire connaître et aimer une grande mission française au centre et au nord du Brésil.

FIN

TABLE DES MATIÈRES

PARIS. — TYPOGRAPHIE PLON, 8, RUE GARANCIÈRE. — 34203.

EXTRAIT DU CATALOGUE
DE LA LIBRAIRIE PLON
ROMANS ET NOUVELLES

Bourget (P.), Houville (G. d'), Benoît (P.), Duvernois (H.). —
Le Roman des Quatre. 75e m. 12
Micheline et l'Amour. 45e m. 12
Bourget (Paul), de l'Académie française. — *La Geôle.* 70e mille. 12
Le Danseur mondain. 60e m. 12
Conflits intimes. 30e mille.... 12
Cœur pensif ne sait où il va.
77e mille....................... 12
Un Drame dans le monde. 63e m.
Prix........................ 12
Lazarine. 130e mille.......... 12
Anomalies. 80e mille......... 12
L'Écuyère. 45e mille.......... 12
Le Sens de la mort. 125e mille. 12
Laurence Albani. 49e mille. 12
Le Démon de midi. 90e m. 2 vol.
Prix........................ 24
L'Émigré. 79e mille.......... 12
L'Étape. 93e mille. 2 vol..... 24
Un Divorce. 110e mille...... 12
Némésis. 67e mille........... 12
Le Fantôme. 40e mille....... 12
Le Justicier. 38e mille...... 12
L'Envers du décor. 20e mille. 12
La Dame qui a perdu son peintre.
26e mille................... 12
Les Détours du cœur. 32e m.. 12
Les Deux Sœurs. 35e mille... 12
Drames de famille. 39e mille. 12
L'Eau profonde. 86e mille.... 12
Un homme d'affaires. 21e m.. 12
Monique. 33e mille........... 12
André Cornélis. Edit. déf.... 12
Complications sentimentales... 12
Pastels et Eaux-fortes. Edit. déf.
Prix........................ 12
Voyageuses. Edit. déf........ 12
L'Irréparable. Edit. déf...... 12
Physiologie de l'amour moderne.
Edit. déf................... 12
Un cœur de femme. Ed. déf... 12
Le Disciple. Edit. déf....... 12
Mensonges. Edit. déf. 2 vol.. 24
Cosmopolis. Edit. déf. 2 vol. 24
Terre promise. Edit. déf..... 15
La Duchesse bleue. Ed. déf... 12
Cruelle énigme. Edit. déf.... 12
Une Idylle tragique. Ed. déf.. 15
Un Crime d'amour. Ed. déf... 12

Bourget (P.).— *Un Saint.* Ed. déf.
Prix........................ 12
Recommencements. Ed. déf... 12
Barrès (Maurice), de l'Académie française. — *Amori et Dolori sacrum.* Edit. déf............ 12
Le Jardin de Bérénice. Ed. déf. 12
Du sang, de la volupté et de la mort. Edit. déf............ 12
Sous l'œil des Barbares. Edit. déf.
Prix........................ 12
Un Homme libre. Edit. déf... 12
Un Jardin sur l'Oronte. 89e édit.
Prix........................ 12
La Colline inspirée. Edit. déf. 12
Les Déracinés. Edit. déf. 2 vol.
Prix........................ 24
Colette Baudoche. Edit. déf... 12
Les Amitiés françaises. Edit. déf.
Prix........................ 12
L'Appel au soldat. Ed. déf. 2 vol.
Prix........................ 24
Bordeaux (H.), de l'Académie française. — *Les Jeux dangereux.*
44e mille................... 12
Le Cœur et le sang. 45e mille. 12
L'Amour et le Bonheur. 84e m. 12
La Chartreuse du Reposoir. 75e m.
Prix........................ 12
Yamilé sous les cèdres. 66e m. 12
La Vie est un sport. 28e mille. 12
La Vie recommence : I. La Résurrection de la chair. 65e mille. 12
II. La Chair et l'esprit. 38e m. 12
La Maison morte. 41e mille.. 12
Ménages d'après guerre. 32e m. 12
La Nouvelle croisade des enfants
88e mille................... 12
La Peur de vivre. 121e mille.. 12
Une Honnête Femme. 32e m.. 12
Le Lac noir. 18e mille....... 12
Les Yeux qui s'ouvrent. 144e mille.
Prix........................ 12
La Maison. 82e mille......... 12
La Neige sur les pas. 93e mille. 12
La Robe de laine. 121e mille.. 12
La Croisée des chemins. 54e m. 12
Les Roquevillard. 64e édit.... 12
La Petite Mademoiselle. 85e mille.
Prix........................ 12
L'Amour en fuite. 25e mille.. 12

Dufourt (J.). — *Désormais.* 10e édit.
Prix 12
Calixte ou l'Introduction à la vie lyonnaise. 18e édit. 12
Dumas (André). — **Ma petite Yvette.* 10e édit. 12
Forest (Ellen). — *Yuki-San.* 10e éd.
Prix 12
Fromentin (Eugène). — *Dominique.* 85e édit. 12
Garenne (Albert). — *La Captive nue.* 10e édit. 12
Gaston-Pastre (J.-L.). — *La Nouvelle Croisade.* 8e édit. 12
Giraud-Mangin. — *Secrétaire d'ambassade.* 4e mille. 12
Ceux de jadis. 6e édit. 12
Green (Julien). — *Mont-Cinère.* 6e mille. 12
Henriot (Émile). — *Aricie Brun ou les vertus bourgeoises.* (Prix du Roman. Académie française 1924) 81e mille. 12
L'Instant et le Souvenir. 9e mille.
Prix 12
Les Temps innocents. 5e m. 12
Le Diable à l'hôtel. 5e mille.. 12
Les Aventures de Sylvain Dufour. 5e mille. 12
L'Enfant perdu. 2e édit. 12
Huysmans (J.-K.). — *En route.* 54e mille. 20
La Bièvre et Saint-Séverin... 15
La Cathédrale. 55e mille. 20
Sainte Lydwine de Schiedam. 26e mille. 12
L'Oblat. 35e mille. 20
Les Foules de Lourdes. 47e m... 15
Là-bas. 48e mille. 15
Jaloux (Edmond). — *Le reste est silence.* 29e édit. 12
Les Profondeurs de la mer. 22e édit.
Prix 12
Les Amours perdues. 26e édit. 12
L'Éventail de crêpe. 13e mille. 12
Au-dessus de la ville. 7e mille. 12
L'Escalier d'or... 10e mille... 12
L'Alcyone. 24e édit. 12
La fin d'un beau jour. 17e m.. 12
Fumées dans la campagne. 9e m. 12
Jammes (Francis). — **Le Livre de saint Joseph.* 7e mille. 12
Jean-Javal (Lily). — *Noémi.* 8e éd.
Prix 12
Jouglet (René). — *Le Nouveau Corsaire.* 8e mille. 12
Confessions amoureuses. 7e m. 12
Le Bal des Ardents. 7e mille. 12
La Brète (J. de). — *Les Reflets.* 30e édit. 12
Le Glay (Maurice). — *Badda, fille berbère.* 12e édit. 12

Le Glay (Maurice). — *Le Chat aux oreilles percées.* 10e édit. 12
Itto. 12e édit. 12
Le Goffic (Charles). — *L'Abbesse de Guérande.* 14e édit. 12
L'Illustre Bobinet. 10e édit... 12
Lhande (Pierre). — *Luis.* 11e édit.
Prix 12
Mirentchu. 15e édit. 12
Les Mouettes. 15e édit. 12
**Les Mémoires d'un écureuil.* 12e édit. 12
Les Lauriers coupés. 20e édit. 12
Bilbilis. 19e édit. 19
Lichtenberger (André). — *Petite Madame.* 56e édit. 12
Le Petit Roi. 35e édit. 12
Le Sang nouveau. 24e édit. 12
Biche. 21e édit. 12
Chez les Graffougnat. 26e édit. 12
Les André Graffougnat. 22e éd.. 12
Le Cœur est le même. 18e édit. 12
La Mort de Corinthe (A). 12e éd. 12
Juste Lobel, Alsacien. 20e édit. 12
Longnon. — *La Nouvelle Hélène.* 7e mille. 12
Longworth Chambrun. — *Le roman d'un homme d'affaires.* 6e édit 12
La Nouvelle Desdémone. 6e éd. 12
Margueritte (Paul). — *La Maison brûle,* 19e édit. 12
L'Autre lumière. 29e édit. 12
**Ma Grande.* 56e édit. 12
Nous, les mères... 25e édit. ... 12
La Tourmente. 24e édit. 12
Margueritte (Paul et Victor). —
Les Braves gens. 89e édit. 15
La Commune. 70e édit. 12
Le Désastre. 125e édit. 15
Les Tronçons du glaive. 94e édit.
Prix 15
**Poum.* 78e édit. 12
**Zette.* 65e édit. 12
Les Deux vies. 62e édit. 12
Martial-Piéchaud. — *La romance à l'étoile.* 6e mille. 12
Vallée heureuse. 20e édit. 12
Martinon (Suzanne). — *Le Cœur mal défendu.* 10e édit. 12
Mauclère (J.). — *L'Infernale.* 18e éd.
Prix 12
Tiotis aux yeux de mer. 8e éd. 12
Mayran (Camille). — *Histoire de Gotton Connixloo.* Prix du Roman Ac. fr. 1918. 11e édit. 12
L'Épreuve du fils. 10e édit. ... 12
Milan (René) (Maurice Larrouy). —
La Mère et la maîtresse. 5e éd. 12
La Race immortelle. 4e édit... 12
L'Esclave triomphante. 5e m. 12
Moselly (E.). — *Terres lorraines.* (Prix Goncourt 1907). 17e éd. 12